国际贸易单证实务

主　编　唐艳梅　韩冬艳　黄　丽
副主编　张燕娴　龙　俊　肖　云
　　　　范晓云　陈中蕾

西南交通大学出版社
·成　都·

图书在版编目（CIP）数据

国际贸易单证实务 / 唐艳梅，韩冬艳，黄丽主编.
成都：西南交通大学出版社，2024. 11. -- ISBN 978-7-5774-0124-9

Ⅰ. F740.44

中国国家版本馆 CIP 数据核字第 2024KZ5466 号

Guoji Maoyi Danzheng Shiwu
国际贸易单证实务

主　编／唐艳梅　韩冬艳　黄　丽	策划编辑／张　波
	责任编辑／孟秀芝
	封面设计／原谋书装

西南交通大学出版社出版发行

（四川省成都市金牛区二环路北一段 111 号西南交通大学创新大厦 21 楼　610031）
营销部电话：028-87600564　　028-87600533
网址：http://www.xnjdcbs.com
印刷：成都中永印务有限责任公司

成品尺寸　210 mm×285 mm
印张　17　　字数　435 千
版次　2024 年 11 月第 1 版　　印次　2024 年 11 月第 1 次

书号　ISBN 978-7-5774-0124-9
定价　49.00 元

课件咨询电话：028-81435775
图书如有印装质量问题　本社负责退换
版权所有　盗版必究　举报电话：028-87600562

前言

PREFACE

《国际贸易单证实务》是高职高专国际贸易、国际物流相关专业的专业核心课程。本书的编写旨在培养学生识读和制作国际贸易与物流过程中的各种单据，提高学生分析问题和解决问题的能力，使学生能够顺利走向工作岗位，并适应社会对外贸类应用型和技能型人才的需求。

本书围绕进出口外贸业务流程编写，涉及合同、信用证、发票、包装单据、运输单据、保险单据、原产地证书、结算票据、其他单据等国际物流单证的操作流程与缮制方法。关检融合制度下，进出口货物报关报检是一项十分复杂的工作，因篇幅有限，本书未涵盖报关报检单据内容。本书以单证制作的实践工作过程为依据，采用项目、任务、活动的结构形式，重构了单证制作的内容体系，并坚持"教学内容项目化、项目内容任务化、任务内容过程化、理论实践一体化"的教学改革方向。

本书内容包含 10 个学习项目，具体细分为 31 个学习任务，共计 87 学时。每个学习项目都设计了相关情境引入来构建模拟的制单工作背景，并要求学生边思考、边学习、边实践，重点培养学生分析问题和解决问题的能力。每个学习任务都配有学习目标（知识、能力目标）、相关知识点、任务实施、强化训练。

本书由深圳鹏城技师学院教师编写，所有参编人员均来自教学第一线，有着多年的国际贸易、国际物流经验和技工院校实际教学经验。教材总体框架由唐艳梅设计。参与本书编写的人员及分工如下：唐艳梅编写项目 2、3、6，韩冬艳编写项目 1、4，黄丽编写项目 7、8，张燕娴编写项目 5，肖云编写项目 9，范晓云编写项目 10，龙俊负责全书英文翻译与校对，陈中蕾参与了全书的校对及修改增补工作，全书由唐艳梅负责总纂和统稿。本教材由深圳鹏城技师学院资助出版。

在本书的编写过程中，参阅了大量的国内外有关著述和经典教材，在此向有关文献资料的作者表示衷心感谢。因涉及商业秘密，书中所有公司的名称等相关信息均由编者编撰，请勿对号入座。由于时间紧、任务重，且编写的理论水平和实践经验有限，书中疏漏之处在所难免，竭诚希望读者们批评指正。

编 者
2023 年 8 月

目 录
CONTENTS

学习项目一　　认知国际贸易单证　………………………………………… 001
　学习任务一　　国际贸易的基本业务流程回顾 ……………………………… 003
　学习任务二　　国际贸易单证认知 …………………………………………… 010
　学习任务三　　国际贸易单证相关岗位群认知 ……………………………… 027

学习项目二　　制作国际贸易合同　………………………………………… 031
　学习任务一　　国际贸易合同认知 …………………………………………… 033
　学习任务二　　国际贸易合同识读 …………………………………………… 035
　学习任务三　　国际贸易合同制作 …………………………………………… 040

学习项目三　　处理信用证　………………………………………………… 045
　学习任务一　　信用证认知 …………………………………………………… 047
　学习任务二　　信用证开立 …………………………………………………… 049
　学习任务三　　信用证识读 …………………………………………………… 056
　学习任务四　　信用证审核 …………………………………………………… 066
　学习任务五　　信用证修改 …………………………………………………… 079

学习项目四　　缮制发票　…………………………………………………… 091
　学习任务一　　发票认知 ……………………………………………………… 093
　学习任务二　　商业发票的识读与制作 ……………………………………… 097
　学习任务三　　海关发票的识读与制作 ……………………………………… 111

学习项目五　　缮制包装单据　……………………………………………… 121
　学习任务一　　包装单据认知 ………………………………………………… 123
　学习任务二　　装箱单的识读与制作 ………………………………………… 126

学习项目六　　缮制运输单据　……………………………………………… 131
　学习任务一　　国际货物托运流程及运输单据认知 ………………………… 133
　学习任务二　　海洋运单的识读与制作 ……………………………………… 145
　学习任务三　　航空运单的识读与制作 ……………………………………… 161

学习项目七	缮制保险单据 ·· 175
学习任务一	国际货物运输保险认知 ······································ 177
学习任务二	投保单的识读与制作 ·· 182
学习任务三	保险单的识读与制作 ·· 190

学习项目八	缮制原产地证书 ·· 197
学习任务一	原产地证书认知 ·· 199
学习任务二	一般原产地证书的识读与制作 ····························· 211
学习任务三	普惠制产地证书的识读与制作 ····························· 221
学习任务四	区域性优惠原产地证书的识读与制作 ····················· 226

学习项目九	缮制结算票据 ·· 235
学习任务一	结算票据认知 ·· 237
学习任务二	汇票的识读与制作 ··· 242

学习项目十	缮制其他单据 ·· 249
学习任务一	缮制装运通知 ·· 251
学习任务二	缮制受益人证明 ·· 258
学习任务三	缮制船公司证明 ·· 262

参考文献 ··· 266

学习项目一
认知国际贸易单证

学习目标

知识目标

1. 熟悉国际贸易的基本业务流程。
2. 熟悉国际贸易单证的含义和种类。
3. 掌握国际贸易单证的工作内容与流程。
4. 了解国际贸易单证相关岗位群。

能力目标

1. 能够绘制不同贸易术语、不同结算方式下完整的贸易流程图。
2. 能制单、审单、改单与交单。

素养目标

在充分理解外贸人员相关岗位、岗位工作任务的基础上,培养外贸单证员岗位的职业能力,提升专业操作进出口单证的职业素养。

建议学时

学习项目一建议6学时。

工作情景描述

李林是一名刚走出校门的外贸相关专业的优秀毕业生,应聘于深圳 HL 股份有限公司。他非常渴望成为一名外贸业务员。但是刚进公司的时候,老板安排李林在单证部工作。对此,李林感到非常沮丧,他认为单证工作就是利用计算机对着合同和信用证等资料填制单据,没有大出息。单证员工作真的只是填制单据,毫无技术含量吗?

 学习任务与活动

学习任务一 国际贸易的基本业务流程回顾
学习任务二 国际贸易单证认知
学习任务三 国际贸易单证相关岗位群认知

学习任务一　国际贸易的基本业务流程回顾

学习目标

知识目标

1. 熟悉国际贸易的流程。
2. 熟悉国际贸易流程各环节所需的相关单证。

能力目标

能够绘制不同贸易术语、不同结算方式情况下完整的贸易流程图。

建议学时

学习任务一建议 2 学时。

相关知识点

一、国际贸易业务流程

国际贸易的业务流程一般分为三个阶段：准备阶段、交易磋商和签订合同阶段、履行合同阶段。交易前的准备是否充分决定着交易磋商能否顺利进行，也是履行合同的基础；交易磋商和签订合同阶段是进出口双方达成协议并明确各自的权利与义务划分；履行合同阶段则是进出口双方按照合同条款履行各自的权利与义务。

（一）准备阶段

国际市场情况复杂多变，因此在开展出口业务时，务必要充分做好前期的各项准备工作。这些准备工作主要包括：对国际市场的调查研究；寻找客户及建立业务关系；落实货源、制定出口商品的生产或收购计划；制定出口商品经营方案；开展多种形式的广告宣传及促销等。

进口交易前的准备工作主要是进行市场调研，如对所购买商品的调研、对产品国际市场价格的调研、对国际市场供应情况的调研等，在调研的基础上选择客户并确立业务关系。此外，也要进行诸如申请进口配额、申请进口许可证、制定进口产品经营方案等准备工作。

（二）交易磋商和签订合同阶段

准备工作结束之后，即通过函电联系或当面洽谈等方式，同国外客户磋商交易，一般要经过询价、发盘、还价、接受四个环节，其中发盘和接受是交易成立的基本环节，也是合同成立的必要条件。合同条款的内容包括商品的品名、品质、包装、数量、价格、装运、支付方式、商品检验检疫、不可抗力、争议的处理等。

（三）履行合同阶段

1. 出口业务程序

出口合同订立后，交易双方就要根据"重合同、守信用"的原则，履行各自应承担的义务，出口合同履行的繁简取决于所使用的贸易术语和付款方式等。在我国的出口业务中，多数采用CIF（Cost Insurance and Freight，成本、保险费加运费）术语成交，并采用信用证付款方式。如按CIF术语和信用证付款方式达成的交易，就卖方履行出口合同而言，主要包括下列各环节的工作：

（1）（货）认真备货，按时、按质、按量交付约定的货物；
（2）（证）落实信用证，做好催证、审证、改证工作；
（3）（运）及时租船订舱，安排运输、保险，并办理出口报关手续；
（4）（款）缮制、备妥有关单据，及时向银行交单结汇，收取货款。

2. 进口业务程序

进口合同的履行使进口交易进入一个实质性阶段，是合同当事人实现合同内容的具体行为，买卖双方按合同规定在享有各项权利的同时必须承担各自的义务。如按FOB（Free on Board，船上交货）术语和信用证付款方式成交，买方履行合同的程序，一般包括下列事项：

（1）（证）按合同规定向银行申请开立信用证；
（2）（船）及时派船到对方口岸接运货物，并催促卖方备货装船，办理货运保险；
（3）（款）审核有关单据，在单证相符时付款赎单；
（4）（货）办理进口报关手续，并验收货物。

二、进出口流程及相关单据

（一）出口实务流程及相关单据

1. 以一般贸易、CIF、L/C等术语为基础（见表1-1）

表1-1　出口实务流程及相关单据1

出口实务流程	各个交易环节所需的相关单据
1.交流样品、商业谈判	
2.签订买卖合同	买卖合同或销售确认书、订单、形式发票
3.催证、开证、审证	信用证、信用证修改书
4.生产备货、通过检验	出境货物报检单、放行单、品质证、卫生证、兽医证等
5.制单、租船订舱、出口海关申报	运输单据：出口运输委托书、商业发票、装箱单、报验委托书等；通关单据：买卖合同副本、商业发票、出口货物报关单、代理报关委托书、装箱单、其他政府批件
6.投保、支付保费	商业发票、货物运输保险投保单、保险单
7.装运货物、支付运费、签发提单、装运通知	海运提单、装运通知

续表

出口实务流程	各个交易环节所需的相关单据
8.制单、审单、交单	一般单据：商业发票、汇票、装箱单、海运提单、保险单、原产地证书等； 特殊单据：受益人证明、船公司证明、海关发票、邮政收据等
9.结汇、取得水单	银行结汇水单
10.催收并收回出口货物报关单	出口货物报关单
11.申报出口退税	商业发票、出口货物报关单、增值税专用发票
12.通过审查、获得出口退税	出口退税通知书、转账支票

2. 以一般贸易、CIF、T/T 等术语为基础（见表1-2）

表1-2 出口实务流程及相关单据2

出口实务流程	各个交易环节所需的相关单据
1.交流样品、商业谈判	
2.签订买卖合同	买卖合同或销售确认书、订单、形式发票
3.催付预付款	形式发票或商业发票
4.生产备货、通过检验	出境货物报检单、放行单、品质证、卫生证、兽医证等
5.制单、租船订舱、出口海关申报	运输单据：出口运输委托书、商业发票、装箱单、报验委托书等； 通关单据：买卖合同副本、商业发票、出口货物报关单、代理报关委托书、装箱单、其他政府批件
6.投保、支付保费	商业发票、货物运输保险投保单、保险单
7.装运货物、支付运费、签发提单、装运通知	海运提单、装运通知
8.装运通知、催付余款	传真：商业发票、装箱单、海运提单、保险单、原产地证书等
9.结汇、取得水单，寄送单据	收：结汇水单； 寄：商业发票、装箱单、海运提单、保险单、原产地证书等
10.催收并收回出口货物报关单	出口货物报关单
11.申报出口退税	商业发票、出口货物报关单、增值税专用发票
12.通过审查、获得出口退税	出口退税通知书、转账支票

3. 以一般贸易、CIF、D/P 等术语为基础（见表 1-3）

表 1-3　出口实务流程及相关单据 3

出口实务流程	各个交易环节所需的相关单据
1.交流样品、商业谈判	
2.签订买卖合同	买卖合同或销售确认书、订单、形式发票
3.生产备货、通过检验	出境货物报检单、放行单、品质证、卫生证、兽医证等
4.制单、租船订舱、出口海关申报	运输单据：出口运输委托书、商业发票、装箱单、报验委托书等； 通关单据：买卖合同副本、商业发票、出口货物报关单、代理报关委托书、装箱单、其他政府批件
5.投保、支付保费	商业发票、货物运输保险投保单、保险单
6.装运货物、支付运费、签发提单、装运通知	海运提单、装运通知
7.制单、审单、交单	商业发票、汇票、装箱单、海运提单、保险单、原产地证书等
9.结汇、取得水单	银行结汇水单
10.催收并收回出口货物报关单	出口货物报关单
11.申报出口退税	商业发票、出口货物报关单、增值税专用发票
12.通过审查、获得出口退税	出口退税通知书、转账支票

（二）进口实务流程及相关单据

以一般贸易、FOB、L/C 等术语为基础（见表 1-4）。

表 1-4　进口实务流程及相关单据

进口实务流程	各个交易环节所需的相关单据
1.交流样品、商业谈判	
2.签订买卖合同	买卖合同或销售确认书
3.催样、改样、确认	图样
4.落实订单、催货、落实装运期	订单、形式发票
5.开证、改证	信用证、信用证修改书
6.租船订舱、装运通知	装运须知
7.投保、支付保费	商业发票、货物运输保险投保单、保险单据
8.审查单据、付款赎单	一般单据：商业发票、汇票、装箱单、海运提单、保险单、原产地证书等； 特殊单据：受益人证明、船公司证明、海关发票、邮政收据等
9.制单、进口海关申报、缴纳海关税费	买卖合同副本、商业发票、海运提单副本、装箱单、进口报关单、代理报关委托书、原产地证书、海关发票、进口货物通关单，其他政府批件等

续表

进口实务流程	各个交易环节所需的相关单据
10.检验、通关、放行、支付运费、提货	正本海运提单、海关放行文件
11.索赔、理赔	索赔函、买卖合同、提单、商业发票、检验证书、装箱单

任务实施

1. 以小组为单位，查询资料并回忆，补充、绘制采用 CIF 贸易术语进行信用证结算的业务流程图。

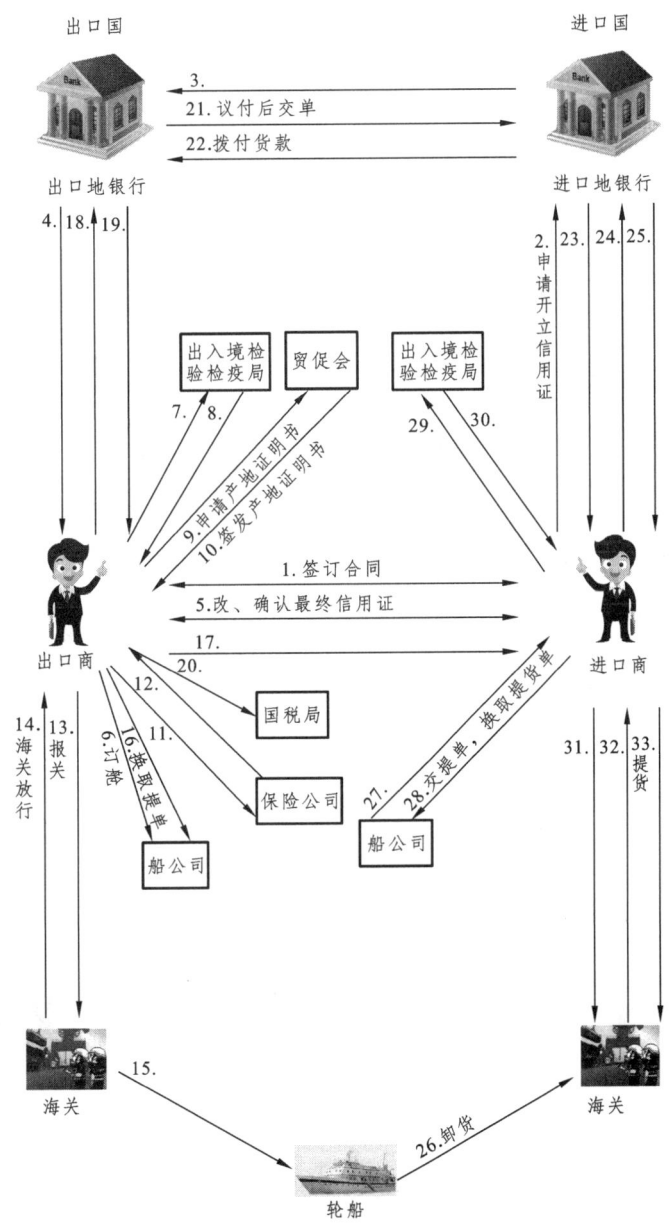

2. 以小组为单位，查询资料并回忆，补充、绘制采用 CIF 贸易术语进行 D/A 结算的业务流程图。

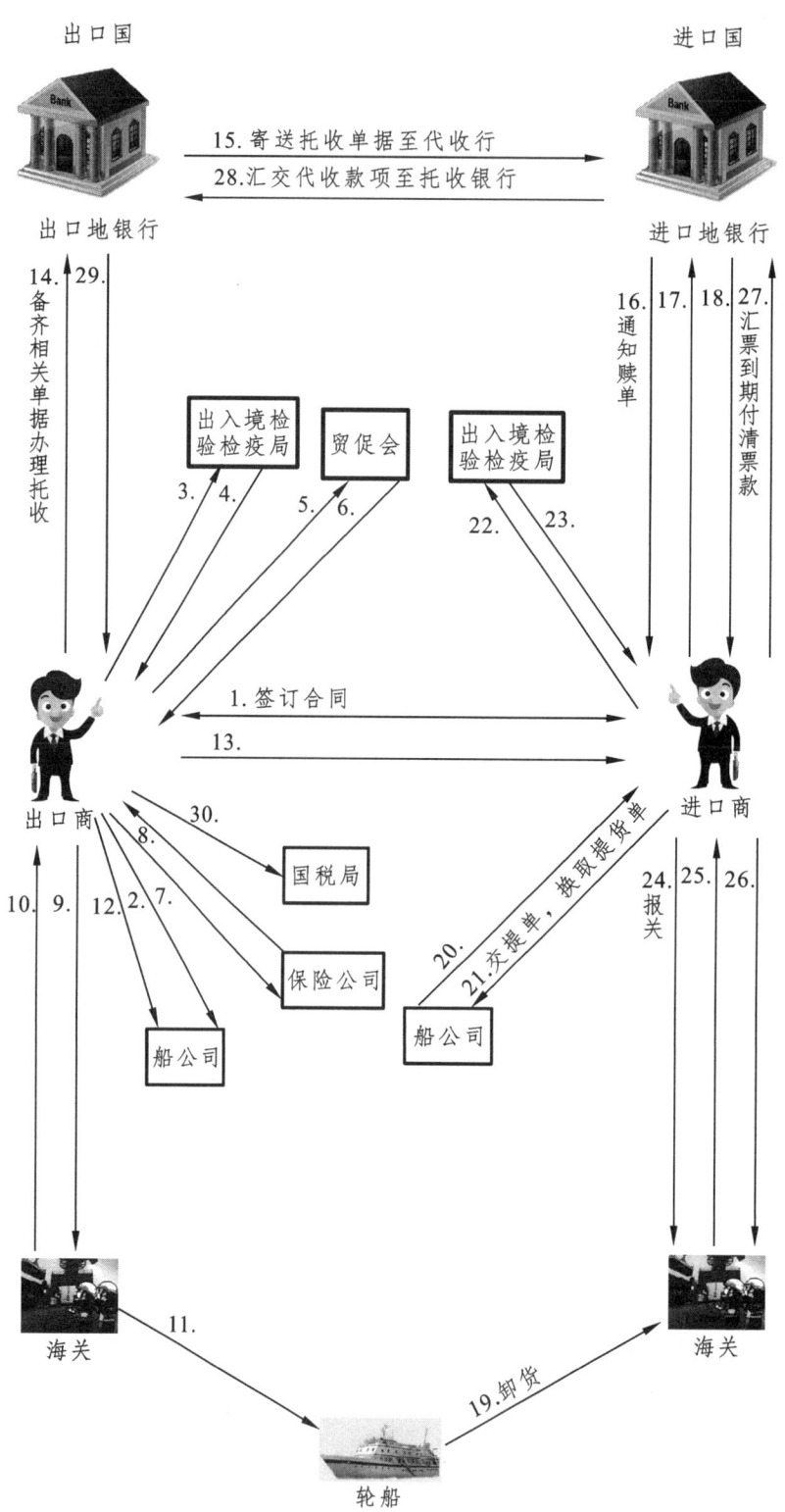

3. 以小组为单位，查询资料并回忆，补充、绘制采用 CIF 贸易术语进行 T/T 结算的业务流程图。

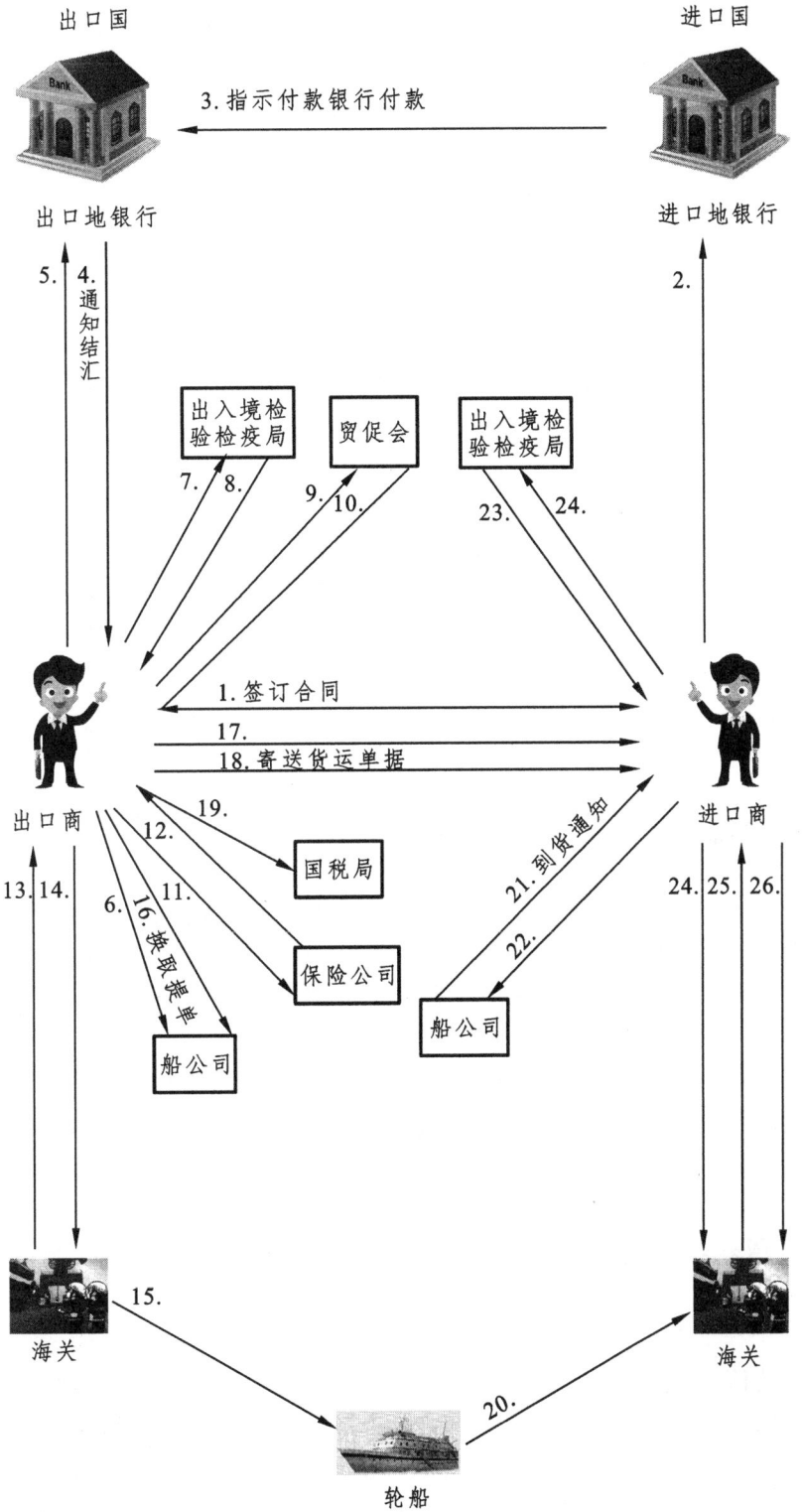

学习任务二　国际贸易单证认知

学习目标

知识目标

1. 了解国际贸易单证的含义、作用。
2. 了解与单证相关的国际贸易惯例。
3. 掌握国际贸易单证的种类。

能力目标

1. 能根据进出口流程，确定各进出口业务环节涉及的主要单证及其出单、签证或提交机构。
2. 能制单、审单、改单与交单。

建议学时

学习任务二建议 2 学时。

相关知识点

一、国际贸易单证的含义

单证是指在国际贸易结算中应用的各种单据、文件与证书。凭借这些文件，处理国家间货物的交付、运输、保险、商检、结汇等。因此，狭义的单证指单据和信用证，广义的单证则指各种文件和凭证。就出口贸易而言，出口单证是出口货物推定交付的证明，是进行报关、商检等业务环节的工具。单证作为一种贸易文件，构成了贸易流程的重要内容。单证贯穿外贸企业的外销、进货、运输、收汇的全过程，涉及面广、工作量大，除了需要外贸企业内部各部门的协作与配合，还必须与银行、保险、运输、商检机构以及相关的行政管理机构发生业务联系，环环相扣，互为条件。

二、国际贸易单证的作用

（一）国际贸易单证是合同履行的必要手段

国际贸易是跨国的商品买卖，由于这种跨国交易的特殊性，以及买卖双方分处不同国家，在国际贸易中，商品与货币的交割不同于国内合同的执行，不能进行简单的直接交换，而必须以单据作为交换手段。单证和货款对流的原则已成为国际贸易中商品买卖的一般原则。正如国际贸易专家施米托夫在《出口贸易》一书中所说："从商业观点来看，可以说 CIF 合同的目的不是货物本身的买卖，而是与货物有关的单据买卖。"正是单证在国际贸易中具有这种重要的作用，才使得国际贸易得以跨越时间和空间而日益发展。

（二）单证的质量是顺利收汇的前提

国际贸易结算无论采取何种方式，其付款的主要依据是单据。国际商会《跟单信用证统一惯例》（UCP600）规定："在信用证业务中，各有关方面当事人处理的是单据，而不是有关的货物、服务或其他行为。"在信用证支付方式下，若单据与信用证不符，哪怕有细小的差别，银行完全可以依此拒付货款、不承担付款责任。因此，在进出口业务中，单证工作做得正确、齐全、迅速，可以保证安全、及时收汇；反之，则会给有关各方带来不必要的损失。

（三）国际贸易单证是对外贸易企业管理的重要环节

从进出口企业角度看，国际贸易单证工作是进出口业务的一个重要环节。实际业务中，不论是合同内容、信用证条款，还是落实货源、控制交货品质和数量以及运输、保险、检验检疫、报关、结汇等诸多业务经营管理环节，最后都会集中反映在单证工作上，单证也是合同履行后期处理争议和纠纷的重要依据。单证工作组织管理的优劣直接关系到外贸经营企业的好坏。外贸企业应加强单证管理工作，提高单证质量，这样不仅可以有效防止差错发生，还可以节省交易费用，降低成本。

（四）国际贸易单证是进出口企业提高经济效益的重要保证

国际贸易工作与进出口企业的经济效益密切相关。单证管理工作的加强，单证质量的提高，不仅可以有效地防止差错事故的发生，弥补经营管理上的缺陷，还可以加速资金回笼，提高资金使用率，节约利息开支，节省各种费用，在无形之中为国家和企业增加外汇收入，提高进出口企业经济效益。因此，加强单证管理工作、提高单证质量对企业经济效益具有重要意义。

三、国际贸易单证的种类

国际贸易业务涉及的单证众多，根据不同的分类标准可以划分为不同的种类。

（一）根据单证涉及的进出口双方划分

1. 进口单证

进口单证是一个国家的进口主管单位（海关）要求的单证。进口单证一般包括进口一般许可证、特别许可证、商业发票、提单、原产地证书和检验证书。在某些国家还可能需要提供领事发票、保险凭证、外汇证明和银行汇票等。

并非每笔交易都需要上述所有单证，这在很大程度上受进口国家和进口货物性质的影响。在很多简单交易中，通常只需要提供商业发票、提单、原产地证书和进口报关单。

2. 出口单证

出口单证是出口国的企业及有关部门涉及的单证，包括出口许可证、出口报关单、包装单据、出口货运单据、商业发票、保险单、汇票、检验检疫证、原产地证书等。

（二）根据单证的性质划分

1. 金融单据

金融单据具有货币属性，指汇票、本票、支票或其他类似以取得款项为目的的凭证。

2. 商业单据

商业单据是发票、运输单据、货权凭证或其他类似凭证及任何非金融单据。

（三）根据单证的用途划分

1. 资金单据

资金单据指汇票、支票、本票等信用工具。

2. 货运单据

货运单据是各种方式运输单据的统称，包括海运提单，租船合约提单，空运单，公路、铁路、内河运输单据，邮政收据，报关单，报检单，托运单等。

3. 保险单据

保险单据指国际货物运输保险单据，如保险单、保险证明等。

4. 官方单据

官方单据指官方机构出具的单据和证明，如海关发票、领事发票、原产地证书、检验检疫证等。

5. 附属单据

附属单据是指装运通知、受益人证明、船公司证明等。

四、与单证相关的国际贸易惯例

国际贸易惯例（International Trade Practice）是指在国际贸易中，被买卖双方和其他相关方面广泛认可与接受的习惯做法、规则和解释。"其他相关方面"主要包括与国际贸易相关联的部门，如出入境检验检疫局、海关、运输（物流）公司、保险公司、银行、商会、仲裁机构、法院、政府主管部门等。目前，有关单证方面的国际惯例主要有以下几种。

1. 《跟单信用证统一惯例》（UCP600）

UCP 的英文全称是 *The Uniform Customs and Practice for Documentary Credits*，国际商会 2007 年修订了《跟单信用证统一惯例》（国际商会第 600 号出版物），简称 UCP600。该惯例是迄今为止在信用证支付条件下，全世界最具权威、使用最广泛的国际贸易惯例。它对信用证项下各方当事人的职责、权利和义务，单据的缮制、填写、提交的要求都做出比较详尽的规定和说明，对统一规范信用证支付的操作，起着不可替代的十分重要的作用。

2. 《国际标准银行实务》（ISBP745）

《国际标准银行实务》的全称是《关于审核跟单信用证项下单据的国际标准银行实务》（*International Standard Banking Practice for the Examination of Documents under Documentary*

Credits，ISBP）。由于各国对 UCP 条文的理解及各国银行审单标准不统一，近年来有大量的信用证在第一次交单时被认为存在不符点而遭到拒付，从而严重影响了国际贸易的发展，并导致了大量争议甚至诉讼的出现。为此，国际商会于 2002 年在意大利罗马召开的年会上通过了《关于审核跟单信用证项下单据的国际标准银行实务》，即 ISBP645，共解决了审核信用证项下单据的 200 个问题。随着国际商会 2007 年对 UCP 进行修订，该机构于 2007 年依据 UCP600 对 ISBP 做了相应的更新。2013 年的里斯本春季年会上，国际商会银行委员会通过了新修订版本的 ISBP745，全面描述了 UCP600 下信用证单据的审查标准。

UCP600 与 ISBP745 之间，就好比是"一项法律与其司法解释"之间的关系一样，ISBP745 实际上是对 UCP600 中某些条文的进一步说明和解释，它比 UCP600 更通俗，有时还列举了实例。ISBP745 不仅是各国银行、进出口公司信用证业务单据处理人员在工作中的必备工具，也是法院、仲裁机构、律师在处理信用证纠纷案件时的重要依据。ISBP745 包括引言和 200 个条文，它不仅规定了信用证单据制作和审核应该遵循的一般原则，而且对目前跟单信用证的常见条款和单据都做出具体的规定，对各国国际业务从业人员正确理解和使用 UCP600，统一和规范信用证单据的审核实务、减少不必要的争议具有重要意义，也是 UCP600 订立的重要标准。

3.《托收统一规则》（URC522）

国际商会为统一托收业务的做法，减少托收业务各有关当事人可能产生的矛盾和纠纷，曾于 1958 年草拟《商业单据托收统一规则》（*The Uniform Rules for Collection*），1995 年进行修订，称为《托收统一规则》（国际商会第 522 号出版物），简称 URC522，自 1996 年 1 月 1 日起实施。《托收统一规则》自公布实施以来，被各国银行所采用，已成为托收业务的国际惯例。

需要注意的是，该规则本身不是法律，因而对一般当事人没有约束力。只有在有关当事人事先约定的条件下，才受该惯例的约束。

《托收统一规则》（URC522）包括总则及定义，托收的形式和结构，提示方式，义务与责任，付款，利息、手续费及其他费用，其他规定等 7 部分，共 26 条。《托收统一规则》规定，托收意指银行根据所收的指示，处理金融单据或商业单据，目的在于取得付款和/或承兑，凭付款和/或承兑交单，或按其他条款及条件交单。上述定义中所涉及的金融单据是指汇票、本票、支票或其他用于付款或款项的类似凭证；商业单据是指发票。另外，还有运输单据、物权单据或其他类似单据，或除金融单据之外的任何其他单据。

五、单证的制作

（一）制单的基本要求

1. 正确

（1）各种单据必须做到"六一致"。

①证同一致。信用证的开立是以开证申请书为据的，开证申请书以贸易合同为据，信用证不得与贸易合同矛盾。

②单证一致。信用证项下的单据必须与信用证所列的内容一致。

③单单一致。UCP600 规定："单据之间表面上互不一致者，将被认为表面上不符信用证条款。"例如，如果货运单据上的运输标志与装箱单据上的运输标志有差异，银行就可拒绝付

款。

④单内一致。例如，商业发票上列明的单价与数量的乘积应该等于总价。

⑤单货一致。单据所列的有关货物的数据和内容，应与约定货物的实际一致。

⑥单同一致。单据应与贸易合同一致。

（2）各种单据必须符合有关国际惯例和法令的规定。

目前，绝大多数信用证都注明遵从 UCP600。因此，制单时应注意不要与 UCP600 抵触。此外，还应注意进口国对单据或进口货物有无特殊规定。例如，"9·11"事件之后，美国加大对进口货物的监管，船运进口至美国的非散装货物，进口人必须在出口截关前一天通过船运自动舱单系统（Automated Manifest System，AMS）或自动代理接口（Automated Broker Interface，ABI）履行"进口商安全申报及承运人附加要求"（ISF）义务。通过该系统，美国将反恐防线前置国外的装运港，同时美国海关的放行信息会自动传输到船公司及集装箱场站。加拿大的 ACI 系统与美国的 AMS 性质相似。

2. 完整

单据的完整指单证种类、份数、单据本身的项目等齐全完整。如果格式使用不当、项目漏填、文理不通、签章不全，就不能构成有效文件。例如，签署和背书，一般只需盖一个章，但如果漏了盖章，这项单据便成为"未签署"的单据，即无效。例如，FORM A 产地证书的"原产地标准"栏，仅需填一个字母或加上税则号码或进口成分，如果漏填或误填，便会使证书失去效力。

3. 及时

（1）出单及时，即出单日期不能超过信用证有效期或按商业习惯的合理日期。一般而言，发票日期应在各单据日期之首；提单日不得迟于或早于装运期；保单签发日应早于或等于提单日期（一般早于两天），不早于发票日期；箱单应等于或迟于发票日期，但须在提单日之前；产地证不早于发票日期，不迟于提单日；商检证日期不晚于提单日期，但也不能过分早于提单日，尤其鲜活、容易变质的商品；受益人证明应等于或晚于提单日；装船通知应等于或晚于提单日后三天内；船公司证明应等于或早于提单日。尚未取得正本的单据（如提单），应先就副本进行预审；无法提前拿到的单据（如商检证），应及时办理申办手续；有些进口国需特定的海关发票或产地证等，应及时提供。

（2）交单及时，主要指在信用证项下，应在信用证规定的交单期和 UCP600 规定的交单有效期内交单。如有可能，最好在货物装运前，先将有关单据送交银行预审。如有必要，可及早联系修改信用证，延展装运期和交单期。

4. 简明

单据内容应按信用证（信用证结算时）或合同（汇付或托收结算时）规定和有关国际贸易惯例填写，力求简单明了，切勿加列不必要的内容，以免弄巧成拙。

5. 整洁

整洁是从外观和技术上对单据提出的更高要求，主要指单证的格式设计和缮制力求标准、规范，表面清洁、美观、大方，各项内容简洁明了、行次整齐、字迹易认、重点醒目。

（二）制单依据

汇付和托收项下的制单、审单以贸易合同为首要依据，如有特殊要求，应参照相应文件、双方提供的原始资料或共同默契的国贸惯例。

在信用证项下，信用证取代贸易合同成为制单、审单的首要依据。

（三）制单技巧

1. 正确掌握制单步骤

了解合同、信用证、贸易对方来函等信息，先制作货物明细单或货物出仓单，再制作发票，最后制作或取得包装单据、托运单、报检单、报关单、投保单、产地证、许可证等。

一般而言，信用证结算，以货、证、船、款为序制单；汇付结算，到付以货、船、款为序制单，预付以款、货、船为序制单；托收结算，以货、船、款为序制单。

2. 明确制单工作方式

（1）须及时收齐各项基础资料。例如，缮制装箱单或重量单，先要取得供货单位或加工仓库提供的商品包装资料；缮制商业发票须综合装箱单/重量单内容，并参照信用证或合同条款。

（2）资料齐备后必须核对。例如，数量、品质、规格、包装是否符合信用证。制单前还有许多计算工作需要完成，如商品的数量、重量、尺码、总价等，某些商品根据行业惯例或客户需要还须提供具体的细码单，则需逐码核对、计算累积数量。

（3）依制单步骤制单。熟悉各单据的格式和用途、每栏应填制的事项。例如，海关发票有专门格式，不能错用；各种单据自上至下，从正面到背面，栏目繁多，都要按规定填制。制单完毕后，最好自审一遍，发现差错，立即更正。

3. 合理选用制单方法

（1）选用制单方法时，应在满足合同、信用证、贸易对方要求的前提下，遵循单据业务和管理的便捷、效率原则，尤其注意以下几点：

1）注意区分下列单据。

①会签单据（Countersigned Document），也称副签单证或连签单证，指已由主签人签署，再由他人副签的单据。副签的作用在于加强单据的效力，副签人表示与主签人共同负责或对单据证实。

②证实副本（Certified Copy）或称保证副本（Guarantee Copy）。各种重要单证的副本，经关系人与原件核对无误，注明"证实"，并加签章，称为证实副本。在有些情况下，通过一定的手续，此证实副本可以起到代替正本（Original）的作用。

③手签单据（Handwriting Document），指单据的出票人（制单人）在签章处以手写方式签名。单据手签不能使用铅笔。

④签字单据（Signed Document），指经过出票人（制单人）签字盖章的单据。单据上的签字盖章有两个作用：一是确定签字人的责任；二是凭此识别单据的真伪。例如，汇票、支票等的出票人签字表示出票人对债务的责任。又如，发票、装箱单等非权利凭证，制单人的签字只表示对单据的内容负责。

⑤复制单据（Reproductive Document），指以复印机制作的单据。这种单据，如用作正本，

必须加上"正本"字样，再由出票人签字或盖印。否则，只可作为复印抄本（Photocopy），不具有法律效力。

⑥复写（纸）副本（Carbon Copy），指使用复写纸复写而成的副本。传统的制作方法，在缮制一式多份的单据时，采取打字加复写纸复写。最上面的以打字机色带制成的一份属正本，复写纸复写的一般都作为副本。

⑦小签单据（Initial Signed Document），指出票人在单据上只签姓或名，而没有把完整姓名签署的单据。一般用于各种单据的更改处，在加盖更改章后，由出票人小签，表示确认并承担责任。收妥备运提单上加注"已装船"印章处，船方也应加小签。

2）注意不同条款的效力。

在效力上，书写条款（Hand Written Clause）优于打字机条款（Type Written Clause），打字机条款优于加贴条款（Attached Clause），加贴条款优于印就条款（Printed Clause）。

3）注意中性（Neutral）单据。

在转口贸易中，中间商往往要求单据不含任何关于供货商的内容，如名称、地址、国籍等。但是海关发票、原产地证书等官方单证往往要求填写上述内容，如果无法做到，要及时要求对方修改。

（2）选用制单方法时，如果合同、信用证、贸易对方要求比较含混，最好先征询再制作，同时注意相关惯例的规定。

4. 确保单证相符

（1）应按信用证条款文义制单的情况。贯彻"单证相符"的原则，并不意味着必须依信用证原文原名照打，而要正确理解信用证的条款。例如，来证中规定"必须用集装箱装运"（shipment must be effected by container vessel），单证中应明确"货已装集装箱船"（goods shipped by container vessel）。如来证中规定"用木箱或纸箱包装"（packed in wooden cases or cartons）；"中国大米用麻袋包装，每袋50千克或100千克，以毛作净"（Chinese rice packed in gunny bags of about 50 kilos or 100 kilos per bag, gross for net），制单时应先取得供货单位或加工仓库提供的商品包装资料，按实际包装情况和包装质量填写。例如，规定唛头件号为"1-UP"制单时不可简单地照证打制、应按实际件数制唛，若为500件，则唛头件号应制成"1-500"，但若证中规定的唛头件号为"1-500"，而实际出口498件，则制单时各种单据唛头一栏均应写上"1-500"，同时为慎重起见，可在发票中声明："We here by declare that number of shipping mark on each package is 1-500,but we actually shipped 498 cartons of goods."

（2）应按信用证条款严格制单的情况。

①对品名，制单时应全文照写，不应随意加减字（尤其制作发票时，名称应严格相符）。品名如用单数，制单时也用单数；品名如用复数，则制单时也用复数。

信用证规定的品名有错字、漏字或中英文不符，对非原则性差错，在没有正式接到修改书的情况下，只能按原样制单，可在错误名称后面加括号注上正确的写法，如帆船牌 Sailing Boad（Boat）；标签 Lable（Label）；特别美国海关发票 Specewl（Special）US Customs Invoice。对原则性差错，应要求改证后发货制单。例如，来证中将商品"冻去皮去头虾仁"规定为 Frozen Shell on Headless Shrimp，其中"shell on"为"带壳"含义，与去皮（peeled）明显相反。商品规格"每磅200~350只"，来证中却规定为"200~300 PCS PER LB"等都属原则性差错。来证规定品名为"Xiangshan Brand"，我国某公司对出口商品采用象山牌（Mount Elephant Brand）商标，易造成"单货不一致"，应要求改证。

对同一商品品名，不同信用证会有不同的翻译方法。例如，活文蛤，living clam 或 alive (hard)clam；麻袋，gunny bag 或 jute bag；花生，groundnut 或 peanut；纸箱，carton 或 card board cases，应遵从本信用证的规定名称制单。

②不同国家的来证可能使用不同的语言。例如，英文 living ark shell（活赤贝），在日商来证中规定为 living sarubou；象山牌糖水荔枝，每箱 24 听/567 克，在法国来证中规定为 Litchis Au Sirop Marque Mount Elephant En Carton De 24 Boites 567GRS 等，制单时均需使用信用证的语言。如果信用证规定：Certificate of Origin G.S.P. from A for France must be established both in English and French Language，则该信用证项下的普惠制产地证应用英文和法文填写。

③不可随意折算、改称包装规格。信用证如以公吨为单位，则不宜换算为千克。如证中规定有唛头，应严格按照规定制单，不能随意改动。

④卖方出具各种单据的名称、份数、出证机关、特殊语句等均应与信用证一致。如信用证规定 Non-transferable，受益人为 China National Cereal & Oil Food Stuff Import & Export Corp. Guangxi Branch。即使出口人是中国粮油食品进出口公司广西分公司北海支公司，也须以广西分公司名义制单，用分公司发票，用分公司图章盖章。如信用证规定 Transferable，则可以北海支公司名义制单，用支公司发票，用支公司图章盖章。另外，如来证要求卫生证书，不能出具健康证书；如要求出具重量证书，不能出具重量单；如要求出具保险单，不能出具保险凭证；如要求证书三份，不能提供两份；如产地证书要求由中国质量技术监督局出具，则不能提供中国贸促会出具的产地证书；如来证要求所有单据都要标上成本、保险费和运费（all documents must show a breakdown of costs, insurance and freight），制单时应按照要求办理。

在"重合同、守信用、平等互利"的原则下，须做到单货一致，避免可能被海关、法院、买方追究单货不一致的合同责任，确保及时安全收汇。

（3）若对信用证主要条款做了多次修改，须将原证规定与后来的修改作为制单的依据，特别是对在原证描述基础上补充修改的情形，应仔细分辨有关的完整规定。

（4）注意来证中对单据和货物有无特殊规定。例如，马来西亚政府规定，商业发票上须注明商品的成本、保险费、运费的金额，且这三者之和必须等于 CIF 价格，否则不予以进口报关。又如，巴基斯坦某些来证规定，提单须经手签才有效，拒绝接受盖章的提单，且在提单上注明装船日期应为装完货物的日期；某些来证规定不接受挂印度国旗的船只装运，要求出具船籍证明书。对此，应照办，如难以办到，须及时提出修改。

5. 确保单单相符

（1）各种单据签发日期应合理，符合逻辑规律及国际贸易惯例。

①汇票是根据发票开立的，因此汇票日期应等于或晚于发票日期。

②商业发票的日期可早于或等于或晚于提单日期，但须在交单日期内。海关发票的签发日期不应迟于提单日期；形式发票日期应先于装运日期；领事发票日期不得迟于汇票和提单日期，以满足其提前办理进口手续或出口报价的需要。

③装箱单、重量单日期应等于或略迟于发票日期，但不得早于发票日期。

④提单日期应符合信用证规定的装运期。

⑤保险单日期应早于或等于提单日期，以符合装运前投保的要求。除非保险单据表明保险责任不迟于发运日生效。

⑥一般产地证日期不应迟于提单日期。普惠制产地证书号码和日期须按正式商业发票填写，签证当局和出口商签署日期均不得早于发票日期。

⑦商检证书日期不应晚于提单日期，但也不能过分早于提单日，特别是某些鲜活商品和容易变质的商品。斯里兰卡进口大米时，常在来证中规定："This certificate should indicate that inspection had been carried out just before loading."

⑧出口许可证日期，船公司证实船籍、船龄、航程的证明日期，运费收据日期应早于或等于提单日期。

⑨受益人证明或声明往往在装船后出具，因此其日期应等于或晚于提单日期。因为装船后才能证实已装数量、质量，船长收据或证明及有关须提供具体数据的单据日期应等于或晚于提单日期。

⑩若信用证中规定"卖方装船后立刻发电报给买方"，则电报抄本日期应等于或晚于提单日三天之内（对"立刻""马上""一定"，中国银行定为三天时间）；若信用证中规定"卖方至少在装船前××天发电报给买方"，则电报抄本日期须为装船前××天。

（2）海关发票、产地证、投保单、托运单、报关单等一般以商业发票为基础缮制。各单据的填制内容除提单用概括性的商品统称外，须在措辞和用语方面保持一致。例如，商业发票上叙及的产地应与产地证上的产地相同；商业发票上运费金额应与运费单据或运费发票上所列一致；检验证书上应注明货物描述、航运、信用证或其他单据的引证；各单据相应的质量或数量应完全相等。涉及商品数量、尺码、质量、总价等方面计算的，制单前应按信用证要求和装运实际详细核算，须提供细码单时还应逐码核对，并计算累积数量。

6. 确保单货相符

在"重合同、守信用、平等互利"的原则下，须做到单货一致，确保及时安全收汇。

六、审单、改单、交单

（一）审单

审单是指对已缮制的诸单据的复核和审查。以信用证项下的审单为例，长期以来，银行在审单时既有采取严格一致的原则，也有采取实质一致的原则。

1. 审单原则

（1）严格一致，是指在单据和信用证条款之间，一个字与一个字、一个字母与一个字母的相符。即使拼写错误，也构成单证不一致，单据就像信用证的"镜子影像"。因为其结果将造成大量的不符问题和诉讼案件，所以要求单证严格一致是很难达到的，也是不易实行的。

（2）实质一致，是指允许单据有差异，只要差异不损害申请人，或者不违反法庭"合理公平、善意"的概念。换言之，单据有了实质的不符点，即构成单证不一致，单据没有实质不符点，即达到单证一致。实质一致相对来说比较现实。

2. 审单方法

（1）针对单套单据的审单方法。

①先数字后文字审单法。在单据数量较集中时，可以先复核各种单据的所有数字，如单价、总价、数量、毛净重、尺码、包装件数等，再采用纵横审单法审核其他内容。

②纵横审单法。纵横审单法，也称单据与信用证对照审核法（The Checking-up of Documents Against L/C）。

"横审"（单证一致）：审单时将信用证、全套单据、审单记录表（Check Memo）从左向右放置在案桌上，中间的全套单据按汇票、商业发票、……、提单的顺序从上至下依次排好。认真将信用证条款（包括修改条款）从头到尾仔细阅读至少一遍，每涉及一种单据，立即与该种单据核对。或者先将信用证与发票逐字逐句核对，再将其他单据与信用证的有关条款核对。如出现不符点，应及时标注，不要遗漏。审完的单据反转放置在桌子中间未审单据的前面，待全套单据审完，未被审核的单据即信用证未规定的单据，应抽出退还交单人或随单寄开证行，对此未规定的单证银行不再承担责任。

"纵审"（单单一致）：横审完毕后，从诸单据中选择一份主要的单据（也称大单据，如商业发票或汇票），与其他单据逐一核对，做到其共有项目内容一致、签发日期合理。审核所有单据之间相同项目的一致性。每发现一个不符点，应立即记录在审单记录表上，并在记录文字后加"改""加""补"字样。待单据改妥后，在该字画圈表示不再有不符点。当全部需修改的地方画圈后，单据全部改妥相符，就可以交单了。

审单完毕，出口商将单据交给银行时，银行在确认"单证相符、单单一致"的情况下，应在正本信用证背面背书，注明承付/议付日期、金额、审单员签章、电话号码等内容。

（2）针对多套单据的审单方法。

①即期装船审单法（The Checking-up of Documents for Prompt Shipment）。将航次安排、运输吞吐进度与审单进度相结合，以每航次货物装运日期先后依次进行审单，争取在提单签发之前完成预审，以便在取得正本提单后立即交单。特点：化整为零，将制单、审单、改单程序合为一体。

②分地区客户审单法。同一国别地区或同一客户对出口单据的要求基本相同，为了提高效率和质量，业务量较大的单位，可以采用分地区客户审单的工作方法。

③两道工序审单法（The Checking-up of Documents by Two Times）。一些集团或跨国公司的制单业务由各主管部门办理，制、审相结合，而后集中于一处由专家予以复核。该法将"一缮一审"和"综合复审"相结合，不是简易的重复，而是抓住扼要内容，一审再审，一般内容仅作统计审核。

3. 审单要则

（1）速审：信用证是否仍有效；单据是否过期；金额是否一致；货物数量是否一致；出运日期是否在最迟装运日之前；所要求的单据是否全部提交。

（2）总审（所有单据）：名称和地址是否一致；货物描述是否一致；唛头是否一致；更正处是否加具签字或小签。

（二）改单

1. 改单的含义

改单是指在审核单据的过程中发现有错误、矛盾或不妥之处，对单据予以修改。例如条款前后有矛盾、彼此有差异、数字计算有出入、诸单据所列的主要内容繁简不一、单据份数有多有少等，发现问题都应予以修改。

2. 改单的要求

改单的基本要求：单证应尽量减少甚至不出现涂改现象；改单要有一个限制点，涂改多于三处，最好重新缮制；涂改处应盖更正章或校对图章"alteration approved"，并签字或小签加以证实（anthenticated），以明确修改责任。

（三）交单

1. 交单的含义

交单是出口人在规定的时间内将单据交银行议付或兑付，或将单据直寄进口商的行为。

（1）电汇或光票托收项下，出口商将单据直寄进口商。

（2）跟单托收项下交单。

①出口商（委托人）交单：货物装运后，出口商出具托收委托书，将有关单据交托收行。托收交单较灵活，单据种类、单据内容、交单时间由出口商根据合同和进口商酌定。

②银行后续操作：托收行核实单据在表面上与托收委托书一致后接受委托，再根据托收委托书制作寄单面函，连同单据寄给代收行。代收行接受托收行的委托，向付款人收款并交单，将款项转付托收行，托收行解付出口商。

（3）信用证项下交单。

①正常交单：单据齐备、内容正确、提交及时。交单日期为规定交单日、信用证有效日、提单签发日后21天这三者中的最小日。

②银行后续操作：议付行收单（注明收单日）；议付行审单（不超过5个工作日）；议付行审单无误，则扣除手续费和贴息后将余款交出口商或答应垫款；议付行寄单索偿；开证行审单（不超过5个工作日）；开证行审单无误，则接受单据，并通知赎单；申请人付款赎单；开证行偿付议付行；议付行解付出口商。

2. 交单的要求

交单的基本要求是单据齐全，内容正确，提交及时。

七、单证认证

（一）单证认证的含义

单证认证是指根据有关惯例和进口国的相关规定，由出口商所在地商会、公证/认证机构或进口国驻出口国使/领馆对各种商业单据加以确认和证实。

(二)单证认证的作用

单证认证的作用在于确保商业单据的真实性和交易的安全,避免发票等单据的私下交易,保证商品质量。不少国家都要求单证认证。

(三)单证认证的主要类型

1. 单证的国际商会认证

在我国,如果国外进口商要求"出口国的国际商会"进行外贸单证认证时,可向中国国际贸易促进委员会(后文简称中国贸促会,CCPIT)/中国国际商会(CCOIC)驻当地代表处申请办理。

(1)认证涉外商业单证的范围。主要类别如下:

①商业发票及形式发票。发票需加盖经过备案的印章,发票抬头与印章一致,必须有发票金额等。发票中如出现进、出口商以外的其他第三方的名称(如制造商、生产商),应提供该第三方的许可类文件。

②提单。签发提单的船公司必须提供营业执照、船公司印章、印模样式及有关文件,在签证机构备案。外国船公司在我国的办事处签发的提单不予认证。

③商品数量及重量证明。

④各类运输证明及单据,包括船公司证明、船籍证明、船龄证明和运费发票等。

⑤装箱单。

⑥价格单。

⑦检验证书。包括:外国在中国境内设立的检验机构出具的检验证书,如SGS;中国商检公司出具的检验证书,如 OMIC 直接用于出口通关结汇的;中国商检公司签发的检验证书,出口方、供货方或生产厂家出具的检验证、品质证、健康证、分析证等所涉及的非法定检验产品的检验证书,如埃及、埃塞俄比亚和尼日利亚等进口商要求中国出口方提供 CIO Certificate,否则他们就无法清关。

⑧屠宰证书。

⑨保险单。签发保险单的公司必须提供营业执照及有关文件证明,在签发证机构备案。

⑩其他用于通关结汇的单据和单证。

(2)递交认证的单证要求。

①需要认证的商业单证,应属于单据认证业务范围,单证内容必须真实、合法、清晰、准确。申请单位与申请认证的商业单证必须具有相应的法律关系。

②提交需认证的各类单证一律用打字机缮制,手写无效。单证要求做到清洁、完整、有效,凡修改处要盖申请单位修正章(每份单证使用修正章不得超过三处),提交时应注明各单证需认证的份数。

③出口企业或供货方出具其产品达到国内或国际标准的证明,药品或食品卫生证明须提供专门机构出具的佐证后方可认证。非直接用于出口通关结汇的,应一律申请涉外经贸文件证明书。

④出口方、供货方或生产厂家出具的检验证、品质证、健康证、分析证等所涉及的非法定检验产品,办理认证时,要提供信用证、主管部门出具的产品合格证、生产许可证、营业执照

等，作为申请认证的依据。

⑤认证文件需要加手签的，应提供有效依据（如信用证等）。

⑥所有单证认证须在中国贸促会留底一份，留底的可以是影印件。

（3）申请认证单证所需材料。申请材料包括："认证涉外商业单据申请书"；需认证的商业单据及其复印件；信用证、报关单、合同或其他相关依据。

涉外商业单证认证申请书

2. 领事认证

领事认证（Legalization by Embassy or Consulate），又称"使领馆认证"，是指领事认证机构根据自然人、法人或其他组织的申请，对国内涉外公证书及其他证明文书或国外有关文书上最后一个印鉴、签名予以确认的活动。

在实际业务中，需要办理领事认证的单据文件往往是原产地证和商业发票。例如，"The certificate of origin should be legalized by embassy or consulate."（原产地证明，必须由使馆或领事馆予以认证。）

（1）领事认证的作用。

①领事认证，可以使一国出具的文书能在另一国境内得以承认，不会因为怀疑文书上的印鉴、签名的真实性而影响其域外的法律效力。

②领事认证，可以使被认证的单据文件在中华人民共和国境外发生法律效力，并被进口国有关机构（如贸易主管部门、海关、银行等）所承认和接受，确保出口贸易各项程序（如报盘、申请进口许可、出口结汇）的顺利进行。

③领事认证，可以使进口国的驻华使馆对我国与其贸易进行统计和审查，特别是对进口国实行特殊贸易政策的货物实施审查并加以控制（如禁止或限制进口、反倾销等）。还可以防止商人的伪造诈骗、弄虚作假和逃税行为。

④领事认证费用较高，因而从某种意义上说，领事认证是一种非关税性贸易壁垒，可变相限制进口；同时，收取领事认证费用，也可增加使/领馆的收入。

（2）领事认证的范围。

①用于通关结汇的各类商业单证，如原产地证、商业发票、装箱单、提单、商检证、屠宰证、船证明、保险单等。

②用于涉外商贸活动的各类证明文件，如合同、报关单、授权书、代理协议、营业执照、资信证明、投标文件等。

③其他与涉外商贸活动相关需办理领事认证的文件。

（3）领事认证的办理程序。

①出口企业申请。我国出口企业需要对涉外商业单据办理领事认证时，可委托各级CCIQ或各地 CCPIT/CCOIC 办理。委托代办时，申请单位应填写由中国贸促会统一印制的代办领事认证申办表；提交由中国贸促会（或其分支机构）、中国出入境检验检疫局出具的公证或认证的商业文件；提交驻华使领馆认证所要求的文件复印件及其他相关材料。

②各级 CCIQ 或各地 CCPIT/CCOIC 审核。经审核，认为材料齐备、符合条件的，可以接受代办申请。认证文件应当具备以下条件：申办表上所填写的申办国别、公司名称联系人、电话、传真、申请日期及印章等应准确无误。申请人要求合理，并符合使馆有关规定（语言、份数、相关单据文件）；提交的认证文件需符合领事认证受理范围的规定；合法有效、真实可辨、

正确无误；是正式制作的，根据需要，可以是正本、副本，甚至是复印件（如报关单），但不能为手写；认证文件上的签字或印章清晰，且文件需经相关机构认证，印章不清、模糊、盖倒、重复盖章的单据文件不予受理。

③我国外交部领事司认证。由我国外交部领事司对单据文件先进行认证，是外国驻华使领馆领事认证的先决条件。

④外国驻华使领馆认证。外交部领事司办妥认证后，由其驻外机构服务中心送外国驻华使馆办理领事认证。认证后的文件，当天取回并当天核销完毕，再通知当地自办公司或邮寄贸促会各地方分会。

（4）领事认证的注意事项。

①加盖正确的印章。需要认证的各种商业单据或文件都应加盖各级 CCIQ 或各地 CCPIT/CCOIC 的印章，办理相应的公证书或证明书。

②注意认证所需的时间和材料。各国使馆往往会遇到其本国的假期和我国的假期都休息，因此应尽可能提早办理。

外国驻华使馆（代表处）领事认证规定

3. 产地证书加签"未再加工证明"

根据我国与有关国家、地区或区域性组织达成的协议，海关总署（原国家质检总局）授权中国检验有限公司（香港）对我国经香港转口的出口货物，在中华人民共和国签证机构签发的原产地证书的"官方声明"栏加签"未再加工证明"。

（1）"未再加工证明"的内容。中文为"兹证明该证书所列商品在中国香港停留/转运期间未进行任何加工"，英文为"This is to certify that the goods stated in this certificate had not been subjected to any processing during their stay/transshipment in China HongKong"。该证明加注在已签发的原产地证的官方声明栏，加盖中国检验有限公司（香港）的印章，签署人手签并注明加签日期。

在特殊情况下，中国检验有限公司（香港）也可以签发单独的"未再加工证明"。

（2）"未再加工证明"的申请。

①申请条件："未再加工证明"的加签，仅限于与我国政府达成双边协议的某些国家、地区或区域性组织。申请人在领到检验检疫局签发的原产地证书后，可向中国检验有限公司（香港）签证服务部提出申请。已经取得中国境内签发的直运提单或联运提单的货物，不需要申请"未再加工证明"。

②申请人：货物关系人（如制造商、承运商、中介商等，以下简称"申请人"）均可申请"未再加工证明"。

③所需材料：已签发的原产地证正本和复印件各一份、中国的出口发票、报关单和申请人开具的转口发票（皆为复印件）及书面申请，据实申请。

④提交时间：于货物交仓前提交申请。

（3）"未再加工证明"的签发。申请人应保证我国出口货物在香港停留或转运期间，不对该货物进行任何加工，方可获签"未再加工证明"。

签发"未再加工证明"时，中国检验有限公司（香港）应逐一审核申请人提交的各种证单是否与检验检疫机构签发的原产地证内容一致。经审核无误的，予以签发"未再加工证明"。

中国检验有限公司（香港）视情况在货物离境前对货物按规定比例进行查验。发现对申请

"未再加工证明"的货物进行任何形式再加工的,不予签发"未再加工证明"。再加工包括拆箱、分类(分级)、重新搭配、检验、换包装、再包装及替换产品等。

对转口时未申请"未再加工证明"的货物,离境后一般不再受理签发"未再加工证明"。

任务实施

1. 查阅相关资料,了解各进出口业务环节涉及的主要单证及其出单、签证或提交机构,完善以下表格。

合同履行阶段			主要单据的名称	出单、签证或提交机构
各主要环节均通用			商业发票、装箱单、重量单	
结算与结汇		结算工具	汇票	
	汇付	申请	电汇/信汇/票汇申请书、购汇申请书	
		汇款	汇款报文、面函	
		解付	汇款通知单	
	托收	委托	托收申请书(或客户交单联系单或托收委托书)	
			结汇单据(跟单托收时)等	
			托收指示书(或托收委托书)、寄单面函	
		提示	承兑/付款通知	
		解付	收汇水单	
	信用证	申请	信用证开证申请书、信用证修改申请书(必要时)	
		开证/改证	信用证/信用证修改书(必要时)	
		通知	信用证通知书、信用证修改通知书(必要时)	
		交单	客户交单联系单、信用证正本	
			汇票、发票、装运单据等全套结汇单证	
		索偿	索偿书	
		付款赎单	来单通知书	
运输		托运	海运货物委托书(需要时,其他运输类似)	
			托运单、托运保函	
		装载	载货清单(大舱单)、装货清单(小舱单)、货物积载图、实际载货清单、运费清单	
		装运后	提单、海运单、空运单、铁路运单、邮政收据或投邮证明、多式联运单据	
		卸货	到货通知书、提货单	
保险		投保	投保单	
		承保后	保险单、保险凭证、预约保险单、批单	
商检		报检	出入境代理报检委托书(需要报检代理时)	
			出境货物报检单/入境货物报检单	
		签证	商检证书/通关单、出境货物换证凭单或凭条(异地报检时)	
出口免验		申请	免验申请表	
		批准	免验证书	

续表

合同履行阶段		主要单据的名称	出单、签证或提交机构
进出口许可	申请	出口许可证申请表、进口许可证申请表、自动进口许可证申请表、纺织品临时出口许可证申请表等	
	签证	出口许可证、进口许可证、纺织品临时出口许可证等	
货物原产地证明	申请	原产地证明书申请书（向CCIQ申请）；原产地证明书/加工装配证明书申请书[向中国贸促会（CCPIT）/中国国际商会（CCOIC）申请]	
	签证	一般原产地证书	
		普惠制原产地证书（FORM A）	
货物原产地证明	签证	亚太贸易协定原产地证书（FORM M）、中国-东盟自由贸易区优惠关税原产地证书（FORM E）、中国-智利自由贸易区原产地证明书（FORM F）、中国-巴基斯坦自由贸易区原产地证明书（FORM P）等区域优惠原产地证书	
		各种专用原产地证书	
		香港CEPA项下货物原产地证明书	
		澳门CEPA项下货物原产地证明书	
通关	报关	代理报关委托书（需要报关代理时）	
		报关单	
	查验	查验通知书、作业单	
	征税	税款缴款书	
	放行	报关单（证明联）	
外汇核销	收汇核销/付汇核销	取消出口收汇核销单，对企业物流、资金流实施非现场总量核查，对企业动态监测、分类管理	
出口退税	申报	外销发票、进货增值税专用发票（税款抵扣联）、报关单（出口退税证明联）、远期收汇证明或结汇水单或收汇通知书	
特殊单证		由于出/进口国的特殊要求，或由于交易货物的特殊性质所要求的单证，包括自然资源产品的出口证书、战略物资（如武器、弹药、放射性物质）的进口特别许可证、动植物检疫证书、各种与配额有关的证书	

2. 根据单证的概念，分析以下问题：

（1）上海某外贸公司与日商签订一份出口合同。我方按合同规定的品质、数量、交货时间等条件履行后，持全套单据进行了议付，货达目的地，日商发现货物短缺，便直接向我方提出索赔，我方对此拒接。我方这样做是否合理？为什么？

（2）请问你认为在信用证支付条件下，货和单证哪个更重要？为什么？

3. 为确保单单相符，各种单据签发日期应该合理，符合逻辑规律及国际贸易惯例。请分析以下票据有无逻辑，如有，请分析票据的先后时间，并分析原因：①汇票和发票；②发票和保险单；③商检证书和出口许可证；④出口许可证和出口报关放行单；⑤船公司证明和出口报关放行单；⑥受益人证明和装运通知。

学习任务三 国际贸易单证相关岗位群认知

学习目标

知识目标

1. 了解国际贸易人员相关就业岗位群。
2. 了解国际贸易人员相关岗位职业进阶。

能力目标

1. 能区分国际贸易业务员、跟单员和单证员的区别与联系。
2. 能分解国际贸易业务员、跟单员和单证员岗位的工作任务与职业能力。

建议学时

学习任务三建议 2 学时。

相关知识点

一、相关就业岗位群及职业进阶分析

国际贸易单证相关就业岗位群如图 1-1 所示，国际贸易职业能力结构和相关职业进阶如图 1-2 至图 1-5 所示。

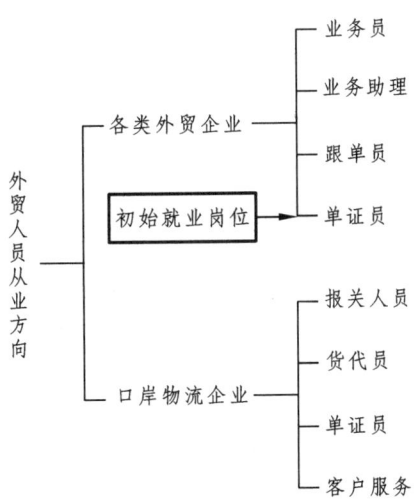

图 1-1 国际贸易单证相关就业岗位群

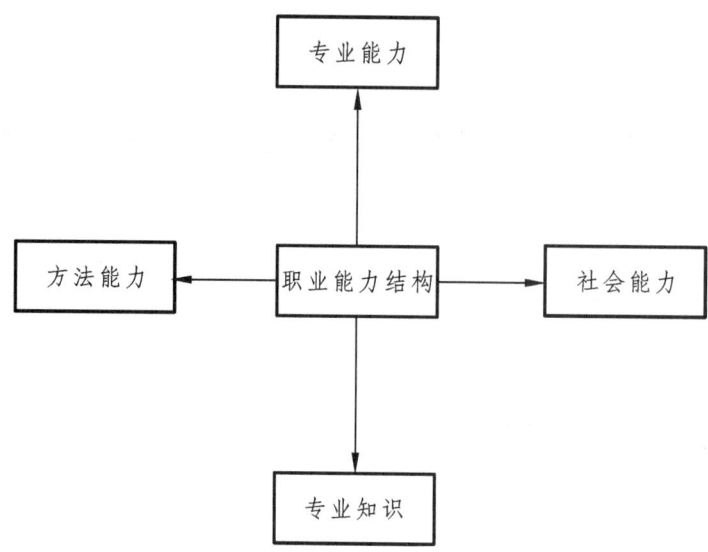

图 1-2 国际贸易职业能力结构

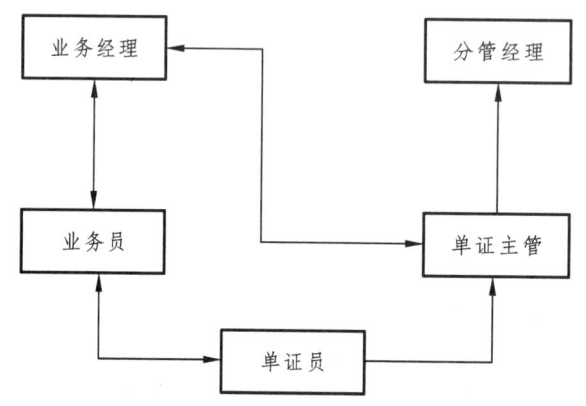

图 1-3 单证员职业进阶

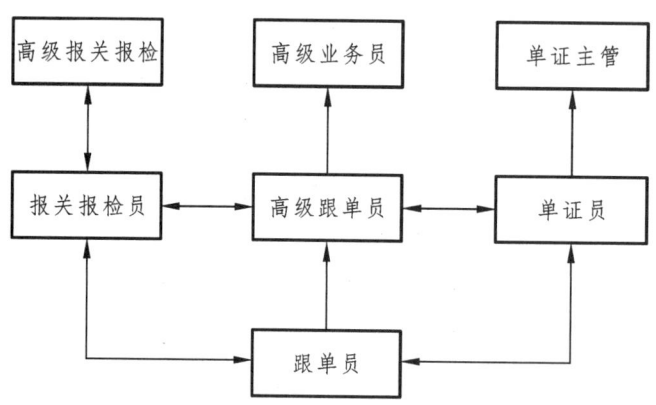

图 1-4 跟单员职业进阶

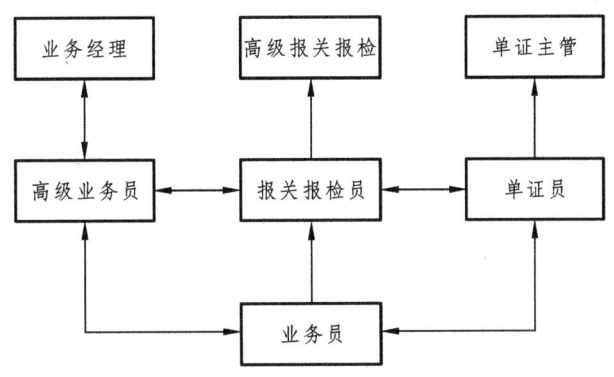

图 1-5　业务员职业进阶

二、对应工作任务和职业能力分析

与国际贸易单证密切相关的岗位群及其对应的工作任务和职业能力分解如表1-5所示。

表 1-5　工作任务和职业能力分解

岗位	工作任务	职业能力
单证员	1.制作开证申请书、托收委托书 2.制作商业发票 3.制作海关发票和领事发票 4.制作形式发票 5.制作装箱单 6.制作汇票 7.制作原产地证明书 8.制作受益人声明 9.制作出口货物托运委托书 10.制作与催收保险单据 11.制作与催收报检单据 12.制作与催收报关单据 13.申请与跟踪政府许可文件 14.审核单据 15.准时交付或收取单据 16.单据存档	1.能根据合同要求（信用证要求）制订单证制作计划 2.能与业务员、跟单员及相关企业和部门顺利沟通、协同工作 3.能据合同要求（信用证要求）制作全套结汇 4.能根据合同要求（信用证要求）制作委托相关企业和部门办理相关事宜的委托书 5.能快速准确审核单据，并修改单据 6.能根据合同要求（信用证要求）或业务需要准确及时寄单和交单 7.能根据公司管理需要，合理归档管理 8.能根据公司和客户需要创新设计单据 9.较强的沟通协调能力 10.对数字敏感，较强的查错能力
跟单员	1.我国贸易政策分析 2.对贸易伙伴国的贸易政策分析 3.制作跟单计划 4.选择供货商 5.样品准备、寄送与确认 6.协助审核合同 7.原材料识别、采购与质量监控 8.生产进度跟单 9.出口产品包装跟单 10.出口产品识别与质量跟单 11.外包外协跟单	1.能快捷、经济地收集所需信息 2.能根据法律、法规及政策规定，合理做出决策，制订工作计划 3.具备较强的沟通和谈判能力 4.能自主设计外贸和内贸合同 5.能根据情况变化灵活变更、补充和调整合同设计 6.能进行动态成本核算 7.能辅助外贸业务员进行审证、改证和业务咨询 8.能较准确地判断企业生产加工能力、产品质量和交货能力等 9.能较准确地判断产品的特性、工艺和技术要求

续表

岗位	工作任务	职业能力
跟单员	12.货物运输跟单 13.协助报检 14.协助报关 15.协助申领政府许可文件 16.协助办理货款收付	10.能协助办理运输保险报检报关等事宜 11.能较完美地制定理赔、索赔方案 12.较强的推销能力 13.较强的语言文字和口头表达能力 14.较强的社交协调能力
业务员	1.我国贸易政策分析 2.贸易伙伴国的贸易政策分析 3.产品市场调研 4.市场分析与预测 5.制定市场营销方案 6.客户搜寻、筛选并分类管理 7.设计国际贸易合同各项条款 8.洽商并签订合同 9.备货 10.开证、审证和改证 11.办理货运 12.办理保险 13.办理商品检验 14.办理报关 15.制作全套单据 16.结算货款 17.业务善后和总结、业务资料归档	1.能根据业务需要，快捷、经济地进行市场调研 2.能根据市场调研，对业务开拓做出准确预测和判断 3.能制定合理的市场开拓计划，制定可行的实施方案 4.能利用现代化手段进行客户信息资料的搜寻潜在客户的甄别和筛选 5.能根据客户特征，对客户进行科学管理 6.能科学合理地设计合同条款 7.能科学合理地设计国际货物运输和国际货运保险 8.较强的沟通、协商和谈判能力 9.能利用各种方式、方法进行产品推销 10.能对产品的质量进行初步鉴别和判断 11.能科学制定产品营销方案 12.能准确、迅速地进行成本核算和报价 13.能根据合同要求，合理确定履行步骤、制定实施计划 14.能制定业务中所需的各种单证和合同 15.能快速准确审核单据并修改单据 16.能根据业务需要，合理制定索赔和理赔方案 17.较强的语言文字表达能力和口头表达能力 18.较强的社交协调能力

任务实施

1. 根据以下对小刘、小顾和小王的日常工作描述，判断他们最有可能的工作岗位。

（1）小刘每天的工作忙碌而紧张，下面是一天的排程：①清晨到公司，首先要浏览、分析询盘，回复询盘。②拟订工作计划。A：今天对询盘的回复　　B：对以前客户的跟踪回复　C：关注行业动态，发现可销售的产品　　D：整理发布产品　　E：一天工作的整理

（2）小顾的一天是忙碌、高效的。他要与客户、生产厂家、货运公司、外贸部门沟通联络，掌管着一叠大大小小的单证票据。小顾暗自得意的是，总经理必须依赖他联络公司运作的各环节；在某种程度上，他的地位和待遇甚至优于部门主管。更诱人的是，他做到一定的火候，就可以另立门户，开设自己的外贸公司。

（3）小王每天到公司的第一件事情是把邮箱打开，看看有没有跟自己相关的邮件，用标签，把邮件进行标签化分类：急件/进仓单/费用/未处理/报关资料等。邮件处理完之后，再拿出自己的登记本或者记录表。因为单子很多的时候，小王真的想不起来哪些做了哪些没做。小王都要一个个翻看哪些是要做的，比如昨天订舱的报关资料做好给货运代理，通知工厂货物安排进仓，船有没有开，提单确认件有没有，有没有投保，有没有做产地证，有没有费用要确认或者付款买单的等。还有很多很多细小的问题，都要一步步梳理、早点梳理，因为业务员一上班肯定还有很多问题。

2. 请结合自身的情况，叙述如何成为一名合格的外贸单证员。

学习项目二
制作国际贸易合同

知识目标
1. 了解国际贸易合同的含义和形式。
2. 掌握国际贸易合同的基本内容。

能力目标
1. 能识读国际贸易合同。
2. 能独立制作国际贸易合同。

素养目标
培养总结和归纳信息的能力,养成思考和分析国际贸易相关政策、法规等的职业习惯,在分析中运用自己的专业知识和经验,对合同条款进行细化研究,判断文件的正确性和完整性。

建议学时
学习项目二建议6学时。

工作情景描述

深圳 HL 股份有限公司是一家集手袋设计、开发、生产、销售于一体的大型手袋皮具企业。公司秉承"持续改进、永续经营,客户至上,质量为先"的企业宗旨,经过多年的开拓与进取,成就了今天的辉煌业绩,产品质量和市场占有率在同行业中均名列前茅,受到消费者的一致好评。

Fashion Century(America)是美国一家综合性贸易公司,经营各类皮包、电脑包、双肩包、公文包、冰袋、化妆包、相机包和礼品包等产品多年,有较好的资信及业务能力。

经过贸易磋商，深圳 HL 公司与美国 Fashion 公司达成一笔皮包交易，准备签订合同。

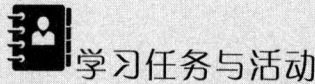学习任务与活动

  学习任务一 国际贸易合同认知
  学习任务二 国际贸易合同识读
  学习任务三 国际贸易合同制作

学习任务一　国际贸易合同认知

 学习目标

知识目标

1. 了解国际贸易合同的含义。
2. 熟悉国际贸易合同的形式。

能力目标

能划分国际贸易合同的基本内容。

建议学时

学习任务一建议 1 学时。

 相关知识点

一、国际贸易合同的定义

国际贸易合同，又称外贸合同或进出口贸易合同，是指不同国家的居民就货物、服务、技术贸易所达成的一致意思表示。

二、国际贸易合同的形式和内容

1. 合同的形式

合同常见的书面形式有正式合同（Contract）、确认书（Confirmation）、协议书（Agreement）、备忘录（Memorandum）、定单（Order）、委托订购单（Commissioning Order）等。目前，我国主要使用正式合同和确认书两种，它们分别适应不同的需要而被采用。

（1）正式合同。

在签订正式合同时，不仅要对商品的质量、数量、包装、价格、保险、运输及支付加以明确规定，而且对检验条款、不可抗力条款、仲裁条款都要详尽列明，明确地划分双方的权利和义务。为了明确责任，避免争议，合同内容应该全面详细，对双方的权利、义务以及发生争议的处理均有详细的规定，使用的文字应为第三人称语气。根据合同起草方的不同，合同分售货合同（Sales Contract）和购货合同（Purchase Contract）两种，前者由卖方起草，后者由买方起草。一般各公司会以固定格式印刷（有的制成表格），成交后由业务员按双方谈定的交易条件逐项填写并签字，然后寄交对方审核签字。合同为一式两份，双方各一份。

（2）销售确认书。

一般而言，确认书只规定一些主要条款，诸如质量、数量、包装、价格、支付等，而对检验条款、不可抗力条款、仲裁条款加以省略。确认书是合同的简化形式，使用的文字为第一人称语气。这种确认书主要用于一些成交金额不大、批次较多的轻工日用品、小土特产品，或已有包销、代理等长期协议的交易。根据起草人的不同，确认书有售货确认书（Sales Confirmation）和购货确认书（Purchase Confirmation）两种。如果双方建立业务关系时已经订有一般交易条件，对洽谈内容较复杂的交易，往往先签订一个初步协议（Premium Agreement）或先签订备忘录（Memorandum），把双方已商定的条件确定下来，其余条件待以后洽商。在这种情况下，可采用确认书的方式，将已签协议作为该确认书的一个附件。现使用的简式确认书大多没有仲裁条款、不可抗力条款、异议索赔条款等，往往在意外发生时易造成纠纷，因此建议补加此类条款。

2. 合同的内容

国际货物买卖合同的内容主要包括三部分：

（1）约首。

约首包括合同的名称（Sales Confirmation）、编号、签约时间和地点、缔约双方的名称和联系方式，以及双方当事人订立合约的意愿表示。

（2）正文。

正文是合同的主体部分，列明合同的主要条款，如商品的品名品质条款（Description of Goods）、数量条款（Quantity）、包装条款（Packing）、价格条款（Price）、装运条款（Shipment）、保险条款（Insurance）、支付条款（Payment）、检验条款（Inspection）、不可抗力条款（Force Majeure）、索赔条款（Claim）和仲裁条款（Arbitration）等。

（3）约尾。

约尾就是合同的尾部，通常包括合同的份数、附件及其效力、使用的文字、合同生效的时间、合同适用的法律，以及合同双方的签字。

任务实施

查阅相关资料，将国际贸易合同以下条款翻译成英文。

（1）品名品质条款　　　　（2）数量条款　　　　（3）包装条款
（4）价格条款　　　　　　（5）装运条款　　　　（6）保险条款
（7）支付条款　　　　　　（8）检验条款　　　　（9）不可抗力条款
（10）索赔条款　　　　　（11）仲裁条款

学习任务二　国际贸易合同识读

学习目标

知识目标

掌握出口合同与进口合同的内容。

能力目标

能识读国际贸易英文版合同。

建议学时

学习任务二建议 2 学时。

相关知识点

一、出口合同

出口合同是由卖方草拟、买卖双方签署生效的合同。因此，这种合同的条款在一般情况下是偏重卖方利益的，也就是说，出口合同大多对卖方的权利和买方的义务规定得比较详细，而对买方的权利和卖方的义务规定得相对简略。

出口合同可以划分为销售合同（Sales Contract）和销售确认书（Sales Confirmation）。

销售确认书

二、进口合同

进口合同是由买方草拟、买卖双方签署生效的合同。因此，这种合同的条款在一般情况下是偏重买方利益的，也就是说，进口合同大多对买方的权利和卖方的义务规定得比较详细，而对卖方的权利和买方的义务规定得相对简略。这一点刚好与出口合同的情况相反。

进口合同也可以划分为购买合同（Purchase Contract）和购买确认书（Purchase Confirmation）。

购买合同

国际贸易中的商务信函大多使用大写英文字母制作。究其原因，可能是基于两点：①国际商务信函一般都具有法律效力，大写会使信函更严肃、更正式，大写比小写更难涂改。②惯例使然。大多数这么做，其他人也照此办理，于是逐渐形成了一种自觉遵照执行的习惯。

任务实施

1. 请将以下对应的词汇连线：

unit price	短重
transshipment	仲裁
inspection and claims	装运条款
force majeure	单价
penalty	保险
arbitration	转运
terms of shipment	空舱费
dead freight	不可抗力
demurrage fines	罚款
short weight	商检和索赔
insurance	滞期费

2. 翻译以下合同条款：

（1）The sellers undertake to ship the contracted goods from the port of loading to the port of destination on a direct liner, with no transshipment allowed. The contract goods shall not be carried by a vessel flying the flag of the countries which the buyers can not accept.

（2）Insurance: To be covered by the buyers from shipment, for this purpose the sellers shall advise the buyers by cable of the particulars as called for in Clause (11) of this contract, in the event of the buyers being unable to arrange for insurance in consequence of the sellers' failure to send the above advice, the sellers shall be held responsible for all the losses thus sustained by the buyers.

（3）D/A: The buyers shall duly accept the documentary draft made out to the buyers at 30 days by the sellers.

（4）This contract is made by and agreed between the buyer and seller, in accordance with the terms and conditions stipulated below.

3. 以小组为单位，翻译以下合同，每位同学负责一部分内容，相互协作，相互提问，相互考核，最终完成任务。

CONTRACT

Contract No:

Signing Date:

The Buyer:
Address:
Tel:

The Seller:
Address:
Tel:

This Contract, made out by and between the buyer and the seller, whereby the buyer agree to buy and the seller agree to sell the under-mentioned commodity according to the terms and conditions stipulated below. (According to the practical price of invoice)

ITEM	Commodity,Specifications	Unit	Quan.	Unit Price (EUR)FOB SHENZHEN	Amount (EUR)
1	acoustic equipment	Set	500	780	390000
				Total Value	390000
TOTAL VALUE: EUROPEAN MONETART UNIT THREE HUNDRED AND NINETY NHOUSAND ONLY.					

2.COUNTRY OF ORIGIN AND MANUFACTURER:
Shenzhen ×× Technology Co., Ltd,China.

3.TRANSPORTATION:
Marine refrigerated container transportation.

4.PACKING:
To be packed by new strong wooden cases suitable for long distance ocean transportation and well protected against dampness, moisture, shock, rust and rough handling. The seller shall be liable for any damage of the commodity and expenses incurred on account of improper packing and for any rust damage attributable to inadequate or improper protective measures taken by the sellers in regard to the packing.

5.SHIPPING MARK:
The Seller shall mark on each package with faceless paint the package number, gross weight, net weight, measurement and the wordings: "RIGHT SIDE UP", "HANDLE WITH CARE", "KEEP AWAY FROM MOISTURE", and the shipping mark.

6. TIME OF TRANSPORTATION:

Before Jul.30,2023.

7. PLACE OF TRANSPORTATION:

SHENZHEN, CHINA.

8. PLACE OF DESTINATION:

LIVERPOOL, UK.

9. INSURANCE:

To be covered by the Seller for 110% (one hundred and ten percent) of total contract value against ALL Risks.

10. PAYMENT:

By T/T. The payment shall be effected after receipt the contract goods and the document stipulated in Clause 10.

11. DOCUMENT FOR PAYMENT:

The seller shall present following documents to buyer to effect the payment.

(1) Two copies of Commercial Invoice;

(2) Two copies of Packing List;

(3) Three copies of Certificates of Quality issued by manufacturer;

(4) One copy of certificate of origin;

(5) One copy of Health Certificate;

(6) A filling certificate from factory;

(7) Fumigation Certificate or Non-wood Packing Material Certificate;

(8) The relevant insurance policy which be covered 110% of the total contract value against ALL Risks;

(9) Five copies of labels (front and back).

In case of by sea transportation, the seller shall send simultaneously with shipment one copy each of the above mentioned documents to AKK CO.LTD.

12. DATE OF SHIPPING:

The date of Bill of Lading shall be regarded as the actual date of shipment.

13. GUARANTEE OF QUALITY:

The seller guarantees that complies in all respects with the quality and specifications stipulated in this Contract.

The seller guarantees that choose the right means of transportation will be the goods arrived at the port of destination.

14. INSPECTION:

Such as the quality of the goods in conformity with the contract and specification, the buyer of the commodity inspection bureau should be invited for inspection, and shall have the right to claim against the seller according to a report issued by the commodity inspection bureau inspection.

15. CLAIMS:

In case that the seller are liable for the discrepancies and a claim is made by buyer within the time-limit of inspection and quality guarantee period as stipulated in Clause 14 of this Contract, the seller shall settle the claim upon the agreement of the buyers in one or the combination of the following ways:

(1) Agree to the rejection of the goods and refund to the buyers the value of the goods so rejected in the same currency as contracted herein,and to bear all direct losses and expenses in connection therewith including interest accrued, banking charges, freight, insurance premium, inspection charges, storage, stevedore charges and all other necessary expenses required for the custody and protection of the rejected goods.

(2) Devalue the goods according to the degree of inferiority, extent of damage and amount of losses suffered by the buyers.

The claims mentioned above shall be regarded as being accepted if the sellers fail to reply within 60 days after receiving the buyers' claim.

16. FORCE MAJEURE:

The seller shall not be held responsible for the delay in shipment or non-delivery of the goods due to Force Majeure,such as war,serious fire,flood,typhoon and earthquake,or other events agreed upon between both parties,which might occur during the process of manufacturing or in the course of loading or transit. The seller shall advise the buyer by cable/telex immediately of the occurrence mentioned above and within fourteen days thereafter, shall send by airmail to the buyer for their acceptance a certificate of the accident issued by the Competent Government Authorities, where the accident occurs as evidence thereof. Under such circumstances the seller, however,are still under the obligation to take all necessary measures to hasten the delivery of the goods.

17. ARBITRATION:

All disputes in connection with this Contract or the execution there of shall be stetted friendly through negotiations. In case no settlement can be reached, the case may then be submitted for arbitration to China International Economic and Trade Arbitration Commission in accordance with the Rules of Arbitration promulgated by the said Arbitration Commission. The Arbitration shall take place in Dalian and the decision of the Arbitration Commission shall be final and binding upon both parties; neither party shall seek recourse to a law court nor other authorities to appeal for revision of the decision. Arbitration fee shall be borne by the losing party.

18.EFFECTIVENESS OF THE CONTRACT:

This Contract shall come into force immediately after signature by representative of both parties and upon approval by the relevant authority of both parties.

19. SPECIAL PROVISIONS:

This contract is made out in English and Chinese, both version being equally authentic. The original Contracts are in two copies; each part keeps one of two original copies after signature.

For the buyer:	For the seller:
××× IMPORT & EXPORT CO. LTD.	SHENZHEN ×× TECHNOLOGY CO. LTD.
_____	_____
Authorized Signature	Authorized Signature

学习任务三　国际贸易合同制作

学习目标

知识目标

掌握出口合同与进口合同的内容。

能力目标

能独立制作国际贸易英文版合同。

建议学时

学习活动三建议 3 学时。

任务实施

1. 回忆国际贸易合同及其条款，写出中文表达对应的英文表达。

序号	中文表达	英文表达
1	销售合同编号	
2	卖方	
3	买方	
4	商品和规格	
5	数量	
6	单价	
7	金额	
8	尺码分配	
9	货号	
10	唛头	
11	包装	
12	装运港	
13	目的港	
14	转运	
15	分批装运	
16	装运时间	

2. 识读业务磋商的往来函电内容，并根据磋商函电内容拟定一份外贸合同。

往来函电内容如下：

THE SELLER：
SHENZHEN YINGLE GARMENT COMPANY
No.234 SHENNAN EAST ROAD, SHENZHEN CHINA

THE BUYER：
PICHLER VERTRIEBS GMBH.NFG.KG
KINDERMANNGASSE9,A-8020 GRAZ, AUSTRIA

B：Aug 8, 2023
Thanks for your mailed catalogue and price list ,we are interested in style No.45608 and 45808, please quote us your lowest CIF GRAZ,AUSTRIA with indications of packing ,October shipment. Quantity：10000 pieces each .

S：Aug 10, 2023
Thanks for your inquiry .we would like to quote as following ：style 45608 10000 pieces CIF GRAZ USD 28 per piece and style 45808 10000 pieces CIF GRAZ USD 36 per piece, 1 piece to one polybag and 100 polybags to one carton ,October shipment and confirmed irrevocable letter of credit to be available at sight draft for full invoice value .The insurance is for 110 percent of the invoice value against all risks ,subject to CIC dated 1/1/1981.

B：Aug 13, 2023
Jeans style 45608 10000 pieces CIF GRAZ USD 25 per piece and style 45808 10000 pieces CIF GRAZ USD 32 per piece ,valid 20th.Aug,2023.

S：Aug 16, 2023
We believe that our price is quite realistic for their good quality .while taking your quality into full consideration ,we decided to offer you as follows：style 45608 10000 pieces CIF GRAZ USD26.5 per piece and style 45808 10000 pieces CIF GRAZ USD 33 per piece please reply as soon as possible .

B：Aug 19, 2023
After due consideration , we decide to accept your price .please send us the S/C .

根据磋商函电内容，在下列框架中拟写外贸合同。

外贸合同框架如下：

DATE：
TO：

DEAR SIRS：
WE HEREBY CONFIRM HAVING SOLD TO YOU THE FOLLOWING GOODS ON TERMS AND CONDITIONS AS SPECIFIED BELOW：

MARKS& NOS.	DESCRIPTION	QUANTITY	UNIT PRICE	AMOUNT

（1）PACKING：

（2）DELIVERY：

(3) TIME OF SHIPMENT:

(4) PARTIAL SHIPMENT:
TRANSSHIPMENT:

INSURANCE:

(5) TERMS OF PAYMENT:
THE SELLER:

THE BUYER:

强化训练

深圳 HL 股份有限公司与美国 Fashion 公司就以下条件达成协议，请代表李林帮他们起草一份销售确认书。

☆ 卖方——深圳 HL 股份有限公司（SHENZHEN HL CO.,LTD）
地址：中国广东省深圳市龙华区民治街道大岭社区龙光玖工业区
邮编：518173　电话：86-755-28635689　传真：86-755-28616689
网址：http：//www.hlbags.com　　E-MAIL：sales @ hlbags.com

☆ 买方——Fashion Century Co., Ltd.（America）
地址：1410 Broadway, Room 300 New York, NY10018 U.S.A.
电话：599-525-7000　　传真：599-525-7002
网址：http：//www.Fashion.com

☆ 生产商——东莞生力皮具有限公司
地址：广东省东莞市凤岗镇凤凰岗村 8 号
邮编：523682　电话：86-769-88557223　传真：86-769-88551693
网址：http：//www.shengli.com

☆ 业务要求
（1）产品：女士手提包

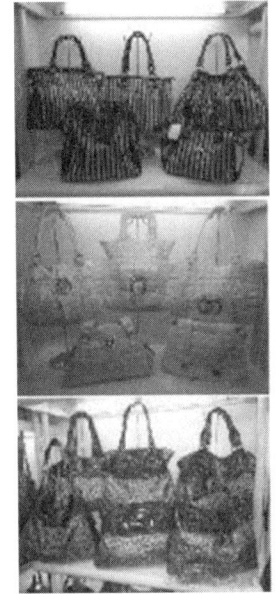

货号：WHD-090138

产品尺寸：50cm×40cm×10cm

颜色：灰色、米白色、黑色

包装方式：混装

（2）出口数量：5400个

（3）包装：每个入聚丙烯（OPP）塑料袋，12个入纸箱装（每箱0.125立方米），共计一个40英尺集装箱

（4）出口地：深圳；装运港：盐田（不允许分批装运或转运）

（5）进口地：美国（USA）；目的港：纽约（NEW YORK）

（6）贸易术语：CIF NEW YORK

（7）支付方式：即期不可撤销L/C，买方须于装运月前30天开立并交付卖方，装船运输后15天内在中国有效

（8）保险：一切险，发票金额110%

（9）最迟装运期：2023年11月20日

（10）单价：USD 9.53 PER PIECE 总价：51462USD

☆ 补充资料

合同编号：No.22USA-007　　　　签订日期：2023年8月26日

深圳HL股份有限公司

SHENZHEN HL CO.,LTD.

Longguangjiu Industrial Area, Daling Community, Minzhi Street, Longhua District, Shenzhen City, Guangdong Province, China

TEL：86-755-28635689　　FAX：86-755-28616689

TO:　　　　　　　　　　　　　　No.

　　　　　　　　　　　　　　　　Date:

售 货 确 认 书

SALES CONFIRMATION

We, the seller, hereby confirm having sold to you, the buyer, the following goods on terms and conditions as specified below:

货号 ART. NO.	品名及规格 COMMODITY AND SPECIFICATION	数量 QUANTITY	单价及价格条款 UNIT PRICE&TERMS	金额 AMOUNT
总金额 TOTAL AMOUNT:				

SHIPMENT:

PACKING:

PAYMENT:

INSURANCE:

IMPORTANT: PLEASE ESTABLISH L/C EXACTLY ACCORDING TO THE TERMS AND CONDITIONS OF THIS S/C AND WITH THIS S/C NUMBER INDICATED.

REMARK: PLEASE SIGNS AND RETURN ONE ORIGINAL OF THIS SALE CONFIRMATION TO US FOR FILE.

深圳 HL 股份有限公司
SHENZHEN HL CO.,LTD.

买方（The Buyers）   卖方（The Sellers）

学习项目三
处理信用证

 学习目标

知识目标
1. 理解信用证含义、性质、种类、有关当事人及主要内容。
2. 理解 SWIFT 信用证。
3. 掌握信用证流程。
4. 掌握信用证修改的原则及流程。

能力目标
1. 能缮制开证申请书,申请开立信用证。
2. 能准确识读完整信用证。
3. 能审核信用证,并根据审核结果和改证原则,撰写邮件,修改信用证。

素养目标
在熟悉进出口信用证业务流程、信用证条款及信用证项下单据处理规则的基础上,培养学生的理解能力和实践能力,并以专业的态度和职业能力,处理信用证相关的日常业务及单据。

建议学时
学习项目三建议 27 学时。

工作情景描述

经过催证，9月30日，深圳HL公司单证员李林收纽约银行（BANK OF NEW YORK）开来的信用证。如何顺利收取货款呢？李林需要如何处理该信用证呢？

学习任务与活动

学习任务一　信用证认知
学习任务二　信用证开立
学习任务三　信用证识读
学习任务四　信用证审核
学习任务五　信用证修改

学习任务一 信用证认知

 学习目标

知识目标

1. 理解信用证含义、性质和种类。
2. 掌握信用证有关当事人。

能力目标

能绘制信用证流程图。

建议学时

学习任务一建议 3 学时。

 相关知识点

一、信用证的含义

信用证（Letter of Credit，L/C），是指开证银行应申请人的要求并按其指示向第三方（信用证受益人）开立的载有一定金额的、在一定期限内凭符合规定的单据向其付款的书面保证文件。由于相比汇付、托收等支付方式优点明显，对买卖双方而言安全系数高，信用证是目前国际贸易中最主要、最常用的支付方式。

二、信用证的特点

信用证支付方式主要有以下三个方面的性质或特点。

1. 信用证是一种银行信用

信用证支付方式是一种银行信用，是开证行以自己的信用作出承付的保证，作为区别于汇付、托收方式的根本优势，一旦出口人提供了信用证上要求提供的各种单据且单据合格，无论进口人最终付款与否，开证银行均有义务先行向出口人垫付货款，即开证行处于第一付款人的地位。

2. 信用证是一项单据业务

《跟单信用证统一惯例》（UCP600）第五条规定："银行处理的是单据，而不是单据可能涉及的货物、服务或履约行为。"在信用证方式之下，实行的是凭单付款的原则。信用证业务是一种纯的单据业务。按照 UCP500 的规定，在信用证结算方式下，受益人所提交的单据不仅

要做到"单证相符"(受益人提交的单据在表面上与信用证规定的条款相符合),还要做到"单单不得互不一致"(受益人提交的各种单据之间的表面上不得互不一致)。

3. 信用证是独立于合同之外的一种自足的法律文件

虽然信用证是依据买卖双方之间的买卖合同和其他合同(如开证申请书、运输合同保险合同)开立的,但信用证并不依附于买卖合同和其他合同,而是独立于买卖合同之外银行信用凭证。银行只对信用证负责,不受买卖合同或其他合同的约束。即使信用证中含有关合同的任何援引文句,银行也与该合同完全无关。

任务实施

1. 请归纳并总结信用证的有关当事人及其职责。

当事人(中文表达)	当事人(英文表达)	职责
开证申请人		
开证银行		
通知银行		
受益人		
议付银行		
付款银行/代付行		
保兑行		
偿付行/清算行		

2. 根据以下主要分类依据,分析信用证的种类。

分类依据	信用证的种类(中英文表达)
是否附有商业单据	
未经受益人同意,可否撤销	
有无保兑	
兑付方式	
受益人对信用证的权利是否可转让	
付款期限	
其他标准	

3. 以小组为单位,查询资料及回忆,绘制信用证流程图。

学习任务二　信用证开立

 学习目标

知识目标

1. 了解信用证的开立形式。
2. 理解 SWIFT 信用证。
3. 掌握开证申请书的内容。
4. 理解信用证通知书。

能力目标

能缮制开证申请书。

建议学时

学习任务二建议 3 学时。

 相关知识点

一、信用证开立的形式

信用证开立的形式主要有信开本和电开本两种。

1. 信开本（To Open by Airmail）

信用证的英文名称是"Letter of Credit"，这是因为初创时采用"Letter"（信函）的形式开立的。信开本是指开证银行采用印就的信函格式的信用证，开证后以航空邮寄送通知行。这种形式现已很少使用。

2. 电开本（To Open by Cable）

电开本是指开证行使用电报、电传、传真、SWIFT 等各种电讯方法将信用证条款传达给通知行。电开本又可分为以下 3 种类型：

（1）简电本（Brief Cable），即开证行只是通知已经开证，将信用证主要内容，如信用证号码、受益人名称和地址、开证人名称、金额、货物名称、数量、价格、装运期及信用证有效期等预先通告通知行，详细条款将另航寄通知行。由于简电本内容简单，在法律上是无效的，所以不足以作为交单议付的依据。

（2）全电本（Full Cable），即开证行以电讯方式开证，把信用证全部条款传达给通知行。全电开证本身是一个内容完整的信用证，因此是交单议付的依据。有些银行在电文中注明"有效文本"（Operative Instrument），借以明确该全电本性质。

（3）SWIFT 信用证。随着通信技术的发展，SWIFT 信用证成为使用最广泛的形式。

二、SWIFT 信用证

SWIFT 是环球银行金融电讯协会（Society for Worldwide Interbank Financial Telecommunication）的简称，是国际银行同业间的国际合作组织。该组织设有自动化的国际金融电讯网，凡参加 SWIFT 的成员银行均可使用 SWIFT 办理开立信用证以及外汇买卖、证券交易、托收等业务。该组织成立于 1973 年，目前全球各国的大多数银行已使用 SWIFT 系统。

凡是通过 SWIFT 系统开立或通知的信用证称为 SWIFT 信用证，又称全银电协信用证。通过 SWIFT 系统开立信用证的电文格式有 MT700 和 MT701，修改信用证的格式代码为 MT707。其中，MT 是 Message Type 的首字母缩写，所有与信用证有关的往来电文都是以 7 开头的。

（一）SWIFT 信用证的特点

（1）SWIFT 需要会员资格。我国的大多数专业银行都是其成员。

（2）SWIFT 的费用较低。同样多的内容，SWIFT 的费用只有 TELEX（电传）的 18% 左右，只有 CABLE（电报）的 2.5% 左右。

（3）SWIFT 的安全性较高。SWIFT 的密押比电传的密押可靠性强、保密性高，并且自动化程度较高。

（4）SWIFT 的格式已标准化。对于 SWIFT 电文，SWIFT 组织有着统一的要求和格式。

（二）SWIFT 信用证的电文表示方式

1. 项目表示方式

SWIFT 项目的固定格式为编号、条款属性和条款内容，如 31D DATE AND PLACE OF EXPIRY：161125 CHINA。"31D"是编号，条款属性是"信用证有效期和到期地点"，条款内容是"161125"，该信用证将于 2016 年 11 月 25 日在中国到期。

在 SWIFT 电文中，一些项目是必选项目（Mandatory Field），一些项目是可选项目（Optional Field），必选项目是必须要具备的，如 31D DATE AND PLACE OF EXPIRY（信用证有效期），可选项目是另外增加的项目，并非每个信用证都有的，如 39F MAXIMUM CREDIT AMOUNT（信用证最大限制金额）。

2. 日期表示方式

SWIFT 电文的日期表示为 YYMMDD（年月日）。

例如，2017 年 3 月 12 日，表示为 170312；2000 年 5 月 2 日，表示为 000502。

3. 货币表示方式

在 SWIFT 电文中，货币使用国际上统一的货币代码，每种货币都用三个字母表示。例如，澳大利亚元为 AUD；加拿大元为 CAD；人民币元为 CNY；港元为 HKD；日元为 JPY；英镑为 GBP；美元为 USD。

(三) SWIFT 信用证的格式

信用证开证使用 MT700 格式，信用证预先通知简电使用 MT705 格式，MT707 格式是修改证，MT701 也是开证格式，但是仅限于对 MT700 格式的 45A，46A 和 47A 条款的延续文本。当 L/C 内容超过 MT700 格式的容量时，可以使用 1 个或多个（最多 3 个）MT701 传送有关条款。SWIFT 信用证格式介绍如表 3-1~表 3-3 所示。

表 3-1 MT700 Issue of Documentary Credit（跟单信用证的开立）

Tag（代号）	Field Name（栏目名称）	Explanation（说明）
27	sequence of total	合计次序，分母为总页数，分子为当前页。如 "1/2"，表明该证共有 2 页，这是其中第 1 页
40A	form of documentary credit	跟单信用证类别
20	documentary credit number	信用证号码
31C	date of issue	开证日期
31D	date and place of expiry	信用证的截止日期及其地点
51A	applicant bank	开证银行
50	applicant	开证申请人的名称及地址
59	beneficiary	受益人的名称及地址
32B	currency code, amount	信用证的币种代码及金额
39A	percentage credit amount tolerance	允许金额上下浮动的比率，如 "05/05" 表示 "允许上下浮动 5%"
39B	maximum credit amount	最高信用证金额
39C	additional condition amount	可附加金额
41A	available with...by...	信用证的使用范围及类型，如 "available with *** Bank" 或 "any bank"；"by" 后面接付款方式，如 "即期付款""延期付款""承兑" 或 "议付" 等
42C	drafts at ...	汇票的付款期限，如 "见票即付" 或 "见票 45 天" 等
42A	drawee	付款人
42M	mixed payment details	混合付款指示
42P	deffered payment details	延期付款指示
43P	partial shipments	（是否允许）部分装运
43T	transhipment	（是否允许）转运
44A	loading on board/dispatch/taking in charge at/from	货物装船、发运或接受监管的地点
44B	for transportation to ...	货物最终的目的地
44C	latest date of shipment	货物最迟的装运日期
44D	shipment period	装运期间
45A	description of goods and/or services	信用证项下的货物或服务的描述

续表

Tag（代号）	Field Name（栏目名称）	Explanation（说明）
46A	documents required	信用证所需单据
47A	additional condition	附加条件，通常是对受益人的补充要求
71B	charges	需由受益人承担的费用。如无此项，就表示除议付费和转让费外，其余概由开证申请人承担
48	period of presentation	受益人向银行提交单据的时限。如无此项，可在装运日期后21天内（包含第21天）提交
49	confirmation instruction	（是否）加具保兑
53A	reimbursing bank	偿付行/清算银行
78	instruction to the paying/accepting/negotiating bank	开证行对付款行、承兑行或议付行的指示，如寄单地址和寄单方式等
72	sender of receiver information	发报行对收报行的通知

表 3-2 MT701 Issue of Documentary Credit（跟单信用证的开立）

Tag（代号）	Field Name（栏目名称）	Explanation（说明）
27	sequence of total	合计次序，分母为总页数，分子为当前页。如"1/2"，表明该证共有2页，这是其中第1页
20	documentary credit number	信用证号码
45B	description of goods and/or services	信用证项下的货物或服务的描述
46B	documents required	信用证所需单据
47B	additional condition	附加条件，通常是对受益人的补充要求

表 3-3 MT707 Modify of Documentary Credit（跟单信用证的修改）

Tag（代号）	Field Name（栏目名称）	Explanation（说明）
20	sender's reference	发报行编号
21	receiver's reference	收报行编号
23	issuing bank's reference	开证行编号
52A	issuing bank	开证行名称
31C	date of issue	信用证的开证日期
30	date of amendment	信用证的修改日期
26E	number of amendment	本信用证此次修改的次数
59	beneficiary（before this amendment）	原受益人的名称和地址。如果此次修改受益人名称，需在"第79栏"列明

续表

Tag（代号）	Field Name（栏目名称）	Explanation（说明）
31E	new date of expiry	信用证修改后的截止日期
32B	increase of documentary credit amount	原信用证需要增加的币种和金额
33B	decrease of documentary credit amount	原信用证需要减少的币种和金额
34B	new documentary credit amount after amendment	信用证修改后的金额
39A	percentage credit amount tolerance	新的信用证金额允许浮动的比率
39B	maximum credit amount	修改后的信用证金额的最高限额
39C	additional amounts covered	对信用证附件金额，如保险费、运费、利息等的修改
44A	loading on board/dispatch/taking in charge at/from…	对货物装船、发运或接受监管的地点等的修改
44B	for transportation to…	对货物最终目的地的修改
44C	latest date of shipment	对货物最迟装运期限的修改
44D	shipment period	对装运期限的修改
79	narrative	列明信用证修改的详细内容
72	sender to receiver information	发报行对收报行的通知

三、开证申请书

信用证是开证银行应申请人（买方）的请求，代表申请人向受益人（卖方）开立的一种不可撤销的、有条件的支付承诺。在银行受理并且开出信用证之前，申请人必须要填写并且向银行提交一份申请银行开立信用证的书面单据，这种单据就是"开证申请书"（Application for Opening L/C）。

开证申请书是信用证条款的主要依据，也是买方在履行买卖合同时规避进口风险所把握的最后一道关口。因此，买方一定要认认真真地逐栏填写。

开证申请书

四、信用证通知书

开证行根据进口商提交的信用证开证申请书开立出信用证的同时，将自动生成一份信用证通知书。无论是电开信用证还是信开信用证，都需要通过通知行来向受益人通知信用证，所以信用证通知书是通知行向受益人传递（移交）信用证正本的、不可或缺的书面文件。出口商可凭此通知书前往通知行领取信用证。

信用证通知书是信用证的通知行在收到开证行开立的信用证后，经过核验密押，向受益人传递该信用证正本时出具的书面说明，也叫"面函"，其中记载信用证的开证行，信用证的编码、开证金额，以及通知行确认该信用证为真

信用证通知书

的批语等相关信息的书面文件。

 任务实施

以小组为单位翻译以下信用证开证条款：

①All banking charges outside the Issuing Bank including reimbursing charges are for account of Beneficiary.

②Documents must be presented with in 15 days after date of issuance of the transport document but within the validity of the Credit.

③Both quantity and Credit amount 5% more or less are allowed.

④This is a usance L/C payable at sight basis by the Issuing Bank or the Paying Bank nominated by the Issuing Bank. Discount interest and other banking fees are for account of us.

强化训练

美国 Fashion 公司应合同要求，向纽约银行申请开立信用证，请根据合同及以下补充条款，缮制开证申请书。

（1）2023 年 9 月 25 日，美国 Fashion 公司向 BANK OF NEW WORK 申请开证。

（2）信用证有效期：2023 年 12 月 5 日，深圳。

（3）商业合同、装箱单 1 正 3 副。

（4）申请账号：10-668855368，支付美元。

（5）其他条款，请你作为开证申请人，进行勾选，并给出理由（考虑合理性以及受益人是否接受）。

IRREVOCABLE DOCUMENTARY CREDIT APPLICATION

TO：　　　　　　　　　　　　　　　　　　Place/Date：

Beneficiary (fullname and address)		L/C NO. Ex-Card No. Contract No.2
		Date and place of expiry of credit
Partial shipments □allowed □not allowed	Transhipment □allowed □not allowed	Issue by airmail □ Issue by teletransmission Amount (both in figures and words)
Loading on board/dispatch/taking in charge at/from		
Description of goods:		Credit available with □by sight payment □by acceptance □by negotiation □by deferred payment at___ the documents detailed herein □and beneficiary's draft for___ % of the invoice value □FOB　　　□CFR　　　□CIF

Documents required: (marked with ×)
1.( ) Signed Commercial Invoice in in___originals and____copies indicating L/C No. and Contract No.
2.( ) Full set of clean on board ocean Bills of Lading made out to order and blank endorsed, marked "freight [ ]to collect/[ ]prepaid[ ]showing freight amount" notifying_____
3.( ) Air Waybills showing "freight [ ]to collect/[ ]prepaid[ ]indicating freight amount" and consigned to
4.( ) Memorandum issued by _____ consigned to_____
5.( ) Insurance Policy/Certificate in_____copies for ____% of the invoice value showing claims payable at destination in currency of the draft. Blank endorsed, covering_____
6.( ) Packing List/Weight Memo in___originals and____copies indicating quantity/gross and net weight of each package and packing condition as called for by the L/C
7.( ) Beneficiary's certified copy of cable/Fax dispatched to the accountees within 24 hours after shipment advising[ ] name of vessel/[ ]No./[ ]wagon No., date, quantity, weight and value of shipment.
8.( ) Beneficiary's Certificate certifying that extra copies of the documents have been dispatched according to the contract terms.
9.( ) Other documents, if any:
Additional instructions:
1.( ) All banking charges outside the opening bank are for beneficiary's account.
2.( ) Documents must be presented within_____days after the date of issuance of the transport documents but within the validity of this credit.
3.( ) Third party as shipper is not acceptable. Short form/Blank Back B/L is not acceptable.
4.( ) Both quantity and amount____% more or less are allowed.
5.( ) All documents to be forwarded in one cover, unless otherwise stated above.

　　You correspondents to advise beneficiary ☐ adding their confirmation ☐ without adding their confirmation
　　　Payments to be debited to our _____ account no. _____
　　　　　　　　　　　　　　　　　　　　　　　Signature:_____

学习任务三　信用证识读

学习目标

知识目标

1. 理解信用证的主要内容。
2. 掌握信用证主要条款的中英文表达方式。

能力目标

能准确识读完整信用证。

建议学时

学习任务三建议9学时。

相关知识点

在实际进出口业务中，信用证的格式有很多种，下面以MT700格式为例介绍信用证的主要内容。

一、信用证说明

1. 信用证号码

信用证开立时都有编号，如 credit number ××。

2. 信用证的性质

它表明信用证的种类，如 documentary transferable credit.（可转让的跟单信用证）。

3. 信用证的有效期及到期地点

信用证都必须明确有效期及到期地点。

（1）直接写明到期日和到期地点，如 Expiry date：Apr. 20，2023 in China for negotiation.（有效期：2023年4月20日前，在中国议付有效。）

（2）以"交单日期""汇票日期"等表达信用证有效期，如 This credit shall cease to be available for negotiation of beneficiary's drafts after Apr. 20，2023.（本信用证受益人的汇票在2023年4月20日前议付有效。）

二、信用证当事人

1. 信用证的开证行名称和详细地址，以及开证日期

其主要表达方式有：

（1）opening（issuing/establishing）bank.（开证行）

（2）date of issuing.（开证日期）

2. 信用证的通知行

即将信用证有关事项通知受益人的银行。其主要表达方式有：

（1）advising（notifying/advising）bank.（通知行）

（2）advised through….[由……（银行）通知]

3. 开证申请人的全称和详细地址

其主要表达方式如下：

（1）applicant/principal/accountee/accreditor/opener.（开证申请人）

（2）at the request of Messrs. A （应 A 的请求）；by order of Messrs. A （按 A 的指示）；for account of Messrs. A （由 A 付款）；at the request of and for account of Messrs. A（应 A 的请求并由 A 付款）

4. 受益人的全称和详细地址

其主要表达方式如下：

如 in favor of Messrs. B（以 B 为受益人）；beneficiary（受益人）；in your favor（以你方为受益人）。

三、信用证的金额及汇票条款

1. 信用证上金额的表达方式

信用证上的金额有以下几种表达方式：

（1）amount for a sum not exceeding USD10000.00.（总金额不超过 10000 美元）

（2）amount：USD 10000.00（5% more or less allowed）.[金额：10000 美元（允许增减 5%）]

（3）up to an aggregate amount of USD10000.00.（总金额不超过 10000 美元）

（4）for the amount of USD 10000.00.（金额 10000 美元）

（5）to the extent of USD 10000.00.（总金额不超过 10000 美元）

2. 信用证上汇票的表达方式

信用证上的汇票有以下几种表达方式：

（1）draft（s）drawn on （or upon）us. [以我行（指开证行）为付款人出具汇票]

（2）draft（s）are to be drawn at 60 days sight for 100% invoice value on our bank.（以我行为付款人，按发票金额出具见票后 60 天期的汇票）

（3）you are authorized to draw on Bank of China, Singapore up to an amount not exceeding USD 12500.00.[兹授权你方以（新加坡）中国银行为付款人，开具金额不超过 12500 美元的汇

票议付]

（4）credit available with any bank by negotiation against beneficiary's drafts in duplicate for 100% of the invoice value drawn at sight on ×× Bank.（以××银行为付款人，由受益人按发票金额100%开具的即期双联汇票，对任何银行议付有效）

（5）all drafts drawn under this credit must contain the clause "drawn under Bank of China Singapore Credit No.61212 dated Apr. 20，2023."[所有凭本信用证开具的汇票均须包括本条款："本汇票凭（新加坡）中国银行2023年4月20日开立的第61212号信用证开具"]

四、货物描述

货物描述内容一般包括商品名称、品质、数量、单价、价格术语等。

（1）1000 dozen of "COOK" brand hoes art No.H3162-3/4LBS, hoes dark blue painted at USD 15.5 per dozen,CIF Tokyo.（10000打"厨师"牌锄头，货号H3162-3/4LBS，深蓝色油漆，每打15.5美元CIF 东京）

（2）shipment of 850 cartons Mount Elephant brand canned water chestnuts sliced packed in cartons each of 6 tins × 305G at USD11.50/carton S/C No.88GW0203.Terms CFR Montreal.（装运850箱"象山"牌罐装马蹄片，纸箱装，每箱6罐×每罐重305克，单价每箱11.50美元CFR 蒙特利尔，依据合同88GW0203号）

五、装运条款

1. 装船期的表达方式

装船期的表达方式有以下几种：

（1）shipment latest date：July 20th, 2023.（最迟装运期2023年7月20日）

（2）shipment must be effected not later than July 20th，2023.（装运期不得迟于2023年7月20日）

（3）evidencing shipment/dispatch on or before July 20th，2023.（证明货物于2023年7月20日前装运）

（4）bills of Lading must be dated not later than July 20th，2023.（提单日期不得迟于2023年7月20日）

（5）bills of Lading must be dated not before the date of this credit and not later than July 20th, 2023.（提单日期不得早于本信用证开证日期，但不得迟于2023年7月20日）

2. 转船及分批装运的表达方式

转船及分批装运的表达方式有以下几种：

（1）transshipment is allowed/permitted.（准许转船）

（2）transshipment is permitted except at Israeli.（除了在以色列港口外准许转船）

（3）transshipment at Hong Kong allowed.（允许在香港转船）

（4）transshipment：prohibited（or not allowed, or not permitted）.（不准转船）

（5）partial shipments are permitted（or allowed）.（准许分运）

3. 装运港及目的港的表示法

装运港及目的港的表示法有以下几种：

（1）shipment from China to Karachi.（自中国装运到卡拉奇）

（2）dispatch/shipment from Chinese port to London.（自中国口岸装运到伦敦）

（3）evidencing shipment from China to Kuwait by steamer in transit to Saudi Arabia.（证明从中国用船装运至科威特，转运到沙特阿拉伯）

六、需要提交的结汇单据

1. 信用证中装船单据的表达方式

信用证中一般明确规定，议付时须提交有关装船单据（shipping documents）。其表达方式有：

（1）documents marked "×" below.（须交下列注有"×"标志的单证）

（2）documents required.（需要下列单据）

（3）accompanied by the following documents marked "×" in duplicate.（随附下列注有"×"标志的单据一式两份）

（4）draft(s) must be accompanied by the following documents marked "×".（汇票须随附下列注有"×"标志的单据）

（5）available against surrender of the following documents bearing our credit number and the full name and address of the opener.（议付时，以提交下列注明本信用证号码及开证申请人全名和详细地址的各项单据为有效）

2. 信用证中要求提交具体单据的表达方式

（1）商业发票。

①signed invoice in duplicate.（已签署的发票一式两份）

②beneficiary's original signed commercial invoices in 8 copies issued in the name of the buyer indicating the merchandise, country of origin and any other relevant information.（受益人所出具的以买方为抬头人并经签署的正本商业发票八份，须列明商品、产地国名称以及其他有关情况）

（2）提单。

①full set clean on board bill of lading made out to order and endorsed in blank marked freight prepaid notify applicant.（全套洁净已装船提单，做成空白抬头，空白背书，注明运费已付，并通知开证申请人）

②full set/sole original clean on board bill of lading made out to shipper's order endorsed in blank marked freight prepaid and notify applicant.（全套或单张正本洁净已装船提单，做成凭发货人指定抬头，空白背书，注明运费已付，并通知开证申请人）

③full set of shipped on board ocean bill of lading made out to order marked freight prepaid and notify the applicant. The name and address of shipping agent at destination must be indicated on bill of lading.（全套的已装船海运提单，做成空白抬头，注明运费已付，并通知开证申请人，提单上要显示船公司在目的港代理的名称和地址）

（3）保险单。

①insurance is to be effected by buyers/openers/accreditors.（由买方投保）

②insurance policy/certificate for full invoice value plus 10% covering…marked "×".（保险单或保险凭证，按发票金额加 10%投保下列注有"×"标志的险别）

③insurance policies/certificates in duplicate covering marine and war risks for full CIF invoice value plus 10% subject to ocean marine cargo and war clauses of CIC dated 1/1/1981 up to Kuala Lumpur. Claims payable at Kuala Lumpur.（保险单或保险凭证一式两份，按发票金额 100%CIF 值加保 10%，根据 1981 年 1 月 1 日订立的中国保险条中的海运货物险及战争险条款投保至吉隆坡，在吉隆坡偿付）

（4）商检证书。

①certificate of quality and weight in duplicate.（品质和重量证书一式两份）

②certificate of quantity and inspection in triplicate.（数量和检验证书一式三份）

（5）包装/重量单。

①packing/weight list in triplicate.（包装/重量单一式三份）

②weight and measurement list in triplicate.（重量及尺码单一式三份）

（6）产地证书。

①certificate of origin in triplicate.（产地证书一式三份）

②generalized system of preference certificate of origin Form A.（普惠制格式 A 原产地证）

（7）受益人装船电抄。

①copy of beneficiary cable or telex addressed to… advising the name of steamer sailing date, number of bill of lading,invoice No.date and amount sent immediately after shipment required（受益人须在装船后立即发电报或电传到…通知船名、开船日期、提单号、发票号码、发票日期及发票金额）

②copy of fax advising the applicant of full shipping particulars within 2 working days after shipment showing: net/gross weight,quantity B/L number and date, commodity, name of vessel,ETA, ETD,invoice value and L/C number.（装船后两个工作日内传真通知申请人装运细节，包括净重/毛重、数量、提单号码和日期、货物描述、船名、预计到达时间、预计出发时间、发票金额和信用证号码）

（8）受益人寄单证明书。

Beneficiary's certificate stating that one set of non negotiable documents has been air mailed direct to applicant within 10 days of shipment.（受益人证书声明在装船后 10 天内已把一套装船单据副本直接航空邮寄给开证申请人）

七、其他方面

1. 交单期

（1）the documents must be presented within 15 days after shipment, but within credit validity.（必须在装船后 15 天内交单，但须在本信用证有效期内交单）

（2）documents to be presented within 15 days after issuance date of transport documents but within credit validity.（必须在运输单据的签发日期后 15 天内交单，但要在本信用证有效期内交单）

2. 特别条款

特别条款主要是根据进口国政治、经济和贸易情况的变化，或每一笔具体交易的需要而做出的特别规定。常见的条款有佣金、折扣、费用议付和索偿等。

（1）signed invoice must show 5% commission.（经签署的发票须标明 5%的佣金）

（2）5% commission to be deducted from the invoice value.（5%的佣金须在发票金额中扣除）

（3）less 3% commission to be shown on separate statement only. [用单独声明书列明所扣 3%佣金（暗佣）]

（4）the price quoted includes a discount of 5% which must be shown on your final invoice but is to be the subject of a separate credit note, the amount of which is to be deducted from your draft.（所列价格中包括 5%折扣在内，最后发票上应开列未扣除 5%折扣的价格，但须另出一份贷记通知书。汇票金额扣除此项折扣金额）

（5）at the time of negotiation you will be paid less 5%,being commission payable to… and this should be incorporated on the bank's covering schedule.（议付时，须扣除 5%的金额作为付给×××的佣金，议付行应将佣金金额填入银行议付通知书）

（6）port of congestion surcharges, if any, at the time of shipment is for opener's account.（装运时如有港口拥挤附加费，应由开证人负担）

（7）charges must be claimed either as they arise or in no circumstances later than the date of negotiation.（一切费用须于发生时或不迟于议付期索偿）

（8）15 days grace period permitted in respect of shipment and negotiation of documents in case vessel not available for shipment during the stipulated period.（如本证所规定的装运期内无船可装，装运期及议付单据期限可宽延 15 天）

3. 信用证保证付款

We hereby issue this documentary credit in your favor.It is subject to *the Uniform Customs and Practice for Documentary Credits*（2007 Revision, International Chamber of Commerce Publication No.600）and engages us in accordance with the terms thereof. [兹开立以你方为受益人的跟单信用证。本证遵守《跟单信用证统一惯例》（2007 年修订本，国际商会第 600 号出版物）的规定，并以此为条件同我行联系办理议付]

任务实施

1. 请将以下信用证英文条款翻译成中文表达。

（1）ALL COPIES OF SHIPPING DOCUMENTS SUCH AS BUT NOT LIMITED TO BILL OF LADING (B/L), AIR WAYBILL (AWB) OR POSTAL RECEIPT MUST LEGIBLY INDICATE THE L/C NUMBER REGARDING THE SHIPMENT.

（2）1 ORIGINAL AND 1 COPY BENEFICLARY CERTIFICATE STATING THAT CERTIFICATE OF ANALYSIS FOR EACH LOT HAS BEEN INCLUDED WITH SHIPMENT AND

A COPY OF CERTIFICATE OF ANALYSIS HAS BEEN FAXED TO 4164013837 ATTN MICHELLE BOWEN.

(3) ALL DOCUMENTS MUST BE COMPLETED IN ENGLISH UNLESS OTHERWISE SPECIFIED.

(4) EACH SET OF DOCUMENTS PRESENTED WITH DISCREPANCIES UNDER THIS DOCUMENTARY CREDIT WILL BE SUBJECT TO A DISCREPANCY FEE OF USD 50.00 WHICH WILL BE DEDUCTED FROM THE PROCEEDS.

(5) ALL BANKING CHARGES OTHER THAN THE ISSUING BANK'S CHARGES ARE FOR THE ACCOUNT OF BENEFICLARY. SEE ADDITIONAL CONDITIONS FOR FURTHER CHARCES INFORMATION.

2. 试一试，请将信用证中你想表达的中文意思翻译成英文表达。

（1）30天远期汇票一式三份，注明：根据中国工商银行伦敦分行信用证 L/C25689，2023年6月5日开具。

（2）最晚到岸时间：2023年11月5日。

（3）不允许分批装运，允许转船。

（4）上船地点：中国深圳。

（5）2%的佣金在发票金额中不要显示。

（6）所有佣金由开证人承担，包括偿付行的费用在内。

（7）所有单据备齐并在装船后10天内提示银行，但必须在信用证的有效期内。

（8）总量允许5%的溢短。

（9）商业发票上必须有信用证号码、合同号码。

（10）总金额：368974美元。

（11）箱唛、提单中的唛头中必须显示合同号码 S/C1234、信用证号码 L/C123456。

（12）此信用证在美国境内任何中国银行议付有效，45天远期汇票，以中国银行上海分行作为付款人。

3. 请将下列信用证翻译成中文。

SWIFT 信用证样本：

APPLICATION HEADER　　/00　CITYBANK INTERNATIONAL, LOS ANGELES, U.S.A.

SEQUENCE OF TOTAL　　27：1/1

FORM OF DOC. CREDIT　　40：IRREVOCABLE

DOC CREDIT NUMBER　　20：18LC04/202308

DATE OF ISSUE　　31C：230315

EXPIRY　　31D：DATE230430　PLACE / CHINA

APPLICANT　　50：SPEED TECHNOLOGY CO.,LTD

　　　　　　　13783 SAN FERNANDO ROAD, LOS ANGELES, U.S.A.

BENEFICIARY　　59：SHENZHEN DALI CO.,LTD

　　　　　　　135 FUHUA THIRD ROAD,FUTIAN DISTRICT, SHENZHEN, CHINA

AMOUNT　　32B：CURRENCY USD　AMOUNT45500

AVAILABLE WITH/BY　　41D：ANY BANK BY NEGOTIATION

DRAFTS AT······ 42C: SIGHT FOR 100 PERCENT INVOICE VALUE
DRAWEE 42A: CITYBANK INTERNATIONAL, LOS ANGELES, U.S.A.
PARTIAL SHIPMENTS 43P: PERMITTED
TRANSHIPMENT 43T: PERMITTED
LOADING IN CHARGE 44A: SHENZHEN,CHINA
FOR TRANSPORT TO 44B: LOS ANGELES, U.S.A.
LATEST DATE OF SHIP. 44C: 230412
DESCRIPT. OF GOODS 45A: 1000 SET 512GB MOBILE PHONE AS PER PROFORMA INVOICE NO.PO101 DATED FEB 28, 2023
FOB SHENZHEN CHINA

DOCUMENTS REQUIRED 46A:

(1) FULL SET OF 3/3 CLEAN ON BOARD OCEAN BILL OF LADING ISSUED TO THE ORDER OF UNITED OVERSEAS BANK PHILIPPINES MARKED "FREIGHT COLLECT" NOTIFY APPLICANT.

(2) SIGNED COMMERCIAL INVOICE IN TRIPLICATE.

(3) PACKING LIST IN TRIPLICATE.

(4) BENEFICIARY'S CERTIFICATE THAT ONE (1) SET OF NON-NEGOTIABLE SHIPPING DOCUMENTS HAVE BEEN FORWARDED DIRECTLY TO APPLICANT VIA COURIER WITHIN FIVE (5) WORKING DAYS AFTER SHIPMENT.

ADDITIONAL COND. 47A:

(1) ALL COPIES OF SHIPPING DOCUMENTS SUCH AS BUT NOT LIMITED TO BILL OF LADING (B/L), AIR WAYBILL (AWB) OR POSTAL RECEIPT MUST LEGIBLY INDICATE THE L/C NUMBER REGARDING THE SHIPMENT.

(2) BILL OF LADING MUST SHOW ACTUAL PORT OF LOADING AND DISCHARGE.

(3) IN CASE OF PRESENTATION OF DISCREPANT DOCUMENTS AND SUBJECT TO THE ISSUING BANK'S ACEPTANCE, A DISCREPANCY FEE OF USD40.00 FOR ACCOUNT OF BENEFICAIRY SHALL BE LEVIED.

(4) UNLESS OTHERWISE STIPULATED, ALL DOCUMENTS SHOULD BE ISSUED IN ENGLISH LANGUAGE.

DETAILS OF CHARGES 71B: ALL BANK CHARGES OUTSIDE U.S.A. ARE FOR BENEFICAIRY'S ACCOUNT.

PRESENTATION PERIOD 48: ALL DOCUMENTS SHOULD BE PRESENTED WITHIN 15 DAYS AFTER SHIPPING DATE.

CONFIRMATION 49: WITHOUT

INSTRUCTIONS 78:

(1) UPON RECEIPT OF DOCUMENTS WITH ALL TERMS AND CONDITIONS COMPLIED WITH, WE WILL REMIT THE PROCEEDS TO THE NEGOTIATING BANK ACCORDING TO THEIR INSTRUCTIONS.

(2) DOCUMENTS TO BE MAILED DIRECTLY TO CITYBANK INTERNATIONAL,

LOCATED AT 2827 JAMES M WOOD BLVD, LOS ANGELES, U.S.A. IN ONE （1） LOT VIA COURIER.

（3）REIMBURSEMENT, IF APPLICABLE, IS SUBJECT TO ICC URR 525.

（4）THIS CREDIT IS SUBJECT TO ICC UCP 600.

SEND TO REC. INF. 72: YOU MAY CONTACT BENEFICIARY AT

TEL NO. 86-755-22556786

FAX NO.86-755-22556788

4. 识读以下信用证，回答以下问题：

ISSUE OF A DOCUMENTARY CREDIT

PCBCCNBJSZX SESSION: 000 ISN: 000000

CHINA CONSTRUCTION BANK

NO. 8 AILIAN SQUARE, LONGGANG DISTRICT, SHENZHEN, CHINA

TYPE:700

DESTINATION BANK: BANK OF TOKYO-MITSUBISHI

TOKYO

MINATO-KU, SHIBA KOEN 4-8-1

TYPE OF DOCUMENTARY CREDIT 40A : IRREVOCABLE

LETTER OF CREDIT NUMBER 20: LC84E0081/23

DATE OF ISSUE 31C: 230916

DATE AND PLACE OF EXPIRY 31D: 231015 JAPAN

APPLICANT BANK 51D: CHINA CONSTRUCTION BANK SHENZHEN BRANCH

APPLICANT 50: SHENZHEN ANLI TRADING CO, LTD

BENEFICIARY 59 :YAYONG CORPORATION

CHUO-KU GINZA 4-11-4

TOKYO

JAPAN

CURRENCY CODE, AMOUNT 32B: USD 565000

AVAILABLE WITH.BY. 41D: ANY BANK BY NEGOTIATION

DRAFTS AT 42C: 30 DAYS AFTER SIGHT

DRAWEE 42D: CHINA CONSTRUCTION BANK SHENZHEN BRANCH

PARTIAL SHIPMENTS 43P: NOT ALLOWED

TRANSSHIPMENT 43T: NOT ALLOWED

SHIPPING ON BOARD/DISPATCH/PACKING IN CHARGE AT/ FROM 44A: JAPAN SEA

TRANSPORTATION TO 44B: YATIAN PORT, SHENZHEN P.R. CHINA

LATEST DATE OF SHIPMENT 44C: 230913

DESCRIPTION OF GOODS OR SERVICES 45A:

ABB BRAND CAMERA USD750/SET CFR SHENZHEN QUANTITY: 500SET

ABB BRAND TAPE RECORDER USD95/SET CFR SHENZHEN QUANTITY: 2000SET

DOCUMENTS REQUIRED 46A:

（1）SIGNED COMMERCIAL INVOICE IN 5 COPIES.

（2）FULL SET OF CLEAN ON BOARD OCEAN BILLS OF LADING MADE OUT TO AND BLANK ENDORSED MARKED "FREIGHT PREPAID" NOTIFYING SHENZHEN ANLI TRADING CO, LTD. TEL: （86）755-48056012

（3）PACKING LIST/WEIGHT MEMO IN 4 COPIES INDICATING QUANTITY/GROSS AND NET WEIGHTS OF EACH PACKAGE AND PACKING CONDITIONS AS CALLED FOR BY THE L/C.

（4）CERTIFICATE OF QUALITY IN 3 COPIES ISSUED BY PUBLIC RECOGNIZED SURVEYOR.

（5）BENEFICIARY'S CERTIFIED COPY OF FAX DISPATCHED TO THE ACCOUNTEE WITH 3 DAYS AFTER SHIPMENT ADVISING NAME OF VESSEL, DATE, QUANTITY, WEIGHT, VALUE OF SHIPMENT L/C NUMBER AND CONTRACT NUMBER.

（6）CERTIFICATE OF ORIGIN IN 3 COPIES ISSUED BY AUTHORIZED INSTITUTION.

ADDITIONAL INSTRUCTIONS 47A:

（1）CHARTER PARTY B/L AND THIRD PARTY DOCUMENTS ARE ACCEPTABLE.

（2）SHIPMENT PRIOR TO L/C ISSUING DATE IS ACCEPTABLE.

（3）BOTH QUANTITY AND AMOUNT 10 PERCENT MORE OR LESS ARE ALLOWED.

CHARGES 71B:
ALL BANKING CHARGES OUTSIDE THE OPENNING BANK ARE FOR BENEFICIARYS ACCOUNT.

PERIOD FOR PRESENTATION 48:
DOCUMENTSMUST BE PRESENTED WITHIN 15 DAYS AFTER THE DATE OF ISSUANCE OF THE TRANSPORT DOCUMENTS BUT WITHIN THE VALIDITY OF THE CREDIT.

CONFIRMATION INSTRUCTIONS 49: WITHOUT

INSTRUCTIONS TO THE PAYING/ACCEPTING/NEGOTIATING BANK 78:

（1）ALL DOCUMENTS TO BE FORWARDED IN ONE COVER, UNLESS OTHERWISE STATE ABOVE.

（2）DISCREPANT DOCUMENT FEE OF USD 50.00 OR EQUAL CURRENCY WILL BE DEDUCT FROM DRAWING IF DOCUMENTS WITH DISCREPANCIES ARE ACCEPTED.

ADVISING THROUGH BANK 57A: BANK OF TOKYO-MITSUBISHI

BANK OF TOKYO-MITSUBISHI

TOKYO

MINATO-KU, SHIBA KOEN 4-8-1

^^^^^^^^^^^^^^^^^OTHER WORDINGS BETWEEN BANKS ARE OMITTED^^^^^^^^^^^

请回答以下问题：

（1）信用证类型：

（2）信用证有效期及有效地点：

（3）是否允许转运：

（4）议付所需单据：

（5）议付类型：

（6）附加指示：

学习任务四　信用证审核

学习目标

知识目标

1. 了解信用证审核依据。
2. 掌握信用证审核要点。

能力目标

能审核信用证，准确、完整地找出不符点。

建议学时

学习任务四建议 6 学时。

相关知识点

信用证审核一般可分为通知行审核和出口企业审核两部分，两者审核的侧重点和内容不同。

一、审证的依据

1. 外贸合同

信用证是依据外贸合同开立的，所以其条款应与外贸合同的条款相符。外贸合同是开立信用证的基础，因此，审查信用证条款是否与外贸合同的条款相符，是单证员收到信用证后的首要工作。信用证条款规定比合同条款严格时，应当对信用证中存在的问题提出修改意见（在实际业务中以是否影响出口商安全收汇和顺利履行合同义务为前提）；信用证的规定比合同条款宽松时，可以不要求修改。

2.《跟单信用证统一惯例》（UCP600）

单证员审核信用证时，应遵循 UCP600 的规定来确定是否可以接受信用证的某些条款。例如，关于分批装运和转运，如果合同中有规定允许分批装运（或转运），而信用证没做规定，根据 UCP600 的规定，则视为允许分批装运（或转运）。

3. 实际业务中的操作情况

对于外贸合同中未做规定或无法根据 UCP600 来做出判断的信用证条款，单证员应根据实际业务中的操作情况进行审核。这里的实际操作情况，是指信用证条款对安全汇的影响程度、进口国的法令和法规以及开证申请人的商业习惯等。

二、通知行审核的重点

通知行是指应开证行的要求通知信用证的银行,其权利和义务是验明信用证的真实性,及时澄清疑点,及时把信用证通知给有关受益人,并有权利收取相关费用。

这就决定了通知行审证的侧重点与受益人是不同的,它主要是从宏观上把握信用证。通知行的审核与买卖双方签订的合同无关,主要体现在以下四个方面。

1. 从政策上审核

这主要包括开证行所在国是否与我国有正常的外交关系、对我国政治态度是友好还是怀有敌意、开证行的政治背景如何、信用证中是否有歧视性内容等。

例如,信用证中规定"31D: DATE AND PLACE OF EXPIRY 221118 IN REPUBLIC OF CHINA",我们作为受益人是绝对不能接受此类信用证的,因为我们中国的正确名称应该是"THE PEOPLE'S REPUBLIC OF CHINA"。

2. 对开证行的经营作风和资信情况进行审查

审核信用证的金额是否与开证行的资信状况相称,如果是保兑信用证,对保兑行的资信情况也要审查。一般来说,银行开立信用证的最高金额是其总资产的 0.15%,超出此金额,则信用证付款就没有保证,而对世界排名前五百位的大银行一般无金额控制。资信状况较好的银行有:中国工商银行(ICBC)、花旗银行(Citi Bank)、美国银行(Bank of America)、加拿大皇家银行(RBC)、汇丰银行(HSBC)、桑坦德银行(Santander)、巴黎银行(BNP Paribas)、三菱日联金融(MUFG)等。

3. 审核索汇路线是否合理

信用证的索汇路线必须正常、合理,若索汇路线和索汇方法迂回、环节过多,就会影响到收汇时间甚至不能安全收汇,应与开证行联系进行修改。

4. 审核信用证的印鉴、密押是否相符

凡是信开信用证都须审核两个授权人的签字,如果发现签字不清,或在其鉴册及增补的印鉴上找不到该人签字时,就在其来证上注明"印鉴不符,待证实后办理出运"的字样;与此同时,发函或发电查询开证行,待得到证实后再通知受益人。如果仍得不到证实,说明该证系假证。对于电开信用证,通知行须核对密押是否正确,如果发现密押不符,通知行应在该信用证上明确注明"密押不符,请勿出运"或类似字样,提醒受益人注意;待收到国外银行的复电证实后,以书面形式通知受益人,不能口头通知。如果得不到证实,说明该信用证为假证,受益人不能使用。SWIFT 开立的信用证,则无须核对密押。

三、受益人审核的重点

(一)从总体审核信用证是否具有以下四个性质

1. 有效性

这是审证关键的一步,主要从以下四个方面把握:

(1)信用证是否有有效期,没有有效期的信用证对受益人如同废纸一张。

（2）信用证是否有保留条款，有保留条款，该证暂不生效的，也是无效。

例如，孟加拉国某银行开来的信用证有如下条款："This credit will become operative after receipt of satisfactory credit report on the beneficiary through their bank."（在收到通过银行开立的有关受益人令人满意的资信报告后该信用证才生效）这是一个非常典型的暂不生效条款。何谓"令人满意"的资信报告，非常模糊，应该删除。

（3）信用证是否有银行保证付款的责任文句。对于信开信用证和一般电开信用证来说，要有开证行或指定的付款行在什么情况下履行付款责任的字句，否则该信用证无效。

例如，"We here by engage with drawers, endorsers and/or bona fide holders that drafts drawn and negotiated on presentation and that drafts accepted within the terms of this credit will be duly honored at maturity."（我们兹对出票人、背书人及/或善意持票人保证：凡按本信用证条款开具及议付的汇票一经提交即予承兑；凡依本条款承兑的汇票到期即予照付）

（4）信用证是否有适用于《跟单信用证统一惯例》（UCP600）的约束。升级后的SWIFT报文中取消了凡是通过SWIFT开立的信用证，除非报文中另有规定，信用证均自动受开立之日有效的国际商会《跟单信用证统一惯例》约束的规定，并在报文中相应增加了"40E适用规则"这一必选项，用以表明所开立的信用证适用的规则。SWIFT报文格式的这一变动，是为了更好地体现UCP600适用于所有在正文中表明按其办理的跟单信用证这一规定。与此同时，增加一个专门的40E适用规则来表明信用证适用的规则,更便于受益人清楚地了解约束信用证的规则,从而减少发生误解的可能性。

2. 真实性

对于信开信用证，主要查看是否银行加盖有"印鉴相符"章；对于电开信用证，主要查看是否银行加盖有"押符"章。如果没有这类印章，就要对信用证的真实性向通知行质疑，做进一步核查。另外，如果信用证是开证人直接邮寄给受益人的，受益人应先请其银行对信用证的真伪进行辨别，确认无误后才可以办理有关出运手续。

3. 完整性

完整性主要指信用证本身的内容要完整，既包括所有的页次（含附件），又包括通知行通知信用证所附的面函。如果有预通知（pre-advise），还应包括简电（brief cable）；如果信用证后有修改书，无论有几次修改都应该把它们"锁"在一起，否则信用证就不完整。对于SWIFT信用证，如果信用证的页次写明1/2，一定要找到2/2，否则该证也是不完整的。

4. 风险性

风险性主要审查信用证是否含有软条款。如果发现有类似的条款，一定要删除，否则安全收汇就失去保证。

常见的软条款有：

（1）信用证要求一份开证人或其指定的代理人签发的检验检疫证，且其签字须和留存开证行的签字样本相符。

信用证软条款

（2）信用证规定签发三份正本提单，其中两份正本提单通过银行转交给开证人，另外一份正本提单要求受益人直接快递给开证人，即1/3正本提单径寄开证人。提单是物权凭证，1/3正本提单径寄开证人，其结果是受益人很可能面临货款两空的境地。

（3）信用证尚未生效，待进口取得进口许可证或其他有关进口文件后，开证行将以信用证修改形式通知受益人。

（4）所装船名和出运日期由进口商通知开证行，开证行将以信用证修改形式通知受益人。

（5）货物运抵目的港后，开证行将待进口地检验检疫部门对进口商品检验合格并出具相关证书，或待进口商通知后，开证行或付款行才履行付款责任。

（二）以合同条款为基础逐个条款审核信用证

1. 审核信用证本身

（1）开证日期。主要核查开证申请人是否按合同要求及时地开出信用证。

（2）信用证证号。用于区分不同的信用证，每个信用证只能有一个证号。如果证号在信用证中出现过两次或两次以上且不相同，应该通过通知行与开证行进行澄清。

（3）信用证有效期和到期地点。信用证必须有有效期，否则该信用证不是一个有效的信用证。有效期通常应该比最迟装运期晚10~15天为宜，这段时间主要是用来制单结汇。如果信用证有效期距最迟装运期太近，如 3~5 天，应该要求开证人改证，否则很容易出现迟期交单的情况。到期地点原则上不接受信用证在国外到期，应该在受益人所在国到期。其原因是无法控制单据到达开证行的时间，单据在寄送过程中有可能丢失。如果接受在国外到期，必须提前一个邮程寄单。

（4）信用证金额。金额的审核主要有以下几个方面：

①信用证中所使用的货币是否与原合同使用的货币一致。

②注意单价、数量与总金额是否匹配，总金额是否超过合同总价。对带有溢短装条款的来证，应注意允许数量增减的同时，总金额有无增减幅度的规定，两者的增减幅度是否一致；单价中是否含有佣金或折扣，信用证的总额是否已经扣除佣金或折扣，加佣的方法和付佣的对象是否有错。

③金额的大小写是否一致。

④允许少支取信用证金额的 5%，但前提条件是：信用证禁止分批；信用证项下的货物全部发运；信用证的单价没有降低。

2. 审核信用证当事人

（1）开证申请人：申请人的名称和地址原则上应该与合同中买方的名称和地址一致。

（2）受益人：受益人的名称和地址应该与合同中卖方的名称和地址一致，否则将给制单结汇带来困难，为安全收汇留下隐患。无论是公司的名称还是办公地点的更换，都应该反映到信用证和单据中来。

3. 审核汇票条款

（1）付款期限。即期信用证需要凭即期汇票和/或单据付款，远期信用证需要凭远期汇票和/或单据付款。如果合同中规定的付款方式是即期付款信用证，而开来的信用证是凭见票后30天期的汇票付款，这相当于把即期付款变成远期付款，受益人应该要求开证人改证，否则受益人要承担 30 天迟期收汇的利息损失和汇率变动风险。

（2）付款人。付款人必须是开证行或开证行指定的另一家付款行，UCP600 不允许以开证人为汇票的付款人。

4. 审核货物条款

（1）品名。信用证中货物描述部分出现的商品名称应该与合同中的品名条款相一致。如果有拼写错误，最好要求开证人修改，不要在制单时采用将错就错的变通办法，因为有些检验检疫部门在出具检验报告时不允许用错误的品名，那么就会出现单证不符的情况。

（2）规格。受益人应仔细审核产品的规格。如果出现信用证中的规格与原合同中规定的货物规格不符，无论实际的品质规格比信用证的品质规格高还是低，都应该要求开证人进行修改。如果不修改，完全按照信用证制单，则银行无从核对，而且单货不符会给进口通关带来麻烦。

（3）单价。审核单价注意事项：

①单价是否完整。完整的单价应该包括计价货币、单位价格金额、计量单位及贸易术语，四者缺一不可，否则就需要修改。

②为了避免引起异议，若合同中在贸易术语后加有适用的惯例及惯例的版本年份，则在信用证中应该列明。

（4）数量。审核数量注意事项：

①信用证中所采用的计量单位是否与原合同一致。

②数量前是否有溢短装条款，幅度是否与原合同一致。

③数量前有"about""approximate""circa"表示可允许多装或少装10%。

④信用证没有规定溢短装条款，数量也允许多装或少装 5%，但前提条件是：未规定数量不得增减；支取金额不超过信用证金额；货物不是按包装单位或个数计数，而是按长度、体积、容量、重量等计数。

（5）包装。审核包装注意事项：

①包装所采用的包装材料是否与原合同一致。

②包装方式是否与原合同一致。

③包装不宜使用过于笼统的表示方法，如"seaworthy packing"或"customary packing"等。

（6）唛头。订立合同时，唛头通常有三种表示方式：

①规定具体唛头。

②唛头由卖方选择（at the seller's option）。

③由买方选择（at the buyer's option）。

如果是第一种情况，审核信用证中唛头是否与原合同规定一致。如果两者不同，特别是已经按合同中指定的唛头备好货且该批货数量很大，应洽客户修改；如果数量不是很大，可以配合客户重新刷唛，但应该告知客户这完全是配合对方，并希望其今后注意。

如果是第二种情况，一般信用证中不会出现唛头，卖方自己设计即可。如果是第三种情况，以信用证中规定的唛头为准进行备货。

（7）信用证中援引的合同号码或签订的合同日期是否与实际的合同相符，如果有不符之处，也应该提出改证要求。

5. 审核装运条款

（1）装运港。装运港应该与合同中的规定相一致，但如果信用证笼统地规定"China ports"

"Chinese ports",应该是可以接受的,因为这样为受益人执行合同带来了便利。

(2)目的港。目的港一定要具体,不能笼统规定"EMP"(欧洲主要港口)。选择港口时,在一条航线上最多不能超过3个。需要注意的是,世界上有很多重名港,为了防止发生错卸货物,应该在港口后面加上国别。

(3)装运期。不能具体规定某年某月某日,应该是一个时间段。如果是跨月装运,装运期要留有余地,特别有时规定的是最迟×年×月×日装运,但也有时会规定不能早于×年×月×日装运,一定要引起注意。此外,在表示时间方面,有以下几个词语需要注意它们所代表的具体时间概念。

①词语"on"或"about"(于或约于)或类似措辞将被理解为一项约定,按此约定某项事件将在所述日期前后各五天内发生,起讫日均包括在内。

②词语"to"(×月×日止)、"until"(至×月×日)、"till"(直至×月×日)、"from"(从×月×日)及"between"(在×月×日至×月×日之间),用于确定装运期限时,包括所述日期。词语"before"(×月×日之前)及"after"(×月×日之后)不包括所述日期。

③词语"from"(从×月×日)以及"after"(×月×日之后)用于确定到期日时,不包括所述日期。

④词语"first half of month"(上半月)和"second half of month"(下半月)应分别理解为每月1日至15日、16日至月末最后一天,包括起讫日期。

⑤词语"beginning of a month""middle of a month"及"end of a month"(月初、月中和月末)应分别理解为每月1日至10日、11日至20日、21日至月末最后一天,包括起讫日期。

(4)装运方式。装运方式应该与合同规定一致,如果与合同规定不符应该要求修改,否则会额外增加运输成本。比如合同规定海运,但信用证规定空运。

(5)分批装运。UCP600规定部分支款或部分发运。应注意部分支款或部分发运(partial drawings or shipments)与分期支款或分期发运(installment drawings or shipments)的区别,必须严格按照来证要求出运,其中有任何一批没有按规定期限支取或发运,信用证对该期及以后各期均失效。如果做不到,应该改证。

(6)转船运输。如果信用证禁止转运,应与船公司或货运代理公司联系,查看是否有直达船到达信用证指定港口。如果没有直达船,应该洽开证人改证。但是,如果船公司或货运代理公司可以签发全程提单,或者用集装箱装运、拖车或子船装运,即使信用证禁止转运,也没有必要修改信用证。

6. 审核保险条款

(1)结合所采用的贸易术语,确认谁应负责办理投保手续:如果采用的是FOB、CFR、FCA和CPT等贸易术语,应由买方办理投保手续,单据条款中不能把保险单作为议付单据之一;如果采用的是CIF或CIP贸易术语,应由卖方办理投保手续,保险单作为议付货款向银行提交的单据之一。

(2)保险金额。保险金额一般为发票金额的110%,如果按发票金额的120%或130%投保,首先要征求保险公司的同意,看是否能够按该金额进行保险,如果保险公司不同意,应洽客户改证。如果投保金额过高,就要提防保险欺诈的可能。

(3)保险险别。保险险别应该以买卖双方签订的合同中的保险条款为准。如果投保险别与合同中规定的不符，并且买方允许超出的保费在信用证中额外支取，就可以按新的保险险别投保，否则需要修改信用证。投保险别要么以中国保险条款规定的险别为准，要么以伦敦保险协会条款为准，不能在一份保单中部分保险是中国保险条款项下的险别，而部分保险是伦敦保险协会条款项下的险别，即两者不能混在一起。

（4）保险勘察代理人。如果信用证指定了保险勘察代理人，受益人应要求改证，因为我国保险公司规定保险勘察代理人须由保险公司自主选择。

7. 审核检验条款

（1）检验机构。一般应该由独立于买卖双方之外的第三方对产品进行检验检疫。如果规定由客户自行检验或由其授权的代理人实施检验检疫（在实际业务中统称为"客检"），我们原则上不接受，应该删除此条款或改为"由出入境检验检疫局来实施检验"。

（2）检验时间。一般来说，我们接受在装运港实施检验检疫，并且以该检验报告作为向银行议付货款的单据之一；我们不接受货到目的港后由进口国的检验检疫部门检验，特别是当其检验结果与最终付款与否结合在一起时更是不能接受，必须修改，因为这会导致我们收汇不安全。

8. 审核费用条款

信用证是一种比较"昂贵"的结算方式，它所涉及的银行费用很多，如开证费、通知费、议付费、修改费、保兑费、付款费、电讯费、邮递费以及现在非常普遍的不符点单据扣费等。这些费用本应由开证人负担，由于处于买方市场，目前通常的做法是进口国发生的费用由开证人负担，出口国发生的费用由受益人负担。但是，如果信用证规定所有的银行费用都由受益人负担，就应该让开证人改证，这笔费用大约占议付金额的 2%，对货值较低的产品而言确实是一笔不小的费用。

总之，信用证审核对于受益人是非常重要的，也会保障出口商的收汇权益，因此出口商必须严格、谨慎地审核信用证。除按上述条款逐一核实外，还应该核查各个条款之间是否存在矛盾之处。另外，信用证中有三个比较重要的日期，即装运期、有效期和交单期，这三个日期一定要合理。最后，注意检查信用证有无拼写错误。如果有此类问题，最好连同其他内容一并提出改证要求。信用证审核是一项非常细心的工作，需要我们认真对待，这样才能保证安全、及时收回货款。

任务实施

1. 请查询最新的世界银行排名前 15 名，并写出他们的名称与国别（中英文表达）。
2. 审核信用证，指出其不符点，并给出修改意见。（提示：共有 14 个不符点）

审证记录单

销货合同 SALES CONTRACT

SELLER: SHENZHEN HIGH ELECTRICAL CO., LTD

ADDRESS: 25, SHENNAN EAST ROAD, SHENZHEN, CHINA　　CONTRACT NO.: 23SZH0022

DATE: APR.22, 2023

BUYERS: X. Y. Y. CORP.

ADDRESS: SONIA HENIES PLASS 3, 0134, OSLO, NORWAY   SIGNED AT: SHENZHEN

THIS SALES CONTRACT IS MADE BY AND BETWEEN THE SELLERS AND BUYERS, WHEREBY THE BUYERS AGREE TO BUY THE UNDERMENTIONED GOODS ACCORDING TO THE TERMS AND CONDITIONS STIPULATED BELOW:

（1）货号、品名及规格 NAME OF COMMODITY AND SPECIFI-CATIONS	（2）数量 QUANTITY	（3）单位 UNIT	（4）单价 UNIT PRICE	（5）金额 AMOUNT
MONITOR 8%MORE OR LESS BOTH IN AMOUNT AND QUANTITY ALLOWED	9600PCS	PC	CIF OSLO USD9.80/PC	USD 94080.00
	TOTAL AMOUNT			USD94080.00

（6）PACKING: CARTON

（7）DELIVERY FROM SHENZHEN TO OSLO

（8）SHIPPING MARKS: N/M

（9）TIME OF SHIPMENT: WITHIN 30 DAYS AFTER RECEIPT OF L/C.ALLOWING TRANSSHIPMENT AND PARTIAL SHIPMENT.

（10）TERMS OF PAYMENT: BY 100% CONFIRMED IRREVOCABLE LETTER OF CREDIT IN FAVOR OF THE SELLERS TO BE AVAILABLE BY SIGHT DRAFT TO BE OPENED AND TO REACH CHINA BEFORE MAY 1, 2023 AND TO REMAIN VALID FOR NEGOTIATION IN CHINA UNTIL THE 15TH DAYS AFTER THE FORESAID TIME OF SHIPMENT.L/C MUST MENTION THIS CONTRACT NUMBER L/C ADVISED BY BANK OF CHINA SHENZHEN BRANCH. ALL BANKING CHARGES OUTSIDE CHINA（THE MAINLAND OF CHINA）ARE ACCOUNT OF THE DRAWEE.

（11）INSURANCE: TO BE EFFECTED BY THE SELLERS FOR 110% OF FULL INVOICE VALUE COVERING F.P.A. UP TO OSLO TO BE EFFECT BY THE BUYERS

（12）ARBITRATION: ALL DISPUTES ARISING FROM THE EXECUTION OF, OR IN CONNECTION WITH THIS CONTRACT SHALL BE SETTLED AMICABLY BY NEGOTIATION.IN CASE NO SETTLEMENT CAN BE REACHED THROUGH NEGOTIATION.THE CASE SHALL THEN BE SUBMITTED TO CHINA INTERNATIONAL ECONOMIC & TRADE ARBITRATION COMMISSION IN SHENZHEN（OR IN BEIJING） FOR ARBITRATION IN ACCORDANCE WITH ITS RULES OF PROCEDURES.THE ARBITRAL AWARD IS FINAL AND BINDING UPON BOTH PARTIES FOR SETTING THE DISPUTE.THE FEE FOR ARBITRATION SHALL BE BORNE BY THE LOSING PARTY UNLESS OTHERWISE AWARDED

THE SELLER_____   THE BUYER: _____

ISSUE OF DOCUMENTARY CREDIT

ISSUING BANK   : SPAREBANK, NORWAY

FORM OF DOC. CREDIT   : REVOCABLE

CREDIT NUMBER	:	LRT2303917
DATE OF ISSUE	:	230428
EXPIRY	:	DATE 230416 PLACE FINLAND
APPLICANT	:	X.Y.Y.CORP.SONIA HENIES PLASS 3, 0134,OSLO,NORWAY
BENEFICIARY	:	SHENZHEN HIGH ELECTRICAL CO., LTD ROAD SOUTH, GUANGZHOU, CHINA
AMOUNT	:	USD 94080.00 (SAY U.S.DOLLARS NINE THOUSAND FOUR HUNDRED AND EIGHT ONLY)
AVAILABLE WITH/BY	:	ANY BANK IN ADVISING COUNTRY BY NEGOTIATION
DRAFT AT…	:	DRAFT AT 45 DAYS' SIGHT FOR FULL INVOICE VALUE
PARTIAL SHIPMENTS	:	NOT ALLOWED
TRANSSHIPMENT	:	ALLOWED
LOADING IN CHARGE	:	SHENZHEN
FOR TRANSPORT TO	:	OSLO
SHIPMENT PERIOD	:	THE LATEST MAY 30, 2023
DESCRIP. OF GOODS	:	960PCS OF MONITOR, USD6.80 PER PC AS PER SALES CONTRACT 23SZH0022 DD 22,4,2023 CIF OSLO

DOCUMENTS REQUIRED:

* COMMERCIAL INVOICE 1 SIGNED ORIGINAL AND 5 COPIES

* PACKING UST IN 2 COPIES

* FULL SET OF CLEAN ON BOARD MARINE BILLS OF LADING, MADE OUT TO ORDER, MARKED "FREIGHT PREPAID" AND NOTIFY APPLICANT (AS INDICATE ABOVE)

* GSP CERTIFIEATE OF ORIGI FORM A, CERTIFYING GOODS OF ORIGIN IN CHINA, ISSUED BY COMPETENT AUTHORITIES

* INSURANCE POLICY/CERTIFICATE COVERING ALL RISKS AND WAR RISKS OF PICC INCLUDING WAREHOUSE TO WAREHOUSE CLAUSE UP TO FINAL DESTINATION AT HELSINKI,FOR AT LEAST 120 PCT OF CIF VALUE.

* SHIPPING ADVICE MUST BE SENT TO APPILICANT WITH 2 DAYS AFTER SHIPMENT ADVISING NUMBER OF PACKAGES,GROSS & NET WEIGHT,VESSEL NAME, BILL OF LADING NO.,AND DATE, CONTRACT NO.,VALUE.

PRESENTATION PERIOD	:	6 DAYS AFTER ISSUANCE DATE OF SHIPPING DOCUMENT
CONFIRMATION	:	WITHOUT
INSTRUCTIONS	:	THE NEGOTIATION BANK MUST FORWARD THE DRAFTS AND ALL DOCUMENTS BY REGISTERED AIRMAIL DIRECT TO US IN TWO CONSECUTIVE LOTS, UPON RECEIPT OF THE DRAFTS AND DOCUMENTS IN ORDER, WE WILL REMIT THE PROCEEDS AS INSTRUCTED BY THE NEGOTIATING BANK.

3. 请根据下列合同条款及审证要求审核国外来证，指出信用证中存在的问题，并说明如何修改。（提示：共有 10 个不符点）

SALES CONFIRMATION

S/C NO: 917882

DATE: June 15, 2023

THE BUYER: The Western Trading Company, Osaka, Japan

THE SELLER: Shenzhen Baima Garments Imp. & Exp. Corp., Shenzhen, China

NAME OF COMMODITY AND SPECIFICTION：

  Pure Cotton Men's Shirts

  Art. No. 6-23145

  Size Assortment S/3 M/6 and L/3 per dozens

QUANTITY: 5000 dozens 3% more or less at seller's option

PACKING: Each piece in a polybag, half a dozen to a paper box ,10 dozens to a carton

UNIT PRICE: US$120.00 per doz. CIFC 5% Kobe/Osaka

SHIPMENT: During Aug./Sept 2023 In two equal shipments

INSURANCE: To be covered by the seller for 110% of Invoice value against All Risks as per China Insurance Clause dated Jan. 1st, 1981.

PAYMENT: By Irrevocable letter of credit payable at sight, to reach the seller not later than July 20, 2023 and remain valid for negotiation In China until the 15th days after the date of Shipment.

IRREVOCABLE DOCUMENTARY LETTER OF CREDIT
FUJI BANK,LTD.
1-CHOME,CHIYODA-KU

C.P.O.BOX 148 ,TOKYO,JAPAN

L/C No.219307

July 15th, 2023

Advising Bank:

Bank of China,Shenzhen

Beneficiary: Amount: not exceeding

Shenzhen baima Carments Imp. & Exp. Corp. US$600000.00

Shanghai China

Dear Sir:

At the request of THE WESTERN TRADING COMPANY , Osaka, Japan. We here Issue in your favour this Irrevocable Documentary Credit No.219307 which is available by acceptance of your draft at 30 days after sight for full Invoice value drawn on FuJi Bank Ltd. New York Branch, New York, N.Y.U.S.A. bearing this clause: "Drawn under documentary Credit No 219307 of FuJi Bank Ltd." accompanied by the following documents:

（1）Signed Commercial Invoice in four copies.

（2）Full set clean on board Bills of Lading made out to order and blank endorsed marked "freight collect" and notify applicant.

（3）Insurance Policy for full Invoice value of 150% covering all Risks as per ICC dated Jan.1st,1981.

（4）Certificate of Origin Issued by the China Exit and Entry Inspection and Quarantine Bureau.

（5）Inspection Certificate Issued by applicant.

Covering: 5000 dozens Pure Cotton Men's Shirts

  Art. No. 6-23145

  Size Assortment: S/3、M/6、L/3 per dozen

  At USD120 CIFC5% Kobe/Osaka, packed In cartons of 10 dozens each.

Shipment from Chinese Port to Yokohama at buyer's option not later than Sept. 30th, 2023.

Transshipment is prohibited, partial Shipments are allowed.

The credit is valid in Shenzhen, China.

Special conditions: Documents must be presented within 15 days after date of Issuance of the Bills of Lading, but in any event within this credit validity.

We hereby undertake to honor all drafts drawn in accordance with the terms of this credit.

              For FuJi Bank Ltd.

              -sighed-

强化训练

深圳 HL 股份有限公司单证员李林收到美国 Fashion 公司申请的纽约银行开来的信用证，请根据合同审核该证，并找出不符点，完成信用证审核表。

  SENDER： BANK OF NEW YORK

        48 WALL STREET P. O. BOX 11000

        NEW YORK, N.Y.10249, USA

  RECEIVER： ICBCCNBJSHI

        INDUSTRIAL AND COMMERCIAL BANK OF CHINA

        SHENZHEN MUNICIPAL BRANCH

        SHENZHEN, CHINA

  SWIFT MESSAGE TYPE： 700 ISSUF OF A DOCUMENTARY CREDIT

  SEQUENCE OF TOTAL 27：1/2

FORM OF DOC. CREDIT	40:	IRREVOCABLE
DOC. CREDIT NUMBER	20:	L-02-I-03437
DATE OF ISSUE	31C:	230930
EXIPRY	31D:	DATE 231205 AT NEGOTIATING BANK'S COUNTER
APPLICANT	50:	FASHION CENTURY CO.LTD.
		1410 BROADWAY,ROOM 300
		NEW YORK,N.Y. 10018 USA
BENEFICIARY	59:	SHENZHEN HL CO., LTD.
		LONGGUANGJIU INDUSTRIAL AREA, DALING COMMUNITY,
		MINZHI STREET, LONGHUA DISTRICT,
		SHENZHEN CITY, GUANGDONG PROVIINCE, CHINA
AMOUNT	32B:	CURRENCY USD AMOUNT 51426
AVAILABLE WITH/BY	41D:	BANK OF CHINA BY NEGOTIATION
DRAFTS AT…	42C:	DRAFTS AT 60 DAYS AFTER SIGHT FOR FULL INVOICE VALUE
DRAWEE	42A:	BANK OF NEW YORK
PARTIAL SHIPMENTS	43P:	NOT ALLOWED
TRANSSHIPMENT	43T:	PROHIBITED
LOADING IN CHARGE	44A:	SHIPMENT FROM CHINESE MAIN PORT
FOR TRANSPORT TO	44B:	NEW YORK
LATEST DATE OF SHIP.	44C:	231120
DESCRIPT. OF GOODS	45A:	
		WOMEN'S HANDBAG
		STYLE NO. WHD-090138 ORDER NO. 22USA-007
		5400 PIECES AT USD9.53 PER PIECE CIF NEW YORK

DOCUMENTS REQUIRED   46A:

+ ORIGINAL SIGNED COMMERCIAL INVOICE IN QUADRUPLICATE INDICATING S/C NO.22USA-007 OF SHENZHEN HL CO., LTD.

+ PACKING LIST IN TRIPLICATE.

+ INSURANCE POLICY OR CERTIFICATE IN TWO FOLD AND ENDORSED IN BLANK FOR 110 PCT OF FULL TOTAL INVOICE VALUE COVERING ALL RISKS, WAR RISKS AS PER THE RELEVANT OCEAN MARINE CARGO CLAUSE OF P.I.C.C.DATED JAN.1ST,1981. WITH CLAIMS, IF ANY, PAYABLE AT DESTINATION IN THE CURRENCY OF THE DRAFTS.

+ 3/3 SET OF ORIGINAL CLEAN ON BOARD MARINE BILL OF LADING MADE OUT TO FASHION CENTURY CO.LTD.,1410 BROADWAY,ROOM 300,NEW YORK,N.Y. 10018 USA, USA NOTIFY ABOVE MENTIONED APPLICANT WITH FULL ADRESS AND TEL. NO.599-525-7000 AND MARKED "FREIGHT PREPAID".

+ CERTIFICATE OF ORIGIN IN ONE ORIGINAL AND ONE COPY.

+ INSPECTION IS TO BE EFFECTED BEFORE SHIPMENT AND INSPECTION

CERTIFICATES ARE REQUIRED TO ISSUED BY CHINA EXIT AND ENTRY INSPECION AND QUARANTINE BUREAU.

+ TEXTILE EXPORT LICENCE IN ONE ORIGINAL.

+ BENEFICIARY'S CERTIFICATE STATING THAT THE COPY OF ALL DOCUMENTS HAS BEEN SENT TO APPLICANT IMMEDIATELY AFTER SHIPMENT.

+ CERTIFIED COPY OF SHIPPING ADVICE FAX TO APPLICANT (FAX NO. 599-525-7002) WITHIN 48 HOURS AFTER SHIPMENT ADVISING L/C NO., NAME OF VESSEL, DATE ,QUANTITY AND VALUE OF THE SHIPMENT.

ADDITIONAL COND.　　47:

+T.T. REIMBURSEMENT IS PROHIBITED.

+DOCUMENT DATED PRIOR TO THE DATE OF THIS CREDIT ARE NOT ACCEPTABLE.

DETAILS OF CHARGES　71B: ALL BANKING CHARGES OUTSIDE NEW YORK INCLUDING REIMBURSEMENT COMMISSION ARE FOR ACCOUNT OF BENEFICIARY.

PRESENTATION PERIOD 48:

DOCUMENTS TO BE PRESENTED WITHIN 15 DAYS AFTER THE DATE OF SHIPMENT, BUT WITHIN THE VALIDITY OF THE CREDIT.

CONFIRMATION　　　　49: WITHOUT

INSTRUCTION　　　　78:

THE NEGOTIATION BANK MUST FORWARD THE DRAFTS AND ALL DOCUMENTS BY REGISTERED AIRMAIL DIRECT TO US （BANK OF NEW YORK 48 WALL STREET P. O. BOX 11000 NEW YORK, N.Y.10249, USA）IN ONE LOTS, UPON RECEIPT OF THE DRAFTS AND DOCUMENTS IN ORDER, WE WILL REMIT THE PROCEEDS AS INSTRUCTED BY THE NEGOTIATING BANK.

IT IS SUBJECT TO THE UNIFORM CUSTOMS AND PRACTICE FOR DOCUMENTARY CREDITS（2007 VERSION）, INTERNATIONAL CHAMBER OF COMMERCE PUBLICATION NO. 600.

学习任务五　信用证修改

 学习目标

知识目标

1. 了解修改信用证的原则。
2. 掌握信用证修改流程。

能力目标

1. 能绘制信用证修改流程图。
2. 能根据审核结果和改证原则，撰写邮件，修改信用证。
3. 能填制信用证修改申请书。

建议学时

学习任务五建议6学时。

 相关知识点

一、修改信用证的原则

在全面审核信用证的基础上，当发现信用证条款与合同条款不符时，并非一概要求对方修改，而应确切把握好改与不改的界限。受益人应遵循"利己不损人"原则进行，即受益人改证既不影响开证申请人正常利益，又维护自己的合法利益。一般来说，针对审核中发现的信用证问题条款，有以下5种处理意见：

（1）对我方有利且不影响对方利益的问题条款，一般不改。

（2）对我方有利但会严重影响对方利益的问题条款，一定要改。

（3）对我方不利但不增加或少量增加成本的问题条款，可以不改。

（4）对我方不利又要增加较多成本的问题条款，若对方愿意承担成本，则不改；否则，一定要改。

（5）对我方不利且不改会严重影响收汇安全的问题条款，坚决要改。

二、必须修改的条款

信用证中的条款明显带有敌意或歧视性，或有些条款严重与合同不符，或有些要求我们无法满足，或有些单据我们无法提供，则必须要求开证人进行改证。例如：

（1）我国某进出口公司供应"发渣"（human hair barber's cutting waste）给日本某公司，

信用证在单据条款列明受益人向银行议付货款时需要提交"Veterinary Inspection Certificate"（兽医检验证书），我们应该坚决要求开证人删除此单据。

（2）如果信用证漏写有效期，必须要求开证人修改信用证。因为对于受益人来说，没有有效期的信用证如同废纸。

（3）信用证中有关货物描述的部分，如商品的品名、规格、型号、单价（含贸易术语）、数量（含溢短装条款）、包装等与合同不符，必须要求开证人改证。

（4）信用证中的总金额（含溢短装条款）、计价货币、金额的大小写与合同不符。例如，信用证开来的总额为净值（佣金已扣除），但在附加条款中又列明结汇后另付开证人 3%的佣金，这是开证人故意双倍索要佣金，必须要求开证人改证。

（5）信用证中采用术语为 CFR，在单据条款中又把保险单作为议付单据之一。再如，信用证规定的运输方式为海运，但单据条款中出现了空运运单作为议付单据之一。这些都是矛盾的条款，作为受益人既无法提供保险单，也无法提供空运单，故必须要求开证人将保险单删除，把空运运单改为海运提单。

（6）信用证中列有软条款，必须要求开证人删除。例如，1/3 本提单径寄开证人，客检证、背对背信用证只有在原证项下货款收进后才付款，只有货物再出口得到货款后付款等。此类条款都必须要求开证人删除。

（7）信用证中的交单期货有效期距装运期太近，受益人没有充足的时间缮制各种装运单据，无法保证在交单期及有效期前将全套单据交到议付行，容易出现迟期交单情况，故要求开证人延展有效期和交单期，通常应该是装船后 10~15 天交单比较适宜。

（8）信用证指定卸货泊位或指定卸货码头，但因指定泊位受吃水限制、指定码头有时没有空泊位，一般船公司都不愿意接受此类条款，应要求开证人改证。

（9）信用证规定商业发票由开证人会签（counter-signed by applicant），这是不能接受的，必须删除由开证人会签的字样，因为受益人签发发票的主动权受控于开证人。

三、视具体情况是否修改的条款

经审核发现信用证中的有些条款与合同不完全相符，但如果实际业务中经过与有关部门协商能够做到，可以不修改信用证；如果协商后不能解决，则联系开证人修改。例如：

（1）合同中规定允许分批、允许转船，但信用证禁止分批、禁止转船。此时，一方面，受益人需要与生产部门取得联系，确认合同项下的货物能否一次性赶在最迟交货期届满前备好；另一方面，受益人需要与船公司或货运代理联系，确认是否有发指定目的港的直达船。如果两方面都能够解决，就无须要求开证人改证；反之，就必须改证。

（2）信用证要求提供船龄证明，限制船龄不超过 15 年。如果在装运期内能租到船龄符合来证要求的船只，可以不必修改信用证；否则，应修改信用证，取消此条款。

（3）信用证没有规定最迟装运期，视为最迟装运期与有效期为同一天，即双到期信用证。对于双到期信用证是否修改，取决于生产中的备货情况。如果能够提早将货备妥并出运，有充足的时间来制单结汇就无须改证。如果到最后期限才能将货备妥，就必须要求开证人改证，最好分别延展装运、有效期。

（4）从原则上说，我们一般不接受信用证在国外到期。如果时间比较充裕，能够提前一个邮程将单据寄出,能够保证在有效期届满前单据到达开证行或付款行,就无须修改信用证;否则,就需要修改信用证。

(5)信用证规定分期支款或分期发运(installment drawings or shipments),如果任何一期未按信用证规定期限支取或发运时,信用证对该期及以后各期均告失效。如果受益人不能保证严格按照信用证规定的时间表(time schedule)履行交货义务,应要求开证人修改信用证,否则可不必修改信用证。

(6)信用证规定的实际装运期较合同规定的装运期有所提前,是否需要修改信用证取决于生产厂商的货源准备情况。如果能提前将货备好,则无须改证;否则,应要求开证人修改信用证。

(7)信用证指定装某船公司的船只,受益人首先应与该船公司联系,确认是否能够租订其船只。如果可以,则无须改证;如果该船公司舱位比较紧张,则须改证。

(8)信用证允许转运且指定转运港口,有时还限定由某个船公司接转或在某港装集装箱船等,审证时应与船公司或货运公司代理了解照办是否有困难。如果可以做到,则无须改证;否则,就要求开证人改证。

四、无须修改的条款

经审核发现信用证的有些条款与合同规定不符,或合同中根本就没有提及一些问题,经仔细推敲,对受益人执行合同可能更便捷,或虽然合同中没有规定但接受此类条款对受益人不会有任何不利之处,就无须改证。例如:

(1)合同中规定装运港为天津,而受益人收到的信用证规定装运港为"中国港口"(Chinese Ports),则无须改证,因为这样的条款更方便受益人执行合同。

(2)信用证附加条款中规定"on deck shipment not allowed"(货装甲板不允许),只要我们在办理租船订舱手续时提醒船公司或货运代理公司不要把货装载在甲板上即可,无须要求开证人改证。

(3)合同中的保险条款规定按中国保险条款(CIC)的一切险和战争险投保,而来证规定按伦敦保险协会的ICC(A)险和institute war clause投保,基于两种险别的承保责任范围大体相当,无须修改信用证。

(4)信用证中往往有不符点扣费条款,每个银行的扣费标准不同,一般在50美元左右。只要我们缮制的单据保证做到"单单一致、单证一致",这笔费用就不会产生,因此无须修改信用证。

(5)有些信用证有抵制以色列条款,要求船公司出具出口货物不含有以色列原材料、不装以色列船只、不停靠以色列港口等证明,一般船公司都能出具此类证明,故无须改证。

(6)信用证有时规定要有随船单据,只要及时将信用证要求的单据交给船长并签发一个收据给受益人即可,因此无须修改信用证。

(7)有些银行开来的信用证要求发票或原产地证书由进口国驻出口国的使馆签证,前提条件如果是受益人所在地设有该国的使馆,受益人对此条款可以置之不理,视为该地区没有该国的使馆,无须提供认证的发票或产地证。

(8)信用证没有明确禁止分批装运,而合同项下货物数量较多,为了降低风险、加速资金周转，受益人欲部分发运、部分支取货款，只要在信用证最迟装运期前将货全部发运即可，无须修改信用证为允许分批装运。

（9）信用证规定的最迟装运期比合同规定的装运期晚，如果货物能及早备妥就可以及早出运，受益人不必等到最后期限才安排出货；如果备货过程中出现意外，不能按原合同规定的装运期交货，也无须再通知开证人延展装运期，因此它对受益人更为有利，无须改证。

（10）信用证规定不准在某港口转船，只要能由其他港口中转又不增加额外费用，无须改证。

（11）信用证规定不准装某船公司的船只，这类条款一般很容易做到，在租船订舱时只要不是该公司的船即可租订，无须改证。

（12）合同中规定装运港为Mombasa（蒙巴萨），来证规定装运港Mombasa in transit to Nairobi（内洛比），意思是货到蒙巴萨后由进口商自负风险和费用将货物转运到内陆城市内洛比，对受益人来讲还是港至港提单，无须改证。

（13）如果来证在Aden（亚丁）、Aqaba（亚卡巴）、Colon（科隆）、Beirut（贝鲁特）、Post Said（塞得港）5个目的港后加free area（自由贸易区），这是一个贸易上的习惯做法，无须改证。

（14）来证唛头中显示的目的港名称与目的港不一致，这可能是转口货，在与进口商确认后，可照信用证规定缮制单据，无须改证。

以上列出的有必须修改的条款，还有可改可不改的条款以及无须修改的条款，这些是其中比较有代表性的条款，但绝不是此类条款的全部，需要我们今后不断地总结、积累，从而更好地掌握审证的技巧。

五、修改信用证程序中的注意事项

信用证修改（Amendment to Credit）是指对已开立的信用证中的某些条款进行修改的行为。对于信用证的修改，开证申请人或受益人都有权提出。

1. 请求修改

（1）受益人提出修改。若受益人发现信用证与合同不符需要修改，则必须及时向开证申请人提出，只有开证申请人有权决定是否接受修改信用证这一请求。提出方式通常采用传真或邮件的形式。常见文词为we find some discrepancies…please amend them to read或please amend the L/C as follows等。此外，对信用证的修改要求，出口商应尽可能一次提出，避免多次修改信用证的情况。

（2）开证申请人主动修改。开证申请人也可就信用证相关条款请开证行做出修改，但修改是否生效取决于各有关当事人的态度，只有受益人有权决定是否接受信用证修改。如果是这种情况，就没有请求修改的环节。

2. 申请修改

开证申请人接到要求修改信用证的信函，应及时到开证行办理改证手续，向开证行发出修改信用证的指示。

3. 履行修改

开证行审核同意后，接受申请人的修改申请，并以加押电传或 SWIFT 方式向信用证原通知行发出修改通知。自发出修改通知之时起，开证行就不可撤销地受该修改的约束。对保兑信用证而言，保兑行可选择是否将其保兑扩展至修改，若保兑行选择仅将修改通知受益人而不加保兑，必须毫不迟延地告知开证行和受益人。

4. 通知修改

如果开证行利用通知行的服务将原信用证通知受益人，则它仍需利用同一银行的服务通知修改书。通知行收到修改书后，先鉴别其真实性，再通知原受益人。除非电传或 SWIFT 电文中有其他规定，电讯通知修改应被视作有效的修改文件。

信用证修改须以银行正式通知为准。开证行发出的信用证修改书中应注明本次修改的次数。信用证是银行开出的，其修改也应由银行通知、做出。在实际业务中，受益人千万不可仅凭开证申请人的改证声明就想当然地以为信用证已经修改。通过开证申请人直接寄送的修改申请书或修改书复印件不是有效的修改。

5. 修改生效

UCP600 第十条规定：除第三十八条另有规定外，凡未经开证行、保兑行（如有）以及受益人同意，信用证既不能修改也不能撤销。

受益人收到修改书通知后，应及时审查信用证修改通知的内容，看其是否与自己提出的修改要求一致。如果不一致，受益人可以拒绝并要求开证申请人继续修改。

受益人接受或拒绝修改的方式有两种：一是在收到修改书后立即做出接受或拒绝接受修改通知。二是用交单表示，即受益人所交单据与修改书的内容相符，则认为其接受了该修改；反之，则视为其不接受该修改。沉默不等于接受。

UCP600 第十条 f 款规定，修改书中做出的除非受益人在某一时间内拒绝接受修改，否则修改将开始生效的条款将被不予理会。因此，修改是否生效取决于受益人的接受或拒绝。需要注意的是，按惯例，出口商对信用证修改通知只能全部拒绝或接受，而不能部分接受或拒绝。

如果是保兑信用证，保兑行可将其保兑承诺扩展至修改内容，且自其通知该修改之时起，即不可撤销地受到该修改的约束。然而，保兑行可选择仅将修改通知受益人而不对其加具保兑，但必须不延误地将此情况通知开证行和受益人。

如果是可转让信用证，UCP600 第三十八条 e 款规定，任何有关转让的申请必须指明是否允许，以及在何种条件下可以将修改通知第二受益人。转让信用证必须明确指明这些条件。UCP600 第三十八条 f 款规定，如果信用证被转让给一个以上的第二受益人，其中一个或多个第二受益人拒绝接受某个信用证修改并不影响其他第二受益人接受修改。对接受修改的第二受益人而言，该转让信用证已被相应修改；而对拒绝接受修改的第二受益人而言，该转让信用证未被修改。

6. 修改费用

信用证的修改费用通常要视具体情形收取。如果信用证修改是由开证行开证时失误引起的，开证行承担改证费；如果修改是受益人提出的，由受益人与进口商协商；如果信用证修改是因为开证申请人在申请开证时未按照合同填写开证申请书而导致的改证费，由开证申请人承担，即一般按照责任归属来确定修改费用由谁承担。

任务实施

1. 查阅资料，绘制信用证修改流程图。

2. 试着分析以下案例。

（1）根据以下条款，是否需要申请修改信用证？为什么？

SHIPMENT DATE：NO LATER THAN 2017-10-01

DATE AND PLACE OF EXPIRY：2017-10-21 SHENZHEN, CHINA

PERIOD FOR PRESENTATION：NO MENTION

（2）你在审查信用证时，发现信用证上开证申请人的地址（不是公司名称）中"JIEFANG ROAD"被拼写为"JIEFAN ROAD"。请问这个错误是否一定要修改？如果不修改你在后续制单时应该如何处理？

（3）信用证上出现的总价是 USD3.65855，而合同上的总价是 USD3658.55，你向王经理提出修改，王经理说不用修改，请问他在信用证上看到哪句话确定这个不符点可以不用修改？

（4）原 L/C 的数量和金额分别为 30000PCS 和 USD30000.00，现在受益人收到开证行的信用证修改，增加数量 10000PCS、金额 USD10000.00，如果受益人按数量和金额分别为 30000PCS 和 USD30000.00 进行制单、交单，开证行能否拒付？为什么？

3. 深圳美丽饰品有限公司 2023 年 4 月 15 日与西班牙 KBLOP 公司签订销售合同，4 月 23 日从中国农业银行深圳分行拿到客户通过 CAJA DE AHORROS YM.P. DE NAVARRA 银行开来的信用证，同时客户电汇的 10%预付款也已到账。请为美丽公司撰写信用证修改申请邮件。

信用证

MT S700	ISSUE OF A DOCUMENTARY CREDIT
APPLICATION HEADER	* CAJA DE AHORROS YM.P. DE NAVARRA
	* PAMPLONA
SEQUENCE OF TOTAL	*27: 1/1
FORM OF DOC. CREDIT	*40A: IRREVOCABLE
DOC. CREDIT NUMBER	*20: 046CDI577402456
DATE OF ISSUE	31C: 230420
APPLICABLE RULES	*40E: UCP LATEST VERSION
EXPIRY	*31D: DATE 230530 PLACE AT NEGOTIATING BANK
APPLICANT	*50: KBLOP INC 860
	ADVA COSEP TARRADELLAS
	00156 BARCELONA
	SPAIN
BENEFICIARY	*59: MEILI DECORATION CO., LTD.
	5001 BAO'AN AVENUE, BAO'AN DISTRICT,
	SHENZHEN CHINA
AMOUNT	*32B: CURRENCY GBP AMOUNT 130536.00

AVAILABLE WITH/BY	*41D: ANY BANK
	BY NEGOTIATION
DRAFT AT…	42C: AT 30 DAYS AFTER SIGHT FOR 80 PERCENT OF INVOICE VALUE
DRAWEE	*42A: * CAJA DE AHORROS YM.P. DE NAVARRA
	* PAMPLONA
PARTIAL SHIPMENT	43P: NOT ALLOWED
TRANSSHIPMENT	43T: NOT ALLOWED
PORT OF LOADING	44E: NINGBO PORT, CHINA
PORT OF DISCHARGE	44F: BARCELONA PORT, SPAIN
LATEST DATE OF SHIP.	44C: 230510
DESCRIPT. OF GOODS	45A:

LADIES' HEADWEAR
ART. NO. HW001   8500PCS   USD6.25/PC
ART. NO. HW002   9000PCS   USD6.35/PC
CIF BARCELONA PORT

DOCUMENTS REQUIRED   46A:

+ SIGNED AND STAMPED COMMERCIAL INVOICE IN 2 FOLDS

+SIGNED PACKING LIST IN 2 FOLDS

+FULL SET OF ORIGINAL CLEAN ON BOARD MARINE BILL OF LADING MADE OUT TO THE ORDER OF CAJA DE AHORROS YM.P. DE NAVARRA AND BLANK ENDORSED, MARKED FREIGHT PREPAID AND NOTIFY APPLICANT.

+INSURANCE POLICY OR CERTIFICATE ISSUED FOR 110 PCT OF INVOICE VALUE, MADE OUT TO THE ORDER OF CAJA DE AHORROS YM.P. DE NAVARRA COVERING "FPA", "FROM WAREHOUSE TO WAREHOUSE", AND STATING "CLAIMS, IF ANY, PAYABLE IN SPAIN", IN 1 ORIGINAL AND 1 COPY.

+ORIGINAL CERTIFICATE OF ORIGIN(GSP) FORM A ISSUED BY CIQ.

+BENEFICIARY'S CERTIFICATE CERTIFYING THAT 1 COMMERCIAL INVOICE, 1 PACKING LIST, 1 WEIGHT CERTIFICATE AND 1 NON NEGOTIABLE COPY OF B/L HAVE BEEN FORWARDED TO APPLICANT WITHIN 48 HOURS AFTER SHIPMENT.

ADDITIONAL COND.   47A:

+A HANDLING CHARGE OF USD 90 WILL BE DEDUCTED FROM THE PROCEEDS OF EACH SET OF DOCUMENTS WITH DISCREPANCIES.

DETAILS OF CHARGES 71B: ALL BANKING CHARGES AND COMMISSIONS OUTSIDE ISSUING BANK INCLUDING REIMBURSEMENT CHARGES ARE FOR BENEFICIARY'S ACCOUNT.

PRESENTATION PERIOD	48:	21 DAYS AFTER SHIPMEN DATE BUT WITHIN LC VALIDITY
CONFIRMATION	*49:	WITHOUT
INSTRUCTION	78:	REIMBURSEMENT: AT MATURITY DATE AND AFTER RECEIPT OF DOCUMENTS IN STRICT COMPLIANCE WITH L/C TERMS, WE WILL CREDIT AS PER THE NEGOTIATING BANK'S INSTRUCTIONS. DOCUMENTS TO BE SENT TO CAJA DE AHORROS Y M.P. DE NAVARRA, LETTER OF CREDIT PROCESSING AGENT, 3/F CITYPLAZA FOUR, 14 TAIKOO WAN ROAD, PAMPLONA IN ONE LOT BY COURIER MAIL.
"ADVISE THROUGH"	57A:	ABOCCNBJ410 * AGRICULTURAL BANK OF CHINA * SHENZHEN *（SHENZHEN BRANCH）

美丽饰品有限公司

MEILI DECORATION CO., LTD.

5001 BAO'AN AVENUE, BAO'AN DISTRICT, SHENZHEN CHINA

TEL：0086-0755-1122332　FAX：0086-0755-1122331

售货合约

SALES CONTRACT

合约编码：
S/C NO. S024562

日　期：
DATE： APR. 15, 2023

买　方：
BUYERS： KBLOP INC 860

地　址：　　　　　　　　　　　　　　　　　　　　　　电传/传真：
ADDRESS: ADVA COSEP TARRADELLAS 00243 BARCELONA SPAIN TELEX/FAX: 0034-93-4320970

买卖双方同意按下列条款由买方购进卖方售出下列产品：
THE BUYERS AGREE TO BUY AND THE SELLERS AGREE TO SELL THE FOLLOWING GOODS ON TERMS AND CONDITIONS STATED BELOW：

（1）商品名称及规格 Name of Commodity and Specification	（2）数量 Quantity	（3）单价 Unit Price	（4）金额 Amount
LADIES' HEADWEAR ART.NO.HW001 ART.NO.HW002	8500PCS 9000PCS	CIF BARCELONA	USD53125.00 USD57150.00
（5）总额 TOTAL	17500PCS	USD6.25/PC USD6.35/PC	USD110275.00

（6）包装：

PACKING：IN CARTONS

（7）装运期：

TIME OF SHIPMENT：NOT LATER THAN MAY 19, 2023

（8）装运口岸：

PORT OF SHIPMENT：GUANGZHOU, CHINA

（9）目的港：

PORT OF DESTINATION：BARCELONA, SPAIN

WITH PARTIAL SHIPMENT AND TRANSSHIPMENT NOT ALLOWED.

（10）支付方式：

TERMS OF PAYMENT：10% OF THE AMOUNT ADVANCED PAYMENT BY T/T, THE BALANCE BY L/C AT 30 DAYS AFTER SIGHT

（11）保险：

INSURANCE：FPA

卖方：	买方：
THE SELLER：	THE BUYER：
MEILI DECORATION CO., LTD.	KBLOP INC 860
李锋	ZAMEE

请根据销售合同，审核信用证，如有不符点，请邮件买方申请修改。（英文邮件）

4. 请审核以下信用证，指出不符之处并发邮件请对方修改。（提示：共11个不符点）

资料一：合同

SALES CONTRACT

TEL：+86 755 86243800　　　　　　　　　　　　　　　NO.：SZ08039

FAX：+86 755 86243801　　　　　　　　　　　　　　　DATE：JAN. 3, 2023

THE SELLER：

SHENZHEN HELI IMPORT & EXPORT CO., LTD.

ROOM 301, NO. 100 BUXIN ROAD, SHENZHEN, CHINA

THE BUYER：

GOTCHAL PROMOTIONAL SUPPORT

EHU EUNTZION HANESTER 24189 KOELN GERMANY

WE CONFIRM HAVING SOLD YOU THE FOLLOWING GOODS ON TERMS AND CONDITIONS SPECIFIED AS BELOW：

MARKS & NO	COMMODITY & SPECIFICATION	QUANTITY (PCS)	UNIT PRICE (USD)	AMOUNT (USD)
EHU KOELN NOS.1—266	SAFETY VEST		FOB SHENZHEN	
	K34290	48000	$0.3000	$14400.00
	K34292	58400	$0.3500	$20440.00
	TOTAL	106400		$34840.00

5% MORE OR LESS IN QUANTITY AND AMOUNT ARE ALLOWED

PACKING: 1 PC/POLYBAG, 400PCS/CTN

TIME OF SHIPMENT: DURING MAR. 2023 BY SEA

PORT OF DESTINATION: KOELN

PARTIAL SHIPMENT AND TRANSSHIPMENT: NOT ALLOWED

INSURANCE: TO BE EFFECTED BY THE BUYER

TERMS OF PAYMENT: 20% OF THE CONTRACT VALUE BY T/T, THE REMAIN BY AN IRREVOCABLE SIGHT LETTER OF CREDIT. TO REACH THE SELLER 30 DAYS BEFORE THE MONTH OF SHIPMENT AND TO REMAIN VALID FOR NEGOTIATION IN CHINA UNTIL THE 15th DAY AFTER THE FORESAID TIME OF SHIPMENT.

资料二：信用证

ISSUE OF DOCUMENTARY CREDIT

27:　　SEQUENCE OF TOTAL

1/1

40A:　　FORM OF DOC. CREDIT

IRREVOCABLE

20:　　DOC.CREDIT NUMBER

103CF107273

31C:　　DATE OF ISSUE

230215

40E:　　APPLICABLE RULES

UCP LATEST VERSION

31D:　　DATE AND PLACE OF EXPIRY

DATE 230405 PLACE IN GERMANY

51D:　　APPLICANT BANK

COMMERBANK, KOELN GERMANY

　　　　28660 BOADILLA DEL KOELN GERMANY

50:　　APPLICANT

GOTCHAL PROMOTIONAL SUPPORT

EHU ENUTZLON HANESTER 24189 KOELN GERMANY

59:　　BENEFICIARY

SHENZHEN HELI IMPORT & EXPORT CO., LTD.

　　　　ROOM 301, NO. 100 BUXIN ROAD, SHENZHEN, CHINA

32B:　　AMOUNT

CURRENCY USD AMOUNT 34840.00

41A:　　AVAILABLE WITH…BY

ANY BANK IN GERMANY BY NEGOTIATION
42C: DRAFTS AT
30 DAYS AFTER SIGHT
42A: DRAWEE
GOTCHAL PROMOTIONAL SUPPORT
43P: PARTIAL SHIPMENTS
ALLOWED
43T: TRANSSHIPMENT
ALLOWED
44E: PORT OF LOADING
ANY CHINESE PORT
44F: PORT OF DISCHARGE
KOELN, SPAIN
44C: LATEST DATE OF SHIPMENT
090301
45A: DESCRIPTION OF GOODS
  GOODS AS PER S/C NO.TN08036 DATED ON JAN. 3, 2023
  SAFETY VEST K34290/48000 PCS AT USD0.30/PC FOB HEFEI
  SAFETY VEST K34292/58000PCS AT USD0.35/PC FOB HEFEI
  PACKING: 400PCS/CTN
46A: DOCUMENTS REQUIRED
  +SIGNED COMMERCIAL INVOICE IN 3 COPIES IN THE NAME OF BENEFICIARY.
  +CERTIFICATE OF ORIGIN GSP FORM A ISSUED BY CCPIT
  +PACKING LIST IN 3 COPIES
  +FULL SET CLEAN ON BOARD BILLS OF LADING MADE OUT TO ORDER MARKED "FREICHT PREPAID" AND NOTIFY APPLICANT
  +INSURANCE POLICY/CERTIFICATE IN DUPLICATE ENDORSED IN BLANK FOR 110% INVOICE VALUE COVERINC ALL RISKS AND WAR RISK AS PER CIC.
47A: ADDITIONAL CONDITIONS
  BILL OF LADING ONLY ACCEPTABLE IF ISSUED BY ONE OF THE FOLLOWING SHIPPING COMPANIES: KUEHNE—NAGEL (BLUE ANCHOR LINE) VILTRANS (CHINA) INTL FORWARDING LTD. OR VILTRANS SHIPPING (HK) CO., LTD.
71B: CHARGES
ALL CHARGES ARE TO BE BORN BY BENEFICIARY
PERIOD FOR PRESENTATION
WITHIN 5 DAYS AFTER THE DATE OF SHIPMENT, BUT WITHIN THE VALIDITY OF THIS CREDIT
49: CONFIRMATION INSTRUCTION: WITHOUT

强化训练

1. 深圳 HL 公司李林经过审核信用证，发现了不符点，现请你以李林的身份，发邮件给美国 Fashion 公司，要求修改信用证。

2. 美国 Fashion 公司 Mike 收到李林改证来信。现请你以 Mike 的身份，向美国纽约银行申请修改信用证。

APPLICATION FOR AMENDMENT

TO DOCUMENTARY CREDIT

NO.

To：

Credit No.	No. of Amendment
Applicant	Advising Bank
Beneficiary （before this Amendment）	Currency and Amount （in figures & words）

The above-mentioned Credit is amended as follows（See box marked with "×"）：
□ The latest shipment date extended to＿＿＿＿／＿＿＿＿／＿＿＿＿（YY/MM/DD）
□ Expiry date extended to＿＿＿＿／＿＿＿＿／＿＿＿＿（YY/MM/DD）
□ Amount □ increased/ □ decreased by＿＿＿＿ to＿＿＿＿
□ Other terms or see attachment（s）：

□ Banking charges are for account of Beneficiary；□ Banking charges are for account of Applicant

All other terms and conditions remain unchanged.

□ The required deposit for the increased amount in this modification is ＿＿＿ % of the increased amount, currency and amount （in figures & words）＿＿＿＿＿＿＿＿＿＿＿＿＿＿＿＿, the remaining additional amounts, apply for exemption of the deposit.

□ The amendment is subject to＿＿＿＿＿＿＿＿ □Contract of Issuing L/C /□Contract of Limits for Issuing L/C.

The applicant and guarantor declare: Your bank has lawfully reminded us of the relevant provisions of this application letter and the commitment letter on the back（especially the boldface clauses）, and has explained the concept, content, and legal effect of the relevant provisions at our request. We are aware of and understand the above provisions.

The guarantor agrees to continue the guarantee Guarantor（Stamp） Signature of authorized person （Date）	Applicant （Stamp） Signature of authorized person （Date）

3. 纽约银行根据申请人的申请，修改信用证，并通过通知行转交深圳 HL 公司。

学习项目四
缮制发票

学习目标

知识目标

1. 了解发票的种类。
2. 理解商业发票、海关发票的含义、作用和内容。
3. 熟悉不同国家对商业发票的不同规定,了解 UCP600 及相关国际贸易惯例中对商业发票的要求与规定。
4. 掌握商业发票、海关发票的填制方法与缮制注意事项。

能力目标

1. 能缮制商业发票。
2. 能缮制海关发票。

素养目标

具备专业素养,能以专业的视角洞悉进口国对发票的具体要求和详细规定,提供正确的、符合要求的发票,以供进、出口顺利通关。

建议学时

学习项目四建议 9 学时。

工作情景描述

经过与美国 Fashion 公司的协商修改,深圳 HL 公司的李林收到了符合要求的信用证修改书。现在,李林开始着手准备单证、资料,安排出口事宜。首先就是发票。李林应该准备什么类型的发票?又该如何准备呢?

学习任务与活动

学习任务一　发票认知
学习任务二　商业发票的识读与制作
学习任务三　海关发票的识读与制作

学习任务一 发票认知

学习目标

知识目标

1. 理解商业发票和海关发票的概念。
2. 了解形式发票、领事发票、厂商发票、样品发票和增值税发票。

能力目标

掌握国际贸易中发票的使用,以提高工作效率和准确性。

建议学时

学习任务一建议1学时。

相关知识点

发票(Invoice)是买卖中最常用的单据,它主要是卖方开具给买方(在信用证支付方式下,由受益人开立给开证申请人),用以证明货物(或服务)买卖并且凭以收付货物(或服务)款项的凭证。

进出口实际业务中,商业发票使用最多,必要时还会涉及海关发票、形式发票、领事发票、厂商发票等。

一、商业发票

商业发票(Commercial Invoice)简称发票,是卖方向买方开立的,凭以向买方收取货款的发货价目清单,是装运货物的总说明,是买卖双方交接货物和结算货款的凭证。

商业发票

二、海关发票

海关发票(Customs Invoice)是出口商应进口国海关要求出具的一种单据,其基本内容与普通的商业发票类似,其格式一般由进口国海关统一制定并提供,主要是用于进口国海关统计、核实原产地、查核进口商品价格的构成等。

美国海关发票

三、形式发票

1. 定义

形式发票（Proforma Invoice）是卖方在买卖合同签署以后、正式履行之前，应买方的要求开具给买方，用以补充或修改某些合同内容的一种单据。形式发票本来是卖方在推销货物时，为了供买方估计进口成本，假定交易已经成立所签发的一种发票。实际上，并没有发出货物的事实，正因为如此，在日本这种发票也被称为"试算发票"。

形式发票

"proforma"是拉丁文，意思是"纯为形式的"，从字面上理解是纯为形式的、无实际意义的发票。形式发票在格式和内容上都非常接近商业发票，但它不是一种正式发票，不能用于托收和议付，仅作说明或证明之用。形式发票所列的单价等内容对双方都无最终约束力，正式成交还要另外缮制商业发票。

2. 作用

形式发票的作用归纳如下：

（1）作为数量化的报价。一些企业直接将形式发票作为报价单，发给客户，推销产品。

（2）作为销售确认。在实际业务中，一般小额贸易国外客户是很少签正式出口合同的，形式发票往往起着约定合同基本内容以实现交易的作用，所以有必要的话要将可能产生分歧的条款一一详列清楚，要买方签回确认条款，以后真正执行合同时便可有据可依。

（3）买方可以凭形式发票申请办理输入许可、外汇许可和开立信用证。如果是形式发票被利用来做信用证，信用证上的条款便应与形式发票上的条款一致。

四、领事发票

1. 定义

领事发票（Consular Invoice）是由进口国驻出口国的领事出具的一种特别印就的发票，是出口商根据进口国驻在出口地领事所提供的特定格式填制，并经领事签证的发票。这种发票证明出口货物的详细情况，为进口国用于防止外国商品的低价倾销，同时可用作进口税计算的依据，有助于货物顺利通过进口国海关。

领事发票

对于领事发票各国有不同的规定，如允许出口商在商业发票上由进口国驻出口地的领事签证，即领事签证发票（Consular Legalized Invoice）。

出具领事发票时，领事馆一般要根据进口货物价值收取一定费用。这种发票主要为拉美国家所采用。

如果进口国在出口地没有设立领事馆，出口商则无法提供此项单据，这样只能要求开证人取消信用证所规定的领事发票或领事签证发票的条款，或者要求开证人同意接受由出口地商会签证的发票。

2. 作用

领事发票的作用有：

（1）作为征税的依据。
（2）审核有无低价倾销情况。
（3）证明出口商所填写的货物名称与数量价格等是否确实。
（4）增加领事馆的收入（因为签证时领事馆要收取签证费）。

五、厂商发票

1. 定义

厂商发票（Manufacturer's Invoice）是由出口货物的制造厂商所出具的以本国货币为计价单位、用来证明出口国国内市场出厂价格的发票。其目的是供进口国海关估价、核税以及征反倾销税之用。如果国外来证有此要求，应参照海关发票有关国内价格的填制办法处理。

2. 制作要求

厂商发票的基本制作要求如下：
（1）在单据上部印有醒目粗体字"厂商发票"（MANUFACTURER INVOICE）字样。
（2）抬头人打出口商。
（3）出票日期应早于商业发票日期。
（4）货物名称、规格、数量、件数必须与商业发票一致。
（5）货币应打出口国币制，价格的填制可按发票价适当打个折扣，例如按FOB价打九折或八五折。
（6）货物出厂时，一般无出口装运标记，厂商发票不必缮打唛头，如来证有明确规定，则厂商发票也应打上唛头。
（7）厂方作为出单人，由厂方负责人签字盖章。

六、样品发票

样品发票（Sample Invoice）又称小发票，是卖方向买方寄样时出具的清单，供进口报关时使用。样品发票不同于商业发票，只是便于客户了解商品的价值、费用等，便于向市场推销，便于报关取样。在发送样品时一定要谨慎处理，防止延误或者被海关罚款，这非常重要。如果样品没有附上正确的单据，可能导致"走私"指控，并被处以严重的罚款（比如1000美元以上）。此外，海关可能会毁掉样品，推迟清关，增加进口商的成本和延误销售。因此发每一票货的时候务必要把所有需要的样品单据备齐，不管其为何种类型的样品，必须要拥有通过海关检查所需的正确单据。

七、增值税专用发票

增值税专用发票是由国家税务总局监制设计印制的，只限于增值税一般纳税人领购使用。它既可作为纳税人反映经济活动中的重要会计凭证，又是兼记销货方纳税义务和购货方进项税额的合法证明。它是增值税计算和管理中重要的决定性的合法的专用发票。

增值税专用发票

增值税专用发票与普通发票不同，不仅具有商事凭证的作用，由于实行凭发票注明税款扣税，购货方要向销货方支付增值税。它具有完税凭证的作用。更重要的是，增值税专用发票将一个产品的最初生产到最终消费之间各环节联系起来，保持了税赋的完整，体现了增值税的作用。

八、信用证常见其他发票

1. 详细发票

若 L/C 规定"DETAILED INVOICE"，则如果发票内印有"INVOICE"字样，前面须加"DETAILED"，发票内容应将货物名称、规格、数量、单价、价格条件、总值等详细列出。

2. 证实发票

证实发票是证明所载内容真实、正确的一种发票，证实的内容视进口商的要求而定。如：发票内容真实无误、货物的产地真实、商品品质与合同相符、价格正确等。如果 L/C 规定"CERTIFIED INVOICE"，发票名称应照打，同时划去发票下通常印就的"E.&.O.E."（Error and Omissions Excepted，译为"有错当查"，指发票签发人事先声明，一旦发票有误，可以更正。因此与发票内容真实与正确等的证明文句相矛盾）字样，通常在发票内注明"& CORRECT"。

有些国家对证实发票有一定的格式要求，作为货物进口清关课以较低关税或免税的证明。有些地区的进口商凭证实发票代替海关发票办理清关或取得关税优惠。有些进口商凭证实发票证明佣金未包括在货价内，借以索取价外报酬。

如果 L/C 规定"VISAED INVOIE"（签证发票），并指定签证人，则需由签证人在发票上盖章签字作签证，并加注证明文句，若证中未指定签证人，则以出口国商会作为签证人，其余与证实发票相同。

3. 收妥发票

收妥发票，或称钱货两讫发票。若 L/C 规定"RECEIPT INVOICE"，则照打名称，并在发票结文签字处加注货款已收讫条款：VALUE/PAYMENT RECEIVED UNDER CREDIT NO.×××ISSUED BY×××BANK。在即期付款信用证下多采用这种发票，其目的是以商业发票代替货款收据，而不需再开立汇票。因汇票在有些国家需贴印花税票，一些进口商为免除印花税负担，也要求提供这种发票。

任务实施

1.试着说一说，个人一般消费有必要索要发票吗？为什么？

学习任务二　商业发票的识读与制作

学习目标

知识目标

1. 理解商业发票的含义和作用。
2. 掌握商业发票的内容。
3. 掌握商业发票的缮制方法。

能力目标

能制作商业发票。

建议学时

学习任务二建议 5 学时。

相关知识点

商业发票是进出口贸易中最重要的单据之一，它全面反映合同内容，虽然不是物权凭证，却是全套货运单据的中心。其他单据的制作应与发票内容保持一致。

一、商业发票概述

商业发票是一笔业务的全面反映，内容包括商品的名称、规格、价格、数量、金额、包装等，同时也是进口商办理进口报关不可缺少的文件，因此商业发票是全套出口单据的核心。在单据制作过程中，其余单据均需参照商业发票缮制。

商业发票的主要作用有：

（1）发票是卖方向买方发货的凭证，是卖方重要的履约证明文件；
（2）发票是买卖双方交接货物、结算货款和记账的凭证；
（3）在不使用汇票的情况下，可代替汇票作为付款依据；
（4）凭发票付款时，通常用以确定有关交易的细节；
（5）发票是进出口货物报检、办理产地证、许可证、报关、纳税、出口交单结汇必备的基本单证；
（6）发票可作为索赔、理赔的凭据；
（7）发票全面反映交付货物的状况，是全套出口单据的核心，是缮制其他出口单据的依据；
（8）发票还可以作为海关统计、保险索赔的价值证明，补充确定交易细节。

二、商业发票的主要内容

商业发票没有统一格式，由出口商自行缮制。虽然格式各有不同，但是，商业发票填制的项目大同小异。商业发票常见格式如表4-1所示。

表4-1 商业发票（EDI通用）

ISSUER:	COMMERCIAL INVOICE			
TO:				
	NO.:		DATE:	
TRANSPORT DETAILS:	S/C NO.:		L/C NO:	
	TERMS OF PAYMENT:			
MARKS & NOS.	DESCRIPTION & SPECIFICATION	QUANTITY	UNIT PRICE	AMOUNT
	TOTAL:			
Say Total:				
			（signature）	

三、商业发票的填制方法

缮制商业发票时，要求直观简练、正确无误、排列合理、缮打清楚、整洁美观。

1. 发票名称（Name of Invoice）

出口商出具的发票一般要标明"商业发票"（Commercial Invoice）或"发票"（Invoice）的字样。许多出口企业在制作单据时，在"商业发票"的下方填写出单人的名称与地址，且大多事先印好，无须另行填写。

在信用证方式下的发票名称应严格符合信用证的规定，不得擅自更改，应注意避免使用"联合发票"（Combined Invoice）的格式。特别是当信用证中明确提出限制性条款，如"combined documents are not acceptable"（不接受联合类文件），所有单据一律分开制单，不要采用联合发票的格式。当然，如果信用证有特殊规定的除外。比如澳大利亚进口商通常规定，出口商不必另行出具原产地证明，而是在商业发票的下端空白处注明有关内容，以便进口商通关时享有从我国进口的普惠制关税的待遇。

2. 出票人的名称和地址（Issuer/Exporter）

发票出票人的名称和地址一般为出口商的名称和地址，信用证项下填写受益人的英文名称和地址。根据 UCP600 第十四条的规定：当受益人和申请人的地址出现在任何规定的单据中，该地址不必与信用证或任何其他规定的单据所表明的地址相同，但必须与信用证提及的相应地址处于同一国家。作为受益人和申请人的部分内容的联系项目（电传、电话、电子邮件及类似项目）将不予理会。

3. 发票的收货人（抬头人）名称与地址（To）

发票的收货人就是抬头人或受票人。在信用证业务中，按 UCP600 第十八条（a）款规定，商业发票必须做成以开证申请人的名称为抬头。但在信用证被转让的情况下，依 UCP 600 第三十八条的规定，允许用第一受益人的名称代替原信用证申请人的名称。当采托收方式时，除非合同另有规定，商业发票的抬头应填写进口商或收货人的名称和地址。

表示抬头人的常用语有以下几种：

At the request and on the instruction of ×××（name and address of the applicant），We hereby issue Credit No.….

By order and for account of ×××（name and address of applicant），We hereby issue Credit ….

信用证中常见特殊发票抬头的填制方法如表 4-2 所示。

表 4-2 发票抬头的填制方法

面临的情况	信用证条款举例	发票抬头的填制技巧
信用证的申请人是中间商，并非真正买主	ALL DOCUMENTS INCLUDING INVOICE MUST BE IN THE NAME OF DEEP 2ST.S.D P.O. BOX 101 LAS PALMAS CANARY ISLANDS	照填： DEEP 2ST.S.D P.O. BOX 101 LAS PALMAS CANARY ISLANDS
银行代替某公司申请开证（如转开），表明公司	APPLICANT: THE BANK OF TOKYO LTD., TOKYO A/C EFG CO., LTD. TOKYO	填公司名： EFG CO., LTD. TOKYO
银行代替某公司申请开证（如转开），但没有表明公司	APPLICANT: THE BANK OF TOKYO LTD., TOKYO	填银行名： THE BANK OF TOKYO LTD., TOKYO
开证申请人是两家公司	APPLICANT: ABC LTD., TOKYO ACCOUNT OF EFG CO., LTD. TOKYO	前一个是中间商，后一个是实际买主。照填： ABC LTD., TOKYO ACCOUNT OF EFG CO., LTD. TOKYO
银行代替某公司申请开证，同时另有规定	规定：AT REQUEST OF XYZ BANK 同时规定：BY ORDER OF ABC CO., LTD FOR ACCOUNT OF DEF CO., LTD.	不填银行名，只填： ABC CO., LTD FOR ACCOUNT OF DEF CO., LTD.
明确规定了开证申请人，同时规定以某公司（通常是收货人）为抬头	（1）APPLICANT: HIJ CO., LTD., TOKYO （2）INVOICE TO BE MADE OUT IN THE NAME OF KLM CO., LTD. TOKYO	只填后者： KLM CO., LTD. TOKYO
明确规定了开证申请人，同时规定发票抬头应注明某公司代另一个公司	（1）APPLICANT: HIJ CO., LTD., TOKYO （2）INVOICE TO BE MADE OUT IN THE NAME OF KLM CO., LTD. TOKYO ON BEHALF OF ACCC CO., LTD. TOKYO	照填： KLM CO., LTD. TOKYO ON BEHALF OF ACCC CO., LTD. TOKYO

在其他支付方式下的商业发票抬头人填写应注意以下问题：预付货款方式商业发票上的收货人一般应与银行汇款通知单上的汇款人一致；跟单托收业务发票上的收货人应根据合同所列买方或指定名称缮制。

4. 运输信息（Transport Details）

运输信息主要包括运输路线和方式，如 from XINGANG, TIANJIN to DUBAN, S.A.by sea。在信用证方式下，要与信用证的运输条款表达一致，如起运地和目的地（from…to…）必须按信用证的规定填写，并与提单保持一致。在填写时应注意以下问题：重名的目的港/地，后面要加打国名，比如维多利亚港（Victoria），加拿大、巴西、几内亚和喀麦隆都有同名的港口，后面要加注所在国的国家名称；除大陆桥或小陆桥运输外，海运目的地一般应为港口。如果信用证规定的价格条件为 CFR ×××港，又要求发票表明转运内陆某地，可在发票目的地之后，加"in transit to…"。

5. 相关文件及号码

（1）发票号码和日期（invoice No. and date）。发票号码由出口公司根据实际情况自行编制。日期一般是缮制日期，如果是信用证业务，要注意按 UCP600 第十四条的规定，发票的签发日期可早于信用证的开证日期，但不能晚于其提示日期。另外，发票的签发日期不应迟于提单的签发日期和信用证的有效期限（expiry date）。

（2）合同号码（和日期）（S/C No.）。发票中照实填写即可。

（3）信用证号码（L/C No.）。在采用信用证结算方式时，应如实填写信用证号码。如果信用证没有要求在发票上标明信用证号码，此项可以不填。但是，在付款信用证不要求出具汇票的情况下，发票一定要注明信用证号码，此时发票作为付款的依据，具有代替汇票的作用。

（4）付款方式（terms of payment）。填写合同的具体支付方式，如 L/C、T/T、D/P 等。

6. 运输标志和件号（Marks and Numbers）

运输标志（即唛头）是为了识别货物而制作在货物外包装上的运输标志，以便承运人和收货人识别货物。

一般合同中常会说明唛头应由谁来规定（for seller's/buyer's option），而不是确定具体的唛头；如果合同规定了唛头，发票中直接按照合同要求填写；如果是信用证中规定了唛头，则按信用证规定缮制。属于散装货物的，则在此栏打上"N/M"（no marks）字样；如果唛头过多，可以增加附页，在发票上注明"SEE/AS PER ATTACHED SHEET"或采用组唛、混唛形式。总之，卖方要特别注意唛头的规定——如果不是由自己决定，需要提前与买方沟通并及时获得唛头，以便制单。

另外，应核对发票中的唛头与提单、保险单、包装单上的唛头，确保各种单据上的唛头一致。

7. 件数、包装种类及货物的描述（Number and Kind of package, Description of goods）

（1）货物描述（Description of Goods）。

货物描述简称货描。与其他单据作比较，发票中对货物的描述一般会更为全面和详细。货描必须与合同或 L/C 相符，不能有遗漏和改动。注意事项如下：

①如果来证列明货物较多，又冠有统称，制单时在具体品名上面应照来证填制统称。

②如果来证规定多种货名,如"STONEWARE/PORCELAIN WARE/KITCH WARE",制单应根据实际发货情况标注,不能盲目照抄。

③如果来证关于货物的描述用法文或德文等多种语种,制单时应照打,必要时后可加括号用英文注释。

④对来证没有规定的内容,发票应尽量少做说明,如果 L/C 未规定详细品质与规格,必要时可按合同加注一些说明,但不能与 L/C 抵触。尽管合同要求和实际货物都是残次品或等外品,但 L/C 中未做规定,则发票不应对货物等级给予详细说明,否则易遭拒付,此时最好注明"OTHER DETAILS ARE AS PER CONTRACTNO. ×××"代替其他描述。

⑤有些 L/C 中规定商品的品质机动幅度。例如,出口鱼粉,规定"PROTEIN:55%~65%",则发票应按此规定范围注明蛋白质含量。若此范围是对卖方装运货物的标准限度,如出口煤炭,发热量可规定为每千克 6800 千卡以上,而实际出口货物可能为每千克 7000 千卡以上,此时应按检验证书的实际检测结果在发票上如实反映。

⑥如信用证在货名之后注有"AS PER CONTRACT NO. ×××""AS PER ORDER NO. ×××""AS PER PROFORMA INVOICE NO. ×××""AS PER SAMPLE"等有发货依据的字样,发票中应照抄或有所体现,如"ALL OTHER DETAILS AS PEI CONTRACT NO. ×××"。

(2)包装件数(Number and Kind of package)。

应按实际装运情况和 L/C 有关规定填写,并注明包装件数的合计数。如有两种以上包装单位,发票应全部给予注明,并以"PACKAGE"为单位注明合计数;如以托盘装运,发票应注明包装数量及托盘数量,两者缺一不可;如交易货物为散装货,可注明"IN BULK"字样,也可不注;如采用"坚固木箱装",不应只打"木箱装";采用"适合海运的纸箱装",不应只打"纸箱装";凡以重量计量或计价的,应详细注明毛、净重;若有装箱单或重量单,发票上可不再反映包装件数和重量,如要反映,注明包装件数及总重量即可。

8. 数量(Quantity)

数量应与实际装运货物相符,同时符合信用证的要求,如信用证没有详细的规定,必要时可按合同注明货物数量,但不能与来证内容相抵触。注意事项如下:

(1)数量的填制应该反映货物的实际装运数量。有时因受客观条件的制约,如装船时因舱容不够或集装箱容量有限而少装一部分货物,或为充分占用空间或舱位而适当增加货量,均可造成实际发运量与预计发运数的出入。制单时,务必注意单货一致。

(2)当货物有不同的品种或类别时,应注明每一品种或类别的货量。

(3)对按公量计价的货物,应算出并标明公量。

(4)对按重量计价的货物,如合同规定了水分含量等指标,货物的计价重量应以此为标准进行调整,并在发票上——说明。如出口煤炭 300 公吨,合同规定的水分含量标准为 10%,允许+5%,实际含量为 11%,则发票上可说明如下:

TOTAL SHIPPING WEIGHT:300M/T

INSPECTED ACTUAL MOISTURE:11%

OVER 1% DEDUCTED:3M/T

CALCULATED WEIGHT:297M/T

⑤有时根据信用证规定或实际业务需要,一批货物可分制几套单据,每套单据可缮制一份

或多份发票，每份发票的货量总和应等于该批货物的总货量。

⑥把握好货量的伸缩幅度。如 L/C 允许分批装运，又规定一定的增减幅度，则每批货物按相同的增减幅度掌握；如货量允许一定的增减幅度，所发货物又包含不同的品种，则每个品种应按相同的增减幅度掌握。例如，对于下列货物，当信用证中未明确规定数量增减幅度时，货量的增减幅度按如下掌握：以"把"计数的蕨菜，不能增减数量；以"吨"计数的石油，可增减数量 5%，但金额不超过信用证的总金额；以"桶"计数的石油，不能增减数量；ABOUT 1000M/T CEMENT，可增减数量 10%，但金额不超过信用证的总金额。

9. 单价和总值（Unit Price/Total Amount）

（1）单价。

完整的单价由四个部分组成：计价货币、计量单位、单位数额和贸易术语。例如：USD 25 Per M/T CIF NEWYORK。

①计价货币。根据 UCP600 第十八条 a 款的规定，发票中显示的单价和币种必须与信用证的要求一致。如果计价货币与证中规定的总值货币不一致，应先按计价货币算出货款总额，再折合成信用证规定的总值货币。

②计价单位。计价单位一般应与货物的计量单位保持一致，若遇不一致的情形（如石油以公吨计数，但按桶计价），则应先将货量折算成与计价单位相同的货量（桶）来表示，再乘以单价，得出总值。

③贸易术语。贸易术语一般在总值栏内单独列出，是发票要项之一，直接关系到交易双方的责任与风险，也是海关核定关税、统计进出口货物的依据，不可遗漏。

注意：如果信用证中只规定了笼统的港口名称，如 FOB CHINESE PORT，则发票内应根据实际打制具体港口名称，如 FOB DALIAN，对重名港口还应加注国名。如果经修改，改变了原定的起运港或目的港，但未涉及单价条件，则单价后的港口名称可不变。若这种修改引起受益人的额外支出，经与开证人交涉，可加在发票金额内连同货款一并收取。

有时合同规定 FOB 价或 CFR 价，但开证人委托受益人代办运输或保险，来证可能改为 CFR 价或 CIF 价，同时规定由此引起的额外支出可在证下或超证支取，则依 L/C 缮制发票时可同时将运费、保费与货款加在一起收取。

有时来证成交价为 CIF 价，要求分列出运费、保险费，显示 FOB 价，可按下例填写发票：

Total FOB value	$12160.00
Freight	$2128.00
Insurance	$912.00
Total CIF value	$15200.00

（2）总金额。

①总金额应为发票上列明的单价与数量的乘积。一般大、小写金额应相等。

②除非信用证另有规定，总金额不能超过信用证的总金额。

③如果来证规定，额外费用可在证下或超证支取，受益人应将这些费用与货款加在一起在发票上反映。如 L/C 规定 "Extra charge such as freight surcharges, congestion, surcharges. insurance premium, option charges if any may be drawn under this credit or in excess of credit value"，则发票总额可写成：

Proceeds	USD 15672.00
Plus freight surcharge	USD 300.00
Option charge	USD 200.00
Insurance premium	USD 450.00
Total amount	USD16622.00

④如果金额超支，除非信用证特别规定，应将超证部分减除另做托收。如来证金额为 USD 2955.00，货款为 USD 3150.00，发票应制成：

Proceeds	USD 3150.00
Less excessive value for collection	USD 195.00
Net amount	USD 2955.00

⑤当计价货币为 JPY（日元）等时，小数以下辅币应四舍五入。

（3）佣金、折扣问题。如果合同规定了佣金，发票是否扣佣，应根据信用证的规定办理，主要处理方式如下：

①汇付。合同规定佣金，但证中未含佣金额，且未提及佣金事宜，则先收后付。即发票不显示佣金，按含佣价金额制作发票，待货款收回后另行汇付佣金。

②票扣。如果信用证金额正好是减佣后的净额，但证内无扣佣规定，为保证单证一致，发票内应反映扣佣全过程。即发票开列扣佣后的净额（否则发票金额超证），列明扣佣过程；汇票开列扣佣后的净额。发票列明扣佣过程如下：

QUANTITY	UNIT PRICE	AMOUNT
1000PCS	FOB C5 TIANJIN USD100.00	USD100000.00
	LESS C5	USD5000.00
	FOB TIANJIN	USD95000.00

③贷记账单（Credit Note）或声明（Statement）。如果信用证金额正好是减佣后的净额，但规定发票不能扣除佣金，则发票开列含佣的全部金额，汇票开列扣佣后的净额，并单独出具贷记账单或声明。

④议扣。如果信用证开足全部货款，并规定在议付或结汇时扣佣，则发票不扣佣，汇票打发票金额，在交单时另行批注，提醒议付行在议付时扣佣。

⑤部分票扣、部分议扣。如果信用证已扣除一部分佣金，并规定另一部分佣金议扣。例如某笔交易的含佣率为 8%，其信用证金额是合同金额的 95%，说明进口商在申请开证时已扣 5%佣金，另外有 3%议扣字样，发票上扣 5%佣金，汇票打发票金额，在交单时另行批注，提醒议付行在议付时扣佣 3%。

⑥如信用证规定发票金额要扣除相应佣金，则要扣佣，同时计算扣佣后的净值，货款按扣佣后的净值收取。例如，"5% commission to be deducted from the invoice value"或"less 5% commission"或类似条款，且总金额为"USD100000 FOB C5 TIANJIN"时，则填写：

QUANTITY	UNIT PRICE	AMOUNT
1000PCS	FOB C5% TIANJIN USD100.00	USD100000.00
	LESS 5% COMMISSION	USD5000.00
	FOB NET VALUE	USD95000.00

（4）其他费用。例如，"The letter of credit value includes port congestion surcharges which must be shown separately on the invoices and documentary evidence issued by shipping company. The evidence must accompany the documents presented for negotiation."表明，发票金额包括港口拥挤费在内，且该费用在发票上应列明，一并向开证银行收取。如果信用证内未注明，即使合同有此约定，也不能凭信用证支取上述费用。除非国外客户同意并经银行通知在信用证内加列上述条款，否则上述增加费用应另制单据通过托收方式处理。

对于单价因规格不同而异的商品，如出口冻虾仁，必须清楚地将每种规格的数字先表达出来，每一品种的金额需累计，最后应总计发票的总金额。

10. 其他特殊条款（Special Terms）

此项是根据不同国家（地区）的要求，需要在发票上填写的声明文句或特殊条款的规定，发票上应照打或灵活反映。

（1）有些来证要求注明产地，并附价值声明，则在发票上可注："We here by certify/state/declare that（或 This is to certify that）the goods are of Chinese origin and that the value in real authentic and in conformity with our records."

（2）如要求受益人在其提交的商业发票上打上特定的证明文句。例如，"The invoice shall certify that each piece/packing unit of goods carries a stamp/label indicating the name of the country of origin in a non-detachable or non-alterable way."或"The commercial invoice must swear that the goods are of Chinese origin."加列上述文句的发票俗称"证实发票"（Certified Invoice）或"宣誓发票"（Swear Invoice）。缮制发票时，应在发票的首部注明"证实发票"（Certified Invoice）或"宣誓发票"（Swear Invoice），将发票下端的"有错当查"（E.&O.E.）字样画掉，在发票正文后面注明"We hereby certify that this invoice is in all respects correct and true both regarding to the prices and description of the goods stated therein, and only one issued by us for the good."或"We hereby swear that the contents of invoice herein are true and correct."有些国家对证实发票规定有一定的格式要求，作为货物进口清关课以较低关税或免税证明。有些地区的进口商凭证实发票代替海关发票办理清关或取得关税优惠。有些进口商凭证实发票证明佣金未包括在货价内，借以索取价外报酬。

如要求提供"收讫发票"或"钱货两讫发票"（Received Invoice/Receipt Invoice），则照打名称，并在发票结文签字处加注货款已收讫条款"Value/Payment received under credit no. ××× issued by ××× bank"。这种发票多用在即期付款信用证下，其目的是以商业发票代替货款收据，而不需再开立汇票。因汇票在有些国家需贴印花税票，一些进口商为免除印花税负担，也要求提供这种发票。

如要求提供"详细发票"（Detailed Invoice），则照打名称，并在发票中详细列明货名规格、数量和单价等内容。

如要求提供"中性发票"（Neutral Invoice），则在发票上不得出现出口人名称和出口地，并以"给相关者"（To whom it may concern）作为发票的抬头。

如要求提供 Invoice（发票）、Commercial Invoice（商业发票）、Shipping Invoice（装运发票）、Trade Invoice（贸易发票），一律按商业发票掌握，也可将发票名称印为"Invoice"。

（3）受政治、民族因素影响，有的来证要求出口商声明货物中不含以色列原料，货物或集装箱包装上不带以色列的六角星标记。对此，可做以下声明："We hereby declare that the products stated in the invoice do not contain any Israeli materials and that the goods or container are not bearing hexagon star."若来证主要受益人声明在以色列没有投资，则发票上可注："We hereby certify that our company is a state enterprise and has no relations whatsoever with Israeli."

11. 出票人签章

此栏应填制出口公司的名称、公司图章，负责人签字或盖章。图章须与其他单据相同。目前我国大多数出口公司的做法是加盖带有公司名称的手签章或按签样印制。受益人名称可用盖章或用英文打字机打出，签字可盖手章，但最好由授权人亲笔手签。

根据 UCP600 第十八条的规定，如 L/C 无特殊要求，商业发票无须签署。但当信用证要求"Signed Invoice"时，发票就需签署；而要求"Manually signed Invoice"时，该发票还必须由发票授权签字人手签，否则发票无效。如果以影印、自动或计算机处理或复写方法制作的发票，作为正本者，应在发票上注明"正本"（ORIGINAL）字样，并由出单人签字。如果发票上有证明的字句（We certify that …），此类发票必须签署。

任务实施

1. 查阅资料，回答以下问题：

（1）在信用证中出现的货物描述是 SHIRTS，信用证下提交的商业发票上对货物的描述是 BLUE SHIRTS，请问：这构成不符点吗？反之，构成不符点吗？

（2）如发票的货物描述为旧货（SECOND HAND GOODS），但信用证没有这样的描述，单证相符吗？

（3）32B：Currency code, amount：

ABOUT（APPROXIMATELY）USD 5000.00

45A：Description of goods &/or services：

ABOUT（APPROXIMATELY）10000KGS

USD 0.5/KG

请问：出口商的装货数量可以是多少？如果金额是 USD 5000.00，出口商的装货数量又可以是多少，如何实际操作？

（4）某出口商出口化工产品薄荷醇到泰国，进口商开来的信用证商品数量是 5000 KGS MENTHOL CRYSTALS，单价是 3.5USD/KGS，信用证金额是 USD18000。作为出口商，数量可以怎么装？发票金额如何填制？

2. 试一试，翻译下列信用证上对发票的相关表述：

（1）Signed commercial invoice in five fold certifying that goods are as per Contract No.12345 of Mar.11,2023 quoting L/C Number BTN/ HS NO. and showing original invoice and a copy to accompany original set of documents.

（2）Commercial Invoice in triplicate showing separately F.O.B. value, Freight charges, Insurance premium, CIF value and country of origin.

（3）Commercial Invoice in quadruplicate indicating the following.

（4）That each item is labeled "Made in China".

（5）That one set of non-negotiable shipping documents has been airmailed in advance to buyer.

（6）Signed Commercial Invoice in duplicate showing a deduction of USD200.00 being commission.

3. 根据以下资料，请完成深圳星星公司的商业发票。

小张是深圳星星公司（SHENZHEN STAR CORPORATION,163 SHENNAN ROAD）的一名单证员，公司收到日本商人购买 P75506、P75507 两款皮制票夹的信用证，现在需要小张根据信用证内容制单。有关的货物明细情况如下表：

货号	数量	单价(每只)	包装	毛重	净重	件数	尺码(每箱)
P75506	5000PCS	USD8.00	CARTON	38KGS	35KGS	50箱	65cm×40cm×36cm
P75507	5000PCS	USD8.50	CARTON	38KGS	35KGS	50箱	65cm×40cm×36cm

装运：By s.s. HUABIAO V. 75 JUN.10，2023 FROM YANTIAN TO TOKYO

包装方式：10只票夹装1个纸盒，18盒装1个出口纸箱

运输标志：HR/91AP320/HAMBURG/NO.1-100

发票号码：92WT88234

提单号码：958033477

提单日期：JUN.10，2023

合同号码：NO.91AP3210

信用证如下：

BANK OF JAPAN

IRREVOCABLE DOCUMENTARY CREDIT	CREDIT NUMBER 3-10505
ADVISING BANK BANK OF CHNAN SHENZHEN BRANCH NO.2002 JIANSHE ROAD SHENZHEN CHINA	APPLICANT MESSERS.H.RIEKE &CO.LEDERWA RENFABRIK D-4905 SPENGE/WESTF.
BENEFICIARY SHENZHEN STAR CORP. 163 SHENNAN ROAD SHENZHENCHINA	AMOUNT USD82500.00（UNITED STATES DOLLAS EIGHTY TWO THOUSAND AND FIVE HUNDRED ONLY）
EXPIRY DATE：JUNE 30,2023　AT THE COUNTRY OF：ADVISING BANK	

WE HEREBY ISSUE IN YOUR FAVOUR THIS IRREVOCABLE DOCUMENTARY CREDIT WHICH IS AVAILABLE BY NEGOTIATION OF BENEFICIARY'S DRAFT（S）AT 30 DAYS, SIGHT DRAWN ON US TOGETHER WITH THE FOLLOWING DOCUMENTS IN TRIPLICATE（UNLESS OTHERWISE SPECIFIED）：

（1）COMMERCIAL INVOICE DULY SIGNED IN 4 COPIES.

（2）FULL SET CLEAN ON BOARD OCEAN BILLS OF LADING ISSUED TO ORDER AND ENDORSED IN BLANK MARKED FREIGHT PREPAID, NOTIFY APPLICANT.

（3）PACKING LIST COVERING 10000PCS. GOAT AND BOXCALF LEATHER WALLETS IN BLACK

COLOR, ART NO. P75506/P75507 AS PER S/C NO. 91AP3210 DATED MARCH 20, 2023.

TERMS：CFR5% TOKYO

DESPATCH/SHIPMENT FROM CHINESE PORT TO TOKYO,LATEST：JUN.15，2023	PARTIAL SHIPMENTS NOT PERMITTED	TRANSSHOPMENT NOT PERMITTED

SPECIAL CONDITIONS：

DOCUMENTS MUST BE PRESENTED WITHIN 14 DAYS AFTER THE DATE OF ISSUANCE OF THE BILLS OF LADING OR OTHER SHIPPING DOCUMENTS.

ALL DRAFTS MUST INDICATE THIS CREDIT NUMBER AND NAME OF THE ISSUING BANK.

WE HEREBY ENGAGE THAT PAYMENT WILL BE DULY MADE AGAINST DOCUMENTS PRESENTED IN CONFORMITY WITH THE TERMS OF THIS CREDIT.

SUBJECTS TO UNIFORM CUSTOMS AND PRACTICE FOR DOCUMENTARY CREDITS (1994 REVISION),INTERNATIONAL CHAMBER OF COMMERCE.

分析：

ISSUER	深圳星星公司 SHENZHEN STAR CORPORATION 163 SHENNAN ROAD, SHENZHEN 商业发票 COMMERCIAL INVOICE	
	NO.	DATE
TO		
TRANSPORT DETAILS	S/C NO.	L/C NO.
	TERMS OF PAYMENT	

Marks and Numbers	Number and kind of package Description of goods	Quantity	Unit Price	Amount
	TOTAL：			

SAY TOTAL：

4. 根据以下信用证资料，请完成出口商的商业发票。

信用证资料：

FROM：NATIONAL COMMERCIAL BANK, JEDDAH

TO：BANK OF CHINA, SHENZHEN BR.

DATE：JAN. 3, 2023

L/C NO. NCY2318

L/C AMOUT：USD 28820.00

APPLICANT：AAA COMPANY, JEDDAH

BENEFICIARY：BBB COMPANY, SHENZHEN

DRAFTS TO BE DRAWN ON US AT SIGHT FOR 90PCT OF INVOICE VALUE

PARTIAL SHIPMENTS：NOT ALLOWED

MERCHANDISE：ABT 48000 CANS OF MEILING BRAND CANNED ORANGE JAM, 250 GRAM/CAN, 12 CANS IN A CARTON.

UNIT PRICE：USD6.55/CTN CIF JEDDAH

COUNTRY OF OR ORIGIN：P.R. CHINA

DOCUMENTS REQUIRED：COMMERCIAL INVOICE IN 3 COPIES DATED THE SAME DATE AS THAT OF L/C ISSUANCE DATE INDICATING COUNTRY OF ORIGIN OF THE GOODS AND CERTIFIED TO BE TRUE AND CORRECT, INDICATING CONTRACT NO. SUM356/05 AND L/C NO.

ADDITIONAL CONDITIONS：ALL DOCUMENTS MUST INDICATE SHIPPING MARKS AS JAM IN DIAMOND JEDDAH

附加信息：

发票号码：BBB123/2023

受益人的有权签字人：张兵

实际出运货物：52800 CANS OF MEILING BRAND CANNED ORANGE JAM

提单显示：货物从盐田运往吉达

船名：LINDA V.123

进口商要求声明发票信息准确、真实。

ISSUER	商业发票 COMMERCIAL INVOICE	
	NO.	DATE
TO		
TRANSPORT DETAILS	S/C NO.	L/C NO.
	TERMS OF PAYMENT	
Marks and Numbers	Number and kind of package Description of goods	Quantity	Unit Price	Amount
	TOTAL:			
SAY TOTAL:				

 **强化训练**

请你为李林完成商业发票的填制。

补充资料：

发票开票日期：2023 年 11 月 8 日

发票号：STP015088

深圳 HL 股份有限公司

SHENZHEN HL CO., LTD.

Longguangjiu Industrial Area, Daling Community, Minzhi Street, Longhua District, Shenzhen City, Guangdong Province, China

TEL：86-755-28635689　　FAX：86-755-28616689

COMMERCIAL　　INVOICE

TO：

　　　　　　　　　　　　　　　　　　　　No.：

　　　　　　　　　　　　　　　　　　　　Sales Confirmation No.：

　　　　　　　　　　　　　　　　　　　　Date：_____

From_____ To_____

Letter of Credit No._____Issued by_____

Marks & Numbers	Quantities and Descriptions	Amount

TOTAL AMOUNT：

深圳 HL 股份有限公司

SHENZHEN HL CO., LTD.

SHENZHEN, CHINA

_____

学习任务三　海关发票的识读与制作

学习目标

知识目标

1. 理解海关发票的概念及作用。
2. 掌握海关发票的缮制方法和注意事项。

能力目标

能制作海关发票。

建议学时

学习任务三建议 3 学时。

相关知识点

一、海关发票概述

（一）海关发票的概念

海关发票（Customs Invoice）是出口商应进口国海关要求出具的一种单据，基本内容与普通的商业发票类似，其格式一般由进口国海关统一制定并提供，主要是用于进口国海关统计、核实原产地、查核进口商品价格的构成等。

加拿大海关发票

海关发票是根据某些国家海关的规定，一般由进口国家的海关统一设计，由进口商将空白格式发给出口商，由出口商填制、签署后，转交给进口商，供进口商在办理货物的进口通关手续时向其海关提交的报关单据之一。

（二）海关发票的作用

海关发票的作用主要体现在以下四个方面：

（1）提供货物原产地依据。进口国海关根据海关发票核定进口食品的价值和产地，来确定该商品是否可以进口，是否可以享受优惠税率。

（2）供进口商向海关办理进口报关、纳税等手续。进口商在进口货物到达办理报关时，除申报其他单据外，海关发票是海关对进口货物估价定税的依据。

（3）供进口国海关核查货物在其本国市场的价格，确认是否倾销，以便征收反倾销税。

（4）供进口国海关作为统计的依据。从进口商的角度看，海关发票甚至比商业发票的作用更大。

（三）缮制海关发票的注意事项

（1）海关发票格式不一，切勿用错格式（来证一般有规定）。一般要用相应的外文进行填写，力求文字简洁。

表 4-3　海关发票种类

国家或地区	使用海关发票的格式和名称
美国	special customs invoice
	Form 5515（一般货物）
	Form 5519（invoice details for cotton fabrics and linens，纺织品）
	Form 5523（invoice details for footwear，鞋类）
	Form 5520（special summary steel invoice，SSSI 钢材）
加拿大	Canada customs invoice
新西兰	Certificate of original for exports to New Zealand Form 59 A
西非格式（冈比亚、塞拉利昂、利比亚等）	Combined certificate of value and origin and invoice of goods for exportation to West Africa（Form C）
东非格式（肯尼亚、乌干达、坦桑尼亚等）	Combined certificate of value and origin and invoice in respect of goods for importation into Kenya,Uganda and Tanzania
加勒比海共同体	CARICOM（Caribbean Common Market）
南非	Appendix"B"customs conference Form
巴布亚新几内亚	Combined certificate of value and origin No.27
尼日利亚	Combined certificate of value and of origin and invoice of goods for exported to the Federation of Nigeria（Form C.16）
加纳	Combined certificate of value and invoice in respect of goods for importation into Ghana（Form Cb1）
赞比亚	Invoice and certificate of value for exports to Zambia
牙买加、洪都拉斯、多米尼亚	Invoice and declaration of value required for shipments to Jamaica

（2）海关发票与商业发票上共有的项目和内容必须完全一致，其商品名称、金额、重量等还应与提单等一致。

（3）关于价格和费用：一般均要求列明构成该价格的各项费用。①运费、保险费及包装费等要经过准确核算。特别是来证要求提供保险单账单，或将实际运费加注在海运提单上时，海关发票上的保险费、运费金额必须和实际支出的费用一致。②如成交条件为 CIF，应分别列明 FOB、F（运费）、I（保险费）三部分价格，且三部分之和应与 CIF 货值相等。③凡须列明国内市场价、公平市场价或成本价时，应以出口国货币填报，且不高于销售的 FOB 价，否则可能被视为倾销。④有些国家的格式有"费用栏"，应尽量填全。如有"是否包括在国内市场价内"的要求，也应表明，如果填"不包括"或"包括"，都直接影响"国内市场价"的计算额，应注意计算正确。

（4）关于签章：要求以个人名义手签的海关发票，则不得以公司名义签章；如需要监签人（证明人），也要手签。海关发票的签字人或其他单据的签字人不得作为监签人。海关发票如有涂改，须由原缮制人用钢笔小签，不能加盖校对印章，也不得由监签人代行。

（5）关于原产国别：应据实填写。一般应填"中国"。如非纯粹一国产品，应在商品描述栏内逐一列明各项商品的产地国名。

（6）关于留空：有的海关发票（如加拿大海关发票）要求逐栏填写，不可留空，如果没有相应内容，则填写 N/A。

（7）其他：加勒比共同体海关发票要以发票同样币制，列明包装费用、运费和保险费。西非各国用的格式，要列明运费并印有出口单位名称的信头，否则要以印有信头的商业发票作为附件，并做如下声明："We hereby certify that this commercial invoice is in support of the attached certified invoice no.×××and that the particulars shown on the certified invoice are true and correct in every detail." 毛里求斯、马耳他海关发票无指定格式，可用无指定地区海关发票，并加注："We hereby certify that this invoice is in all respect true and correct and is the only one issued for the goods mentioned herein and that no different invoice has been or will be furnished to any one."

二、加拿大海关发票

加拿大海关发票是指销往加拿大的出口货物（食品除外）所使用的海关发票。其栏目用英文、法文两种文字对照，内容繁多，要求每个栏目都要填写，不得留空，若不适用或无该项内容，则必须在该栏目内填写 N/A（即 NOT APPLICABLE）。加拿来大海关发票的主要栏目及缮制方法如下：

（1）卖方的名称与地址（VENDOR' NAME AND ADDRESS）。

此栏填写出口商的名称及地址，包括国家和城市名称。信用证支付条件下，此栏填写受益人名址。

（2）直接运往加拿大的装运日期（DATE OF DIRECT SHIPMENT TO CANADA）。

此栏填写直接运往加拿大的装运日期，此日期应与提单日期相一致。如单据送银行预审，也可请银行按正本提单日期代为加注。

（3）其他参考事项，包括买方订单号码（ORDER REFERENCE, INCLUDE PURCHASER'S ORDER NUMBER）。

此栏填写有关合同、订单或商业发票号码。若信用证对该项内容有特殊规定的，按照信用证的要求填写。

（4）收货人名称及地址（CONSIGNEE, NAME AND ADDRESS）。

此栏填写加拿大收货人的名称与详细地址。信用证项下一般为信用证的开证人。

（5）买方名称及地址（PURCHASER'S NAME AND ADDRESS）。

此栏填写实际购货人的名称及地址。如与第4栏的收货人相同，则此栏可填写"SAME AS CONSIGNEE"（同收货人）。

（6）转运国家（COUNTRY OF TRANSHIPMENT）。

此栏填写转船地点的名称。如在香港转船，可填写"FROM SHANGHAI TO VANCOUVER

WITH TRANSHIPMENT AT HONGKONG BY VESSEL"。如不转船，可填写 N/A（即 NOT APPLICCABLE）。

（7）生产国别（COUNTRY OF ORIGIN OF GOODS）。

此栏填写 CHINA。若非单一的原产国货物，则应在第 12 栏中详细逐项列明各自的原产地国名。

（8）运输方式及直接运往加拿大的起运地点（TRANSPORTATION：GIVE MODE AND PLACE OF DIRECT SHIPMENT TO CANADA）。

只要货物不在国外加工，不论是否转船，均填写起运地和目的地名称以及所用运载工具。如：FROM SHANGHAI TO MONTREAL BY VESSEL。

（9）价格条件及支付方式，如销售、委托发运、租赁商品等（CONDITION OF SALES AND TERMS OF PAYMENT, I.E. SALE, CONSIGNMENT, SHIPMENT, LEASED GOODS, ETC.）。

按商业发票的价格术语及支付方式填写。如：CIF VANCOUVER D/P AT SIGHT 或 CFR MONTREAL BY L/C AT SIGHT。

（10）货币名称（CURRENCY OF SETTLEMENT）。

卖方要求买方支付货币的名称，须与商业发票使用的货币相一致。如：CAD、USD。

（11）件数（NUMBER OF PACKAGE）。

此栏填写该批商品的总包装件数，注意应与提单相一致。如：600 CARTONS。

（12）商品详细描述（SPECIFICATION OF COMMODITIES, KIND OF PACKAGES, MARKS AND NUMBER, GENERAL DESCRIPTION AND CHARACTERISTICS, I.E. GRADE, QUALITY）。

应按商业发票相同项目描述填写，并将包装情况及唛头填入此栏（包括种类、唛头、品名和特性，即等级、品质）。

（13）数量（QUANTITY, STATE UNIT）。

此栏填写商品的具体数量，而不是包装的件数。

（14）单价（UNIT PRICE）。

此栏填写商业发票记载的每项单价，使用的货币应与信用证和商业发票相一致。

（15）总值（TOTAL）。

此栏填写商业发票的总金额。

（16）净重及毛重的总数（TOTAL WEIGHT）。

此栏填写总毛重和总净重，应与其他单据的总毛重和总净重相一致。

（17）发票总金额（TOTAL INVOICE VALUE）。

此栏填写商业发票的总金额。

（18）IF ANY OF FIELDS 1 TO 17 ARE INCLUDED ON AN ATTACHED COMMERCIAL INVOICE, CHECK THIS BOX。

如果 1—17 栏的任何栏的内容均已包括在所随附的商业发票内，则在方框内填一个"√"记号，并将有关商业发票号填写在横线上。

（19）出口商名称及地址，如并非买方（EXPORTER'S NAME AND ADDRESS, IF OTHER THAN VENDOR）。

此栏填写出口商的名称和地址。如与第 1 栏卖方为同一者，则在本栏填 "THE SAME AS

VENDOR"。如出口商与第1栏的卖方不是同一名称，则填写实际出口商名称和地址。

（20）出口单位负责人的姓名及地址（ORIGINATOR, NAME AND ADDRESS）。

将签发本发票的出口单位名称、地址及制单人员或负责人名称签上。按规定，没有指定在本栏由负责人签字，也可不签或简签。

（21）主管当局现行管理条例，如适用者（DEPARTMENTAL RULING, IF APPLICABLE）。

这是指加拿大海关方面的某些管理条例。如果信用证中规定了该批货物涉及加拿大海关方面的某些号码和日期，则按要求填写；如无，则填 N/A（即 NOT APPLICABLE）。

（22）如果23—25栏三个栏目均不适用（IF FIELDS 23 TO 25 ARE NOT APPLICABLE, CHECK THIS BOX）。

如23—25栏不适用，可在方框内打"√"记号。

（23）如果以下金额已包括在第17栏目内（IF INCLUDED IN FIELD 17 INDICATE AMOUNT）：

①自起运地至加拿大的运费和保险费（TRANSPORTATION CHARGE, EXPENSES AND INSURANCE）：如在 CIF 条件下，可填运费和保险费的总和，允许以支付的原币填写。若不适用，则填 N/A。

②货物进口到加拿大后进行建造、安装及组装而发生的成本费用（COSTS FOR CONSTRUCTION, ERECTION AND ASSEMBLY）：按实际情况填列；若不适用，可填 N/A。

③出口包装费用（EXPORT PACKING）：可按实际情况将包装费用金额打上，如无，则填 N/A。

（24）如果以下金额不包括在第17栏目内（IF NOT INCLUDED IN FIELD 17 INDICATE AMOUNT）：

①自起运地至加拿大的运费和保险费（TRANSPORTATION CHARGE, EXPENSES AND INSURANCE）：若第17栏中没有包括运费和保险费，在这一栏中填上，否则填 N/A。

②购买佣金以外的佣金金额（AMOUNTS FOR COMMISSIONS OTHER THAN BUYING COMMISSIONS）：若有，则按实际情况填写，否则填 N/A。

③出口包装费用（EXPORT PACKING）：可按实际情况将包装费用金额打上，如无，则填 N/A。

（25）核对（CHECK, IF APPLICABLE）。

若适用，在方格内打"√"记号。本栏系补偿贸易、来件、来料加工、装配等贸易方式专用；一般贸易不适用，可在方格内填 N/A。

①特许权使用费或后续收益由买方支付或应付（ROYALTY PAUMENTS OR SUBSEQUENT PROCEEDS ARE PAID OR PAYABLE BY THE PURCHASER）。

②买方已提供用于生产这些货物的货物或服务（THE PURCHASER HAS SUPPLIED GOODS OR SERVICES FOR USE IN THE PRODUCTION OF THESE GOODS）。

三、美国海关发票

如前所述，美国海关发票的格式较多。美国海关进口税采用从量税和从价税两种计收方法，其中采用从价税的商品需要提供海关发票。下面仅以常见的"Customs Form 5515"格式为例介绍其栏目内容和缮制方法。

第1栏：卖方（Seller）。填写实际出口人的名称和地址，在信用证项下填写受益人名称。

第2栏、第4栏、第8栏及第10栏：并非美国海关意图的项目，可留空不填。

第3栏：发票号及日期（Invoice No.: and Date）。填写本发票的编号和日期。

第5栏：收货人（Consignee）。填写该批货物运往目的地的实际收货人名称和地址，必须是在美国的企业。在信用证项下，可填写信用证的开证申请人，如果开证申请人的地址不在到货目的地，则填写提单的收货人。如果提单收货人为指示式或收货人的地址不在目的地，可填写被通知人（notify party）的名称和地址。

第6栏：买方（Buyer, if Other than Consignee）。如果买方与第5栏不是同一人，则填写实际买方的名称及地址；如果是同一人，则填写"the same as consignee"及类似的词句。

第7栏：货物的产地（Origin of Goods）。在一般情况下，商品未在其他国家加工而改变商品的性质，填写"CHINA"即可。

第9栏：交货价格术语、支付方式和佣金折扣（Term of Sale, Payment, and Discount）。交货价格术语填写"CIF ×××"或"CFR ×××PORT"等；支付方式可填写"L/C at sight"或"D/P at 30 days sight"等；如果有佣金，要表示是否包括在价格内，并表示其金额。

第11栏：使用的货币（Currency Used）。按发票或实际支付的货币名称填写。

第12栏：汇率（Exchange Rate）。填写双方约定的汇率或固定汇率；如果不适用，可免填。

第13栏：订单接收日期（Date Order Accepted）。如果不适用，可免填。

第14栏：唛头及包装（Marks and No.or Shipping Packages）。必须将货物的外包装上所刷的唛头标示在发票上，并注意与其他单据的一致性。

第15栏：件数（No.of Packages）。填写外包装的总件数。

第16栏：商品描述（Full Description of Goods）。可参照商业发票缮打。

第17栏：数量（Quantity）。填写货物包装内的数量，如商品的重量、容量、具体包装内容物数量。

第18栏：国内市场价格（Home Market Price）。没有特定要求或信用证没有特别指定，该栏可不填；如果要填写，应按照国际市场批发价填写，不要过高，否则会被认为倾销。

第19栏：发票价格（Invoice Price）。填写商业发票所标示的价格。

第20栏：发票总金额（Invoice Total）。同商业发票。

第21栏：如果本发票货物生产时对方提供的铸模、模型、工具、工程作业等费用未包括在价格和货值中，则在此栏方框内打上记号，并在第28栏内作说明。如果货物不适合此栏，可免填。

第22栏：包装费（Packing Cost）。按实际包装成本填写。

第23栏：海运或国际运费（Ocean or International Freight）。按实际支付的运输费用填写。

第24栏：国内运费（Domestic Freight Charge）。按国际运费的15%~20%填写。

第25栏：保险费（Insurance Cost）。在CIF条件下，按实际的保险费填写。

第26栏：其他费用（Other Cost）。一般控制在国际运费的4%（或5%）左右。

最后，在"（C）Signature of Seller"栏内由负责人签字。

虽然其他国家和地区的海关发票格式与此不同，但其内容基本相同，可参照上述加拿大和美国的海关发票格式来填写。

任务实施

查阅资料，请完成以下加拿大海关发票的填制。

商品的有关资料如下：

ALL THE GOODS ARE PACKAGED IN 467 CTNS, AND NET WEIGHT IS 15890KGS, GROSS WEIGHT IS 17680KGS, PAYMENT BY L/C 60DAYS SIGHT, PURCHASER'S ORDER NO.: HUAXIA6789, L/C NO.: SZH210C8
THE GOODS ARE SHIPPED ON 2023.5.2
TOTAL FREIGHT AND INSURANCE: USD2500.00

该批商品的发票如下：

CHINA HUAXIA INTERNATIONAL TECHNICAL I/E CORP.

5008 SHENNAN ROAD, SHENZHEN, CHINA

INVOICE

NO.: SZH123　　　　　　　　　　　　　　　　　　　　DATE: MAY 9, 2023

MESSERS:

SHARP TOOLS TRADE CO. LTD.
3/17 SUN BUILDING, SHEARSON CAMBRIDGE
TORONTO, CANADA

FROM　SHENZHEN TO TORONTO　BY SEA

MARKS	DESCRIPTION OF GOODS	QUANTITY	UNIT PRICE CIF TORONTO	AMOUNT
ABC TORONTO	6V CORDLESS DRILL-TT1	798PCS	USD10.50	USD8379.00
	6V CORDLESS DRILL-TT2	1070PCS	USD28.00	USD29960.00
1-467 TOTAL:		1868PCS		USD38339.00

张三

CHINA HUAXIA INTERNATIONAL TECHNICAL I/E CORP.

CANADA CUSTOMS INVOIE

1. Vendor (Name and Address)	2. Date of Direct Shipment to Canada
	3. Other References (Include Purchaser's Order No.)

4.Consignee (Name and Address)	5.Purchaser's Name and Address (If other than Consignee)	
	6.Country of Transshipment :	
	7.Country of Origin of Goods	IF SHIPMENT INCLUDES GOODS OF DIFFERENT ORIGINSENTER ORIGINS AGAINST ITEMS IN 12
8.Transportation: Gave Mode and Place of Direct Shipment to Canada	9.Conditions of Sale and Terms of Payment	
	10.Currency of Settlement:	

11.No. of Pkgs	12.Specification of Commodities (Kind of Packages, Marks and Numbers, General Description and Characteristics, i.e. Grade, Quality)	13.Quantity (State Unit)	Selling Price	
			14.Unit Price	15.Total

18.If any fields 1 to 17 are included on an attached commercial invoice, check this box Commercial Invoice No. _____	16.Total Quantity:	17.Invoice Total
	Net:	Gross:

19.Exporter's Name and Address (If other than Vendor)	20.Originator (Name and Address)
21.Departmental Ruling (if applicable)	22.If fields 23 to 25 are not applicable, check this box

23. If included in field 17 indicate amount: （ⅰ）Transportation charges, expenses and insurance from the place of direct shipment to Canada $_____ （ⅱ）Costs for construction, erection and assembly incurred after importation into Canada $_____ （ⅲ）Export packing $_____	24. If not included in field 17 indicate amount: （ⅰ）Transportation charges, expenses and insurance to the place of direct shipment to Canada $_____ （ⅱ）Amount for commissions other than buying commissions $_____ （ⅲ）Export packing $_____	25. Check（if applicable）: （ⅰ）Royalty payments or subsequent proceeds are paid or payable by the purchaser （ⅱ）The purchaser has supplied goods or services for use in the production of these goods

强化训练

请思考深圳 HL 公司出口美国的这批皮包是否需要提供美国海关发票？为什么？如果需要，各栏目应该如何填写？

学习项目五
缮制包装单据

学习目标

知识目标
1. 了解包装单据含义。
2. 掌握包装单据的种类和内容。
3. 理解装箱单的含义及主要内容。
4. 掌握装箱单的填制方法。

能力目标
能缮制装箱单。

素养目标
1. 从专业的角度，结合知识产权等相关法律法规，提供正确的包装单据。
2. 具备团队合作精神，小组内能够协调分工完成任务。

建议学时
学习项目五建议 3 学时。

工作情景描述

开出商业发票后，李林开始制作包装单据。作为出口商，李林应该提供哪种包装单据？制作时又需要注意什么？

学习任务与活动

学习任务一　包装单据认知

学习任务二　装箱单的识读与制作

学习任务一　包装单据认知

学习目标

知识目标

1. 了解包装单据含义。
2. 掌握包装单据的种类和内容。

能力目标

能识读合同或信用证中包装及包装单据的要求,并提供正确的包装单据。

建议学时

学习任务一建议1学时。

相关知识点

一、包装单据的定义与作用

(一)包装单据的定义

包装单据(Packing Documents)是指用于记载或描述商品包装细节的清单,是商业发票的补充单据。除散装货物外,包装单据一般为不可或缺的货运单据,由出口公司根据具体要求缮制,目的是表明合同/信用证中有关货物包装的细节,以满足进出口双方及各有关当局对已装箱货物详细情况的了解。

(二)包装单据的作用

国际贸易交易中的货物,除了一小部分货物属于散装货物或裸装货物外,绝大多数货物都需要包装。因此,在通常情况下,包装单据是必不可少的文件之一。进口地海关验货、公证行检验、进口商核对货物时,都以包装单据为依据,从而了解包装内的具体内容,以便其接收、销售。其作用体现在:

(1)它是出口商缮制商业发票及其他单据时计量、计价的基础。
(2)它是进口商清点数量或重量以及销售货物的依据。
(3)它是海关查验货物的凭证。
(4)它是公证或检验检疫机构检验货物的参考资料。

二、包装单据的种类

根据不同商品或信用证的规定有不同类型的包装单据，常用的包装单据有：

（一）装箱单（Packing List）

装箱单也称包装单，是用于说明货物包装形式、包装内容、数量、重量、体积及件数等细节的清单。

（二）重量单（Weight List/Weight Note）

重量单是在排除装箱单上提供的内容外，尽量详细地说明商品每箱毛重、净重及总重量的情况，供买方安排运输、存仓时参考。重量单一般至少要具备编号及日期、商品名称、唛头、毛重、净重、皮重、总件数等内容。

（三）尺码单（Measurement List）

尺码单偏重说明每件货物的尺码和总尺码，即在装箱单内容的基础上，重点说明每件不同规格项目的尺码和总尺码。如果货物不是每件统一尺码的，应逐项列明每件的尺码。

重量与尺码单

其他包装单据，还有花色搭配单（Assortment List）、包装说明（Packing Specification）、详细装箱单（Detailed Packing List）、包装提要（Packing Summary）、重量证书（Weight Certificate/Certificate of Weight）、磅码单（Weight Memo）等。

三、包装单据的内容与缮制注意事项

（一）包装单据的内容

包装单据并无统一固定的格式，制作时，一般由各公司根据信用证或合同的要求和货物的特点自行设计。总体来说，包装单据应大致具备以下内容：①编号和日期（Number and Date）；②合同号码或信用证号码（Contract Number or L/C Number）；③唛头（Shipping Marks）；④货物名称、规格和数量（Name of Commodity, Specification and Quantities）；⑤包装件数及件号、包装件尺码（Numbers and Measurement）；⑥包装类别（Kinds of Packing）；⑦货物毛净重（Gross and Net Weight）。

（二）包装单据缮制应注意的事项

（1）包装单据名称与信用证内规定名称一致，因为包装单据的内容，既包括包装的商品内容，也包括包装的种类和件数，每件毛重和净重、毛总重量和净总重量、每件尺码和总尺码（体积）。

（2）毛、净重应列明每件毛重和净重，总的毛重和净重数字必须与发票和运输单据、产地证、出口许可证的数字相符。

（3）如果信用证规定列明内包装情况（inner packing），必须在单据中充分表示出来。例如：信用证规定，每件装一胶袋，每打装一盒，每十打装一纸箱，则需要列明："Packing each piece in a poly bag,one dozen in a cardbord box and then 10 dozens in a carton."

（4）重量单如冠以 Certificate of Weight（重量证明），加注："We certify that the weight are true and correct"的证明句为好。

（5）进口商把商品转售给第三方时一般只交付包装单和货物，不会透露自己购买成本，因此装箱单据一般不会显示货物的单价和总和。

（6）为了符合信用证不接受联合单据的要求，可以利用装箱单分别冠以重量单、尺码单的单据，一次缮制，按照信用证规定的份数分别提供给银行。

任务实施

1. 查阅资料，判断以下说法是否正确。

①如信用证无特别规定，装箱单、重量单可以不签署，但当包装单据含有证明文句时应该签署。（　）

②信用证项下，银行必须检查包装单据中的数字计算过程，不能只核对总量与信用证是否相符。（　）

③重量单冠以 CERTIFICATE OF WEIGHT，加注"WE CERTIFY THAT THE WEIGHTS ARE TURE AND CORRECT"的证明句为好。（　）

④装箱单据一般显示货物的单价和总价。（　）

⑤包装单据中的货物描述，可以使用货物统称。（　）

2. 请将以下关于包装的表达方法翻译成中文或英文。

①DETAILED WEIGHT AND MEASUREMENT LIST SHOWING THE DETAILS OF COLORS, SIZES AND QUANTITIES IN EACH CARTON AND ALSO NET WEIGHT AND GROSS WEIGHT.

②MANUALLY SIGNED PACKING LIST IN TRIPLICATE DETAILS THE COMPLETE INNER PACKING SPECIFICATIONS AND CONTENTS OF EACH PACKAGE.

③DETAILED PACKING LIST IN QUADRUPLICATE SHOWING GROSS WEIGHT, NET WEIGHT, NET NET WIEGHT, MEASUREMENT, COLOR, SIZE AND QUANTITY BREAKDOWN FOR EACH PACKAGE ,IF ANY APLLICABLE .

④PACKING：EACH PIECE IN A POLY BAG, ONE DOZEN IN A CARDBOARD BOX AND THEN 20 DOZEN IN A CARTON.

⑤BESIDES,ROPE AND METAL HANDLE SHOULD BE FIXED TO THE CASES TO FACILITATE CONSIGNMENT.

⑥THE UNIQUE DESIGN OF THE PACKING WILL HELP YOU PROMOTE THE SALE OF GRUGS.

⑦装箱单一式三份。

⑧签字装箱单，一正一副。

⑨我们保证（单据上）重量是正确的。

⑩受益人出具的装箱单一式三份，指出每一容器或集装箱的毛重、净重及数量。

⑪箱子里垫有泡沫塑料，以免货物受压。

⑫我们已经特意加固包装，以便使货物万一遭到的损坏降低到最低限度。

学习任务二 装箱单的识读与制作

学习目标

知识目标

1. 理解装箱单的含义及主要内容。
2. 掌握装箱单的填制方法。

能力目标

能缮制装箱单。

建议学时

学习任务二建议 2 学时。

相关知识点

一、装箱单的含义及主要内容

装箱单（Packing List）主要说明包装情况、包装条件和每件的毛、净重等方面的内容，是发票的辅助单据，也是信用证经常要求的单据之一。装箱单需要列明每件的包装方式、大小、重量，以及加总的包装总件数和总重量。

在装箱单中，除包装方面的说明，有关货物方面的描述及唛头等内容要与发票以及其他单据相符。装箱单也没有统一格式，由出口商自行缮制。为了使单据格式化和规范化，我国推出的标准单据除商业发票外，还有装箱单。装箱单常见格式如表 5-1 所示。

表 5-1 装箱单（EDI 通用）

ISSUER:	PACKING LIST	
TO:		
	NO.:	DATE:
TRANSPORT DETAILS:	S/C NO.:	L/C NO:
	TERMS OF PAYMENT:	

MARKS & NO.	DESCRIPTION & SPECIFICATION	PACKAGE	QUANTITY	G. W. （KGS）	N. W. （KGS）	MEAS. （CBM）
SAY TOTAL:			TOTAL:			

二、装箱单的填制

1. 单据名称（Document's Name）

按照信用证规定填写，通常使用"Packing List""Packing Specification""Detailed Packing List"等。UCP600 规定：只要包装单据内容符合信用证的要求，能反映所规定的单据功能，不要求名字与信用证一字不差。

如果合同或信用证要求用中性包装单（Neutral Packing List），则包装单名称打"Packing List"，但包装单内不可以显示出口制单方的名称、地址（即上无信头部分，下无公司印章），同时不能显示产地。

2. 出单人（Issuer）

填写出口商（Exporter）的名称、地址，应与发票的同项内容一致。在信用证结算方式下，出口企业的名称和地址应与信用证受益人的名称和地址一致。如果为可转让信用证，可填写第二受益人的名称和地址。出口商一般将名称、地址采用函头的方式事先印在单据上。

3. 抬头（To）

抬头即受单人，填写进口商的名称和地址，并与信用证开证申请人的名称和地址一致。在某些情况下也可不填，或填写"To whom it may concern"（致有关当事人）。

4. 编号（No.）

一般填写发票号码或合同号码。包装单可以有自己的编号，但商业发票是核心单据，一般使用商业发票的编号。有些公司的装箱单中该栏目直接印制"Invoice No."。

5. 出票日期（Date）

装箱单的缮制日期一般与发票日期一致，不能迟于信用证的截止日及交单日期。

6. 唛头和件数（Marks and Numbers）

通常与发票的唛头和件数一致。若信用证或合同没有规定必须显示唛头时，可填写 as per invoice No. ×××或 same as invoice No. ×××。若信用证或合同特别规定要加注唛头，同时唛头较多，无法逐一填写时，可以用附件形式专门制作一份唛头单，此时在"MARKS & NO."栏内填写 see attached list 即可。

7. 货物描述（Description & Specification）

货物的名称可以只填写货物的统称，但不得与信用证规定的货物描述相抵触。通常要对货物的包装情况作详细说明，特别是信用证要求"Detailed Packing List"时，更应详细列出有关包装的细节。例如，信用证规定：25 kgs in 4-ply paper sacks with inner polyethylene liner and big bags in 7×20' containers.（25千克装一个四层纸厚的厚纸袋，里面套塑料袋，7个20英尺集装箱）。以上货物包装的详情都要反映到装箱单上。

8. 包装（Package）

一般填写最大包装数量，如货物种类或规格不同，应分别列出每种或每规格货物的最大包装数量，并累计其总数。

9. 数量（Quantity）

填写货物包装内的实际数量，如品质规格不同，应分别列出并累计总数。

10. 货物的毛重、净重、体积（Gross Weight，Net Weight，Measurement）

填写每件货物的单位毛重、净重和体积，并计算出总的毛重、净重和体积，如有不同规格或种类的货物，应分别列出并累计其总数。

11. 合计（Total）

此栏对 8、9、10 栏分别合计。

12. 大写合计（Say Total）

以大写文字写明总包装数量，必须与数字表示的包装数量一致。

13. 自由处理区

位于单据格式下方以表达格式中其他栏目不能或不便表达的内容。如用对箱单规定"Packing list in duplicate indicating the goods are of Chinese origin"（箱单一式两份，并显示货物原自中国），则须按要求在自由理区内显示证明的内容："We here by certify that the goods mentioned above are of Chinese Origin."

14. 签章（Signature）

出口企业的签章应与商业发票相符，如果信用证规定中性包装，此栏不可填。

任务实施

查阅资料，根据"学习项目四—学习任务二—任务实施—任务三"中深圳星星公司资料，试着为星星公司填制装箱单。

深圳星星公司

Shenzhen Star Corporation

163 Shennan Road, Shenzhen

装箱单

PACKING LIST

Invoice No.			Date:			
MARKS & NO.	DESCRIPTION & SPECIFICATION	QUANTITY	PACKAGE	G. W.	N. W.	MEAS.

TOTAL

SAY TOTAL:

强化训练

请根据合同、信用证、商业发票，缮制装箱单。

补充信息：毛重 2584 千克　　净重 2326 千克

唛头要求：收件人、卸货港、合同号、款号、件号，并标注"中国制造"

深圳 HL 股份有限公司

SHENZHEN HL CO.,LTD.

Longguangjiu Industrial Area, Daling Community, Minzhi Street, Longhua District,

Shenzhen City, Guangdong Province, China

TEL：86-755-28635689　　FAX：86-755-28616689

PACKING LIST

TO：_____　　INVOICE NO.：_____

_____　　INVOICE DATE：_____

　　　　　　　　　　　　　　　　　　　　S/C NO.：_____

FROM：_____　　TO：_____

LETTER OF CREDIT NO.：_____　　DATE OF SHIPMENT：_____

MARKS AND NUMBERS	NUMBER AND KIND OF PACKAGE DESCRIPTION OF GOODS	QUANTITY	PACKAGE	G. W.	N. W.	MEAS.
	TOTAL					

SAY　TOTAL：

学习项目六
缮制运输单据

知识目标
1. 了解国际货物运输的概念、方式及基本当事人。
2. 理解国际货物托运流程。
3. 掌握海运提单、海运单与航空运单的概念、性质与填制方法。

能力目标
1. 能绘制进出口货物海运流程图。
2. 能缮制托运单、海运提单与航空运单。

素养目标
1. 初步养成以国际货运代理企业的专业视角处理业务的职业素养。
2. 具备社会实践的能力,在国际货物运输各阶段,正确、合理使用各种运输单据。

建议学时
学习项目六建议 9 学时。

深圳 HL 公司 11 月 20 日前能生产完毕并出运。货物毛重 2584 千克,体积 56.25 立方米。按照合同,该货物的运输应该由谁负责?如果由深圳 HL 公司负责,李林应该如何办理货物托运?交单结算时,应该提供哪些运输单证?

 学习任务与活动

学习任务一　国际货物托运流程及运输单据认知
学习任务二　海洋运单的识读与制作
学习任务三　航空运单的识读与制作

学习任务一　国际货物托运流程及运输单据认知

学习目标

知识目标

1. 了解国际货物运输的概念、方式及基本当事人。
2. 理解国际货物托运流程。
3. 掌握国际货物运输单证的种类。

能力目标

1. 能绘制进出口货物海运流程图。
2. 能缮制托运单。

建议学时

学习任务一建议 3 学时。

相关知识点

一、国际货物运输概述

国际货物运输是基于货物进出国境（即进出口）而发生的。国际货物运输的主要目的是使货物跨国界移动，即承运人通过提供运输服务，使位于一国境内某一地点的托运人或发货人的货物运至另一国境内的某一地点并交至收货人手中。

在国际贸易货物运输中，涉及的运输方式很多，包括海洋运输、铁路运输、航空运输、河流运输、邮政运输、公路运输、管道运输、大陆桥运输以及由各种运输方式组合的国际多式联运等。

二、国际货物运输的当事人

以海运为例，国际货物运输的主要当事人有（其他运输方式仅运输工具不同，性质相同）：

1. 承运人

承运人是指本人或者委托他人以本人名义与托运人订立货物运输合同的人。承运人为船舶所有人或船舶经营人。

2. 托运人

托运人是指本人或者委托他人以本人名义或者委托他人为本人将货物交给与海上货物运输合同有关的承运人的人。

3. 收货人

收货人是指有权提取货物的人。在国际海上货物运输中，如果为提单运输，提单中的收货人已经注明的，被注明的人即合法收货人。如果未注明，收货人由托运人根据具体情况在事后指明，如果未指明，则提单持有人为收货人。

4. 出租人

出租人是指与承租人订立租船运输合同并将其所有或经营的船舶全部或部分舱位或船舶租给承租人使用或经营，并向承租人收取租金或运费的人。在国际海上货物运输中，出租人为船舶所有人或经营人。

5. 承租人

承租人是指与出租人签订海上租船货物运输合同、租用船舶或租用船舶全部或部分舱位并支付租金或运费的任何人。

6. 货运代理人

货运代理人是指根据委托人的要求，代办货物运输业务的机构。它们有的代理承运人向货主揽取货物，有的代理货主向承运人办理托运，有的兼营两方面的代理业务。它们属于运输中间人性质，在承运人和托运人之间起着桥梁作用。

三、国际货物托运流程及托运单据

（一）国际货物托运流程

国际货物托运业务流程如图 6-1 所示。

（1）出口企业即货主，在货、证齐备后，填制订舱委托书，随附商业发票、装箱单等其他必要单据，委托货代代为订舱，有时还委托其代理报检、报关及货物储运等事宜。

（2）货代接受订舱委托书后，缮制货物托运单，随同相关单据向船公司办理订舱。

（3）船公司根据具体情况，如接受订舱，则在托运单的几联单据上填写与提单号码一致的编号，同时填写船名、航次并签署，即表示已确认托运人的订舱，同时把配舱回单、装货单（SHIPPING ORDER，S/O）等与托运人有关的单据还给托运人。

（4）托运人持船公司签署的 S/O，填制出口货物报关单、商业发票、装箱单等，连同其他有关的出口单据向海关办理货物出口报关手续。

（5）海关根据有关规定对出口货物进行查验，如同意出口，则在 S/O 上盖章放行，并将 S/O 退还给托运人。

（6）托运人持海关盖章的由船公司签署的 S/O 要求船长装货。

（7）装货后，由船上的大副签收大副收据（MATE'S RECEPT，M/R），交给托运人。

（8）托运人持 M/R，向船公司换取正本已装船提单。

（9）船公司签发正本提单并交给托运人凭以结汇。

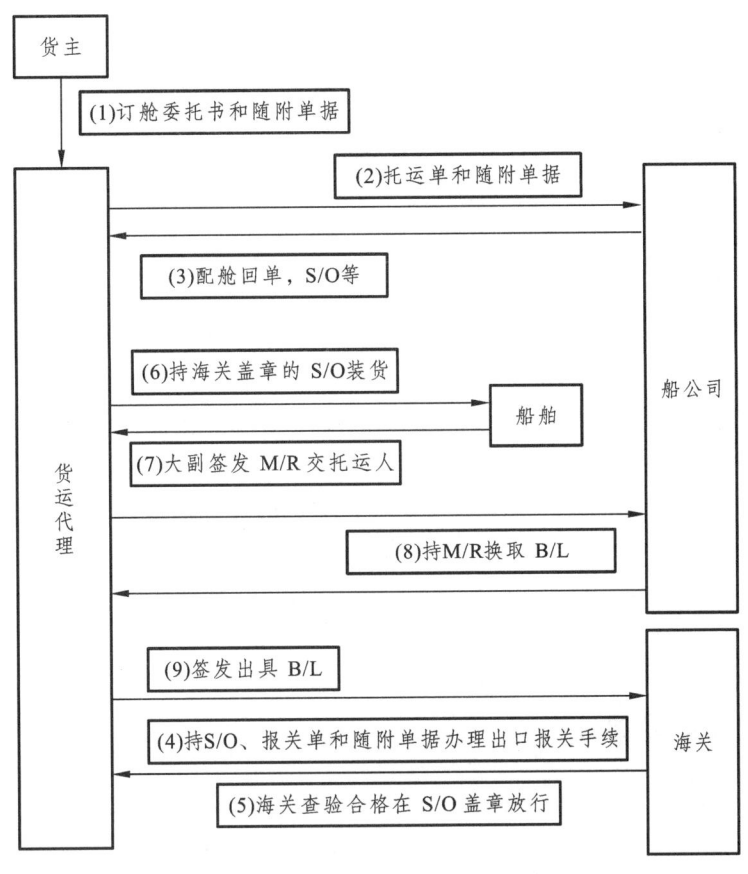

图 6-1 国际货物托运业务流程

（二）国际货物托运单据种类

1. 订舱委托书（Shipping Note）

又称货物出运委托书，是进出口企业和货代之间委托代理关系的证明文件。根据运输方式的不同，常见的订舱委托书包括国际海运委托书和国际空运委托书。

2. 托运单（Booking Note）

托运单（B/N），是托运人根据贸易合同和信用证条款内容填制的，向承运人或其代理人办理货物托运的单据。一般情况下，托运单是货代接受进出口企业的订舱委托后向承运人或其代理人办理托运的书面凭证，是船公司缮制提单的主要背景资料。承运人根据托运单内容，结合船舶的航线、挂靠港、船期和舱位等条件充分考虑，认为合适后，即接受托运。

托运单通常制成一式多份，有货主留底、船代留底、运费通知、装货单、缴纳出口货物港务费申请书、场站收据、货代留底、配舱回单、场站收据副本（大副联）等联。

第一联：集装箱货物托运单（货主留底）（B/N）
第二联：集装箱货物托运单（船代留底）
第三联：运费通知（1）
第四联：运费通知（2）
第五联：装货单（S/O）
第五联副本：缴纳出口货物港务费申请书

第六联：大副联（场站收据副本）
第七联：场站收据（D/R）
第八联：货代留底
第九联：配舱回单（1）
第十联：配舱回单（2）

其中比较重要的单据有以下两联：

（1）装货单（Shipping Order，S/O），又称关单、下货纸，是船公司或其代理签发给货运托运人的一种通知船方装货的凭证，船公司收到托运单后根据船舶配载规则，结合货物和具体航线、港口的情况，安排船只和舱位，然后签发 S/O 表示船公司接受这批货物的承运。装货单既可作为装船依据，又是货主凭以向海关办理出口申报手续的主要单据之一。

装货单

（2）收货单（Mate's Receipt，M/R），又称大副收据，是指货物装船后，经大副或船长签字的单据，是船到货物的收据及货物已经装船的凭证。在收货单上，有不良批注（Remark）的称为不清洁货单（Foul Receipt），否则称为清洁收货单（Clean Receipt）。

收货单

四、国际货物运输单证种类

（一）装运单证

装运单证（Shipping Documents）专指货物装运后，由卖方向买方或银行提供的一类货运单证。装运单证种类多，名目不一，UCP600 将装运单证分为 7 类共 9 种，如表 6-1 所示。

表 6-1　UCP600 中的 9 种装运单证

适合运输方式	装运单据中文名称	装运单据英文名称	英文简称
海运	提单	Bill of Lading	B/L
海运	不可转让海运单	Non-Negotiable Sea Waybill	SWB
海运	租船合同提单	Charter Party Bill of Lading	CB/L
多式联运	多式运输单据或联合运输单据	Multimodal or Combined Transport Document	MTD 或 CTD
空运	空运单	Air Transport Document	Air TD
公路	公路运单	Road Transport Document	Road TD
铁路	铁路运单	Rail Transport Document	Rail TD
内河	内河水运单据	Inland Waterway Transport Document	Inland waterway TD
专递或邮寄	快递收据、邮政收据或投邮证明	Courier Receipt, Post Receipt or Certificate of Posting	P/R

（二）货运单证

货运单证（Cargo Transport Documents）泛指在国际货运过程中，由承运人、发货人、收货人、货运代理人签发的，在组织货源、托运订舱、检验检疫、海关申报、货物装运、交单提货、银行结汇、数据交换等各业务环节中用于货物运输操作、管理、证明的一切国际货物运输单证、收据、凭单和电子报文。常见的货运单证归纳如表 6-2 所示。

表 6-2 常见的货运单证

中文名称（俗称）	英文名称（缩写）	中文名称（俗称）	英文名称（缩写）
国际货物托运委托书	Shipper's Letter of Instruction（SLI）	货物积载计划（舱图、船图）	Cargo Plan
托运单	Booking Note（B/N）	提单	Bill of Lading（B/L）
装货单（下货纸，关单）	Shipping Order（S/O）	海运单	Sea Waybill（SWB）
收货单（大副收据）	Mates Receipt（M/R）	航空总运单	Master Air Waybill（MAWB）
装货清单（小舱单）	Loading List（L/L）	航空分运单	House Air Waybill（HAWB）
载货清单（大舱单，舱单）	Cargo Manifest（M/F）	铁路运单	Rail Waybill（RWB）
提货通知书	Delivery Notice	国际多式联运单据	Multimodal or Combined Transport Document（MTD 或 CTD）
提货单（小提单）	Delivery Order（D/O）	承运货物收据	Cargo Receipt
交货记录	Delivery Record	快递收据	Courier Receipt
邮政收据	Post Receipt		

1. 装货清单（Loading List，L/L）

装货清单是承运人根据装货单留底，将全船待装货物按目的港和货物性质归类，依航次、靠港顺序排列编制的装货汇总清单。其主要内容包括装货单编号、货名、件数、包装形式、毛重、估计尺码及特种货物对装运的要求或注意事项等，是船上大副编制配载计划的主要依据，也是现场理货人员进行理货、港方安排驳运、进出库场及承运人掌握情况的业务单据。

2. 载货清单（Cargo Manifest，M/F）

载货清单是承运人根据收货单留底，将全船装载的货物按目的港和货物性质归类，依航次、靠港顺序排列编制的载货汇总清单。其主要内容包括货物详细情况，如装卸港、提单号、船名、托运人和收货人姓名、标记号码等，可作为船舶运载所列货物的证明。

3. 货物积载计划（Cargo Plan）

货物积载计划是按货物实际舱位和货物情况编制的舱图，是船公司装、运、保管、卸货的业务参考资料，也是港口据以理货、安排泊位、货物进舱的文件。

4. 提货通知书（Delivery Notice）

提货通知书是船公司或其在卸货港的代理人向收货人或其代理（被通知人）发出船舶预计到港时间的通知。一般由卸货港的船代根据船舶动态、装运港的船代寄来的提单副本或其他货运单证、资料编制，旨在通知收货人做好提货准备，避免压港、压舱。提货通知书发出是否及时、能否收到，作为承运人的船公司并不承担责任。

5. 提货单（Delivery Order，D/O）

提货单是收货人凭正本提单或副本提单随同有效的担保向承运人或其代理人换取的，可向港口装卸部门、货物堆场或仓库提货的凭证。D/O共五联：白色提联、蓝色费用账单、红色费用账单、绿色交货记录、浅绿色交货记录。可用D/O的第1联和第3联随附报关单据前去报关。海关放行后，在第1联上加盖放行章，发还给进口方作为提货凭证。换放D/O时应注意：①正本提单为合法持有人所持有；②提单上的非清洁批注应转上D/O；③ 如发生溢短款，收货人有权向承运人或其代理获得相应签证；④运费未付的，应在收货人付清运费后，方可发放D/O。

（三）集装箱运输特有的单证

除了上述单证外，集装箱运输还使用其特有单证，如表6-3所示。

表6-3 集装箱运输特有的单证

中文名称（俗称）	英文名称
空箱提交单（提箱单）	Equipment Despatch Order
集装箱发放通知单（提箱单）	Container Release Order
集装箱设备交接单	Equipment Interchange Receipt（EIR）
集装箱装箱单	Container Load Plan（CLP）
拼箱装货清单	Consolidated Cargo Manifest
场站收据	Dock Receipt（D/R）
危险货物清单	Dangerous Cargo List
动物货清单	Zoological Cargo List
植物货清单	Botanical Cargo List
冷冻（藏）货集装箱清单	List of Ree For Container
交货记录	Delivery Record

1. 空箱提交单

空箱提交单又称集装箱发放通知单，是船公司或其代理人指示堆场将空箱及其他设备提交本单持有人的书面凭证。该单一式三联，接受订舱委托后，由船公司或其代理人签发，船公司、发货人（或其代理人）、存箱的集装箱堆场或空箱储存场各执一联。

2. 集装箱设备交接单

集装箱设备交接单简称设备交接单（Equipment Interchange Receipt，EIR），是进出港区、场站时，用箱人、运箱人与管箱人或其代理人之间交接集装箱和特殊集装箱及其设备的凭证，是拥有和管理集装箱的船公司或其代理人与利用集装箱运输的陆运人签订有关设备交接基本条件的协议，是分清集装箱设备交接责任的凭证，在集装箱外表无异状且铅封完好的情况下，也是证明箱内货物交接无误的凭证。如发现集装箱等设备有异常时，应把异常情况摘要记入 EIR，由经办人双方签字后各执一份。它还可用于集装箱的盘存管理和对集装箱的追踪管理，将必要事项输入计算机备查。

集装箱设备交接单

EIR 分出场（港）设备交接单和进场（港）设备交接单两种，各三联，分别为管箱单位（船公司或其代理人）留底联，码头、堆场联，用箱人、运箱人联。

由船公司或其代理人填写的栏目主要有用箱人/运箱人、船名/航次、集装箱的类型及尺寸、集装箱状态（空、重箱）、免费使用期限和进（出）场目的等。

由用箱人、运箱人填写的栏目主要有运输工具的车号，如果是进场设备交接单，还须填写来自地点、集装箱号、提单号、铅封号等栏目。

由码头、堆场填写的栏目主要有集装箱进出场日期、检查记录，如果是出场设备交接单，还须填写所提集装箱号和提箱地点等栏目。

首先，由管箱单位填制 EIR。其次，由用箱人、运箱人到码头、堆场提箱送收箱地（或到发箱地提箱送码头、堆场）；经办人员对照 EIR，检查集装箱的箱体后，双方签字；码头、堆场留下管箱单位联和码头堆场联（共两联），将用箱人、运箱人联退还给用箱人、运箱人。最后，码头、堆场将留下的管箱人联退还给管箱单位。

3. 集装箱装箱单（Container Load Plan，CLP）

集装箱装箱单是详细记载每一个集装箱内所装货物名称、数量、尺码、重量、标志和箱内货物积载情况的单证，对于特殊货物还应加注特定要求，如冷藏货物，要注明对箱内温度的要求等。

集装箱装箱单

每一个集装箱填写一份集装箱装箱单，一式五联，码头、船代、承运人、发货人、装箱人各一联。

集装箱装箱单的主要用途：①它是发货人向承运人提供集装箱内所装货物的明细清单；②它是在装箱地向海关申报货物出口的单据，也是集装箱船舶进出口报关时向海关提交的载货清单的补充资料；③它可作为发货人、集装箱货运站与集装箱码头之间的货物交接单；④它是集装箱装、卸两港编制装、卸船计划的依据；⑤它是计算集装箱船舶吃水和稳性的基本数据来源；⑥在卸箱地，它可作为办理集装箱保税运输手续和拆箱作业的重要单证；⑦当发生货损时，它是理赔的原始依据之一。

集装箱装箱单的流转过程：①发货人或货运站将货物装箱，缮制装箱单，连同装箱货物一起送至集装箱堆场；②堆场的业务人员签单后，留下码头联（据此编制装船计划）、船代联和承运人联（分送船舶代理人和船公司，据此缮制积载计划和处理货运事故），将发货人、装箱人联退还送交集装箱的发货人或集装箱货运站；③发货人或集装箱货运站联除自留一份备查外，将另一份寄交给收货人或卸箱港的集装箱货运站，供拆箱时使用。

有的国家,如澳大利亚,对动植物检疫有严格的特别要求,在装箱单上须附有申请卫生检疫机关检验申请联。该项申请联由发货人和船公司或其代理人分别签署。

4. 场站收据(Dock Receipt,D/R)

场站收据是由发货人或其代理人编制,由承运人签发的,证明船公司已从发货人处接收了货物,并证明当时货物状态,船公司对货物开始负有责任的凭证,托运人据此向承运人或其代理人换取备运提单或已装船提单。

5. 特殊货物清单

在集装箱内装运危险货物、动物货、植物货、冷冻货等特殊货物时,托运人在托运时,必须根据有关规章,事先向船公司或其代理人提交相应的危险货物清单(Dangerous Cargo List)、动物货清单(Zoological Cargo List)、植物货清单(Botanical Cargo List)、冷冻(藏)货集装箱清单(List of Ree for Container),或称为装货一览表。

6. 交货记录(Delivery Record)

交货记录是船公司或其代理人向收货人或其代理人交货时,双方共同签署的,证明双方之间已进行货物交接和载明其交接状态的单据。交货记录共五联(到货通知书一联,提货单一联,费用账单二联,交货记录一联)。

(1)到货通知书(Arrival Notice),是在卸货港(地)的船舶代理人将集装箱卸入集装箱堆场或移至集装箱货运站,并办好交接准备后,向收货人发出要求及时提取货物的书面通知。其中,通常规定有提货期限、不按时提货的处理。例如,"根据海关规定,货物到港(站)14 天内未能及时向海关申报,由此引起的海关滞报金,由收货人承担。""货物到港 14 天内未能及时提取货物,由此引起的港口疏港所发生的费用,由收货人承担。货物抵港 3 个月不提取,将作为无主货处理。"

(2)提货单(Delivery Order,D/O),是船公司或其代理人指示负责保管货物的集装箱货运站或集装箱堆场的经营人,向提单持有人交付货物的非流通性单据。

(3)交货记录,是船公司或其代理人向收货人或其代理人交货时,双方共同签署的,证明双方之间已进行货物交接和载明其交接状态的单据。

(4)费用账单,是场站凭此向收货人结算费用的单据。其主要内容包括收货人名称和地址、开户银行与账号、船名、航次、起运港、目的港、提单号、交付条款、到付海运费、卸货地点、到达日期、进库场日期、第一程运输、标记与集装箱号、货名、集装箱数、件数、重量、体积、费用名称、港务费、港建费、堆存费、装卸费、其他费用、费用合计等栏目,还有计费吨、单价、金额;收货人章、收款单位财务章、港区场站受理章、核算章、复核章、开单日期等。

在集装箱运输中,船公司的责任是从接收货物开始到交付货物为止。因此,场站收据是证明船公司责任开始的单据,而交货记录是证明责任终了的单据。

7. 其他单证

(1)卸货报告(Outturn Report),是集装箱堆场或货运站在交付货物后,将交货记录中记载的批注,按不同装载的船名,分船编制的交货状态的批注汇总清单。该清单送交船公司或其代理人,船公司据此掌握货物灭失和发生损坏的情况,以便采取必要措施,也可作为收货人对货物灭失或损坏提出索赔时船公司理赔的重要依据。

（2）待提集装箱（货物）报告[Report of Undelivery Container（Cargo）]，是集装箱堆场或货运站编制并送交船公司的，表明经过一段时间尚未能疏运的，仍滞留在堆场或货运站的重箱或货物的书面报告。据此，船公司或其代理人可向收货人及其代理人发出催提货物的通知，以利于疏港和加速集装箱的周转。

任务实施

1. 查阅资料，以图表的形式归纳海运运输出口流程。
2. 根据信用证有关内容，填制"集装箱货物托运单"一份。本信用证项下货物的交接方式为CY—CY，整批货被装在编号分别为MSKU6677889、MSK1122334的2个20尺集装箱内，由MAERSK KATE 238E号船于8月30日装运出海。该批货物的合同号为SHZN1001，体积为56.8CBM，每个纸箱重0.15KGS，唛头由受益人自行设计。

ISSUING BANK：BANK OF AMERICA

    180 ST. FRANCIS STREET MOBILE ALABAMA 36602 USA

BENEFICIARY：SHENZHEN CHENGXIN ENTERPRISE GENERAL CORP.

    160 BAOAN ROAD SHENZHEN, CHINA

    TEL：86-755-30465721   FAX：86-755-30465722

APPLICANT：BAMA SEA PRODUCTS. INC.

    1499 BEACH DRIVE S.E.ST PELERSBURG. FL 33701,USA

ADVISING BANK：THE BANK OF EAST ASIA LIMITED XIAMEN BRANCH

    G/F & 1/F HUICHENG BUILDING 837 XIAHE ROAD, XIAMEN, CHINA

    TELEX：93132 BEAXM CN FAX：86-592-5064980

DATE：AUGUST 1, 2023

FORM OF DC：IRREVOCABLE L/C AT SIGHT

AMOUNT：USD 170450.00

PARTIAL SHIPMENT：PERMITTED

TRANSSHIPMENT：PERMITTED ONLY FROM XIAMEN CHINA FOR TRANSPORTATION TO LONG BEACH, CA. USA. WITH FINAL PORT OF DESTINATION TAMPA, FL,USA.

SHIPMENT CONSISTS OF：34000KGS CHINESE SAND SHRIMP OR BIG HARD SHELL SHRIMP.BLOCK FROZEN SHRIMP（PTO）, PACKED 6X2KGS/CTN.（RAW, PEELED, TAIL ON）

CONSISTING OF：

KGS.	SIZE（MM）	UNIT PRICE（/KGS）	TOTAL
3000	71/90	USD6.60	USD19800.00
5000	91/110	USD6.35	USD31750.00
6000	111/130	USD5.45	USD32700.00
8000	131/150	USD4.55	USD36400.00
12000	151/200	USD4.15	USD49800.00

TOTAL AMOUNT OF USD170450.00 CFR TAMPA FL. U.S.A.

THE LATEST SHIPMENT DATE IS AUGUST 31,2023

DOCUMENTARY REQUIREMENTS：

1）FULL SET（3/3）CLEAN ON BOARD COMBINED TRANSPORT BILLS OF LADING CONSIGNED TO THE ORDER OF BAMA SEA PRODUCTS INC.,1499 BEACH DRIVE S.E., ST, PELERSBURG,FL.33701 MARKED "FREIGHT PREPAID" NOTIFYING WILLIAMS CLARKE, INC., 603 NORTH FRIES AVENUE, WILMINGTON, CA 90744,USA. AND MUST INDICATE CONTAINER（S） NUMBER AND STATE THAT CONTAINER（S）HAVE BEEN MAINTAINED AT ZERO DEGREES FAHRENHEIT OR BELOW. IF COMBINED TRANSPORT BILL OF LADING IS PRESENTED, MUST BE INDICATE VESSEL NAME.

2）BILLS OF LADING MUST ALL FREIGHT CHARGES PREPAID, INCLUDING FUEL ADJUSTMENT FEES （FAF）

Shipper					
			D/R NO（编号） 集装箱货物托运单		
Tel		Fax			
Consignee					
Notify Party			S/O No.		
			CY Opening		CY Closing
			Vessel/Voyage		
Place of Receipt	Place of Loading	Size	Quantity	B/L Issued at：	
		20'		SHENZHEN	
		40'GP		HONGKONG	
		40'HQ		TAIWAN	
Port of Discharge	Place of Delivery	45'		OTHER	
				Release B/L Way：	
		其他（如海运散货）		MASTER B/L	
				HOUSE B/L	
				TLX RELEASE	
Marks/Nos	Quantity&Kind of package	Description of Goods		Gross Weight（KGS）	Measurment（CBM）
Total number of containers of packages（in words）					

Freight Confirm	Ocean Freight	DOC	Other	Prepaid	Collect

No of original b/l	

如客户自拖自报，请注明： 拖车公司及联系方式、报关行及电话	Signature & Chop by Shipper 托运人签名及盖章

如需要我司安排拖车，请填写此栏：拖柜地点、时间、联系人及电话	

强化训练

深圳 HL 公司与美国 Fashion 公司的出口皮包合同，经与承运人核实由 ZHE LU V.031118SE 号船于 11 月 20 日承运，请缮制托运单。

SHIPPER（发货人）			D/R NO.（编号）
CONSIGNEE（收货人）			集装箱货物托运单
NOTIFY PARTY（通知人）			
PRE-CARRIAGE BY（前程运输）	PLACE OF RECEIPT（收货地点）		
OCEAN VESSEL（船名）	VOY NO.（航次）	PORT OF LOADING（装货港）	
PORT OF DISCHARGE（卸货港）	PLACE OF DELIVERY（交货地点）		FINAL DESTINATION（目的地）

Container No.（集装箱号）	Seal No.（封志号）Marks &Nos.（唛头）	No. of Containers or Packages（箱数或件数）	Kind of packages; Description of Goods（包装种类与货名）	Gross Weight 毛重（千克）	Measurement 尺码（立方米）

TOTAL NUMBER OF CONTAINERS OR PACKAGES (IN WORDS) 集装箱数或件数合计（大写）					
Freight&Charges（运费与附加费）	Revenue Tons（运费吨）	Rate（运费率）	Per（每）	Prepaid（运费预付）	Collect（运费到付）
Ex. Rate：（兑换率）	Prepaid at（预付地点）		Payable at（到付地点）		Place of Issue（签发地点）
	Total Prepaid（预付总额）		Numbers of Original B（s）/L（正本提单份数）		
Service Type on Receiving □-CY □-CFS □-DOOR	Service Type on Delivery □-CY □-CFS □-DOOR		Reefer-Temperature required（冷藏温度）	F	C
TYPE OF GOODS（种类）	□-Ordinary 普通　□-reefer 冷藏　□-dangerous 危险品　□-Auto 裸装车辆			危险品	Class: Property: Imdg　Code Page: Un No.
	□-Liquid 液体　□- Live Animal 活动物 □-Bulk 散货　□-_____				
可否转船：	可否分批：				
装运期：	有效期：				
金额：					
制单日期：					

学习任务二 海洋运单的识读与制作

学习目标

知识目标

1. 理解海运提单与海运单的概念。
2. 掌握海运提单与海运单的业务流程。
3. 掌握海运提单各个栏目的填写方法及注意事项。

能力目标

1. 能对比海运提单与海运单。
2. 能缮制海运提单。

建议学时

学习任务二建议 3 学时。

相关知识点

目前海运方式下,最主要的国际货物运输单据是海运提单和海运单。

一、海运提单

(一)海运提单概述

海运提单(Ocean Bill of Lading,B/L)简称提单,是由承运人或其代理人签发给托运人的,证明海上运输合同和货物由承运人接管或装船,以及承运人据以保证交付货物的凭证。

海运提单的性质和作用主要有:

(1)海运提单是承运人或其代理人出具的货物收据。

海运提单是承运人或其代理人应托运人的要求向其签发的收据,确认已经收到提单所载货物并已装船,或已接管货物以待装船,并按提单所载事项,向收货人交付货物。

(2)海运提单是代表货物所有权的物权凭证。

提单是货物所有权的凭证,它在法律上具有物权证书的作用。船货抵达目的港后,承运人应向提单的合法持有人交付货物。提单可以通过背书转让,从而转让货物的所有权。

(3)海运提单是运输合同或契约的证明。

提单条款明确规定了承运人、托运人及船方之间的权利和义务、责任与豁免,是处理他们之间争议的法律依据。但提单本身并不是运输合约,提单是在运输合约成立以后签发的,只是运输契约的证明。

(二)提单的业务流程

提单的业务流程会因支付方式的不同而有所区别。

在信用证和托收支付方式下的提单流程如图6-2所示。

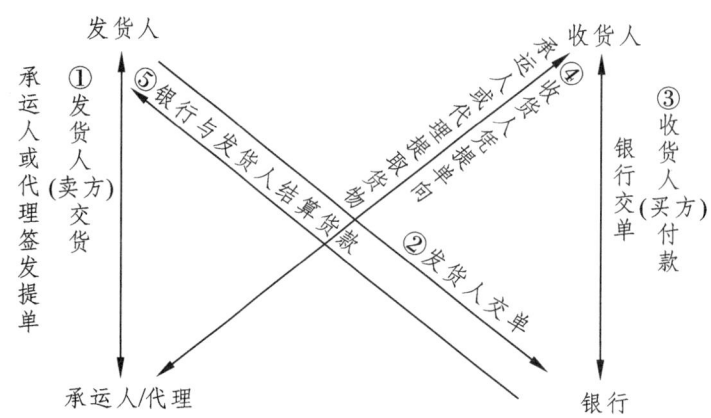

图6-2 信用证和托收支付方式下的提单业务流程示意图

(1)发货人(卖方)交货,承运人或代理签发提单;
(2)发货人交单;
(3)收货人(买方)付款,银行交单;
(4)收货人凭提单向承运人或代理提取货物;
(5)银行与发货人结算货款。

在汇付支付方式下的提单流程如图6-3所示。

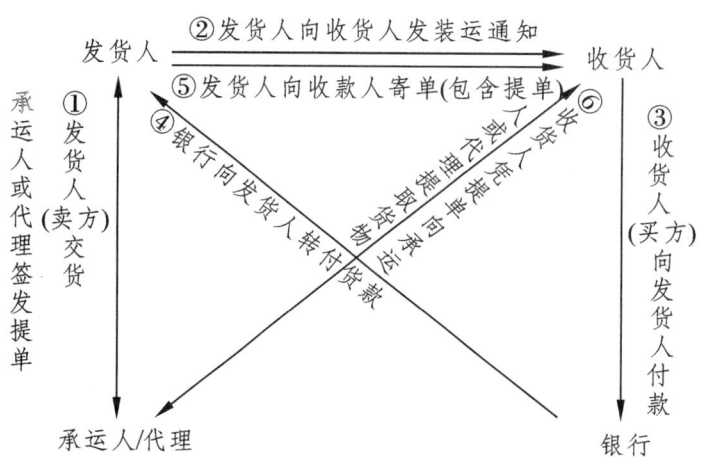

图6-3 汇付支付方式下的提单业务流程示意图

(1)发货人(卖方)交货,承运人或代理签发提单;
(2)发货人向收货人发装运通知;
(3)收货人(买方)向发货人付款;
(4)银行向发货人转付贷款;
(5)发货人向收货人寄单(包含提单);

（6）收货人凭提单向承运人或代理提取货物。

需要特别说明的是，图中的"银行"并不是指某一家银行，而是本笔生意收付所涉及所有相关银行的"集合"方的银行，也包括买方的银行。

图6-2和图6-3都是提单在"宏观层面"上比较粗略的业务流程，而在细节的"微观层面"上，发货人—承运人/代理—收货人之间的货物交接流程往往采用图6-4所示的形式。

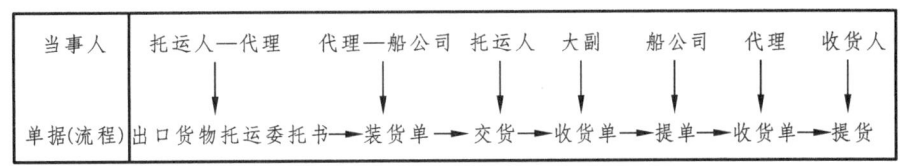

图6-4 提单业务下细节上的货物交接流程示意图

（三）提单各栏目的填写方法及注意事项

提单的格式通常是由各家承运人或其代理设计制作的固定模板，提单各个栏目的设置虽然在整体上大同小异，但在某些细节上却存在着一些差异。空白海运提单示例如表6-4所示。

海运提单背面条款

表6-4 中国远洋运输集团总公司（COSCO）海运提单

1. SHIPPER（托运人）		
2. CONSIGNEE（收货人）		
3. NOTIFY PARTY（通知人）		B/L NO.　　　　　　　　　　COSCO 中国远洋运输（集团）总公司 CHINA OCEAN SHIPPING（GROUP）CO.
4. PR-CARRIAGE BY（前程运输）	5. PLACE OF RECEIPT（收货地）	*ORIGINAL* Combined Transport Bill of Lading
6. OCEAN VESSEL VOY. NO.（船名及航次）	7. PORT OF LOADING（装货港）	
8. PORT OF DISCHARGE（卸货港）	9. PLACE OF DELIVERY（交货地）	10. FINAL DESTINATION FOR THE MERCHANT'S REFERENCE（目的地）

11. MARKS（唛头）	12. NOS. & KINDS OF PKGS（包装种类和数量）	13.DESCRIPTION OF GOODS（货物名称）	14. G. W. (KG)（毛重）	15. MEAS (M^3)（体积）

16. TOTAL NUMBER OF CONTAINERS OR PACKAGES（IN WORDS）（总件数）					
17. FREIGHT & CHARGES（运费）	18. REVENUE TONS（运费吨）	19. RATE（运费率）	20. PER（计费单位）	21. PREPAID（运费预付）	22. COLLECT（运费到付）
23. PREPAID AT（预付地点）	24. PAYABLE AT（到付地点）	25. PLACE AND DATE OF ISSUE（出单地点和时间）			
26.TOTAL PREPAID（预付总金额）	27. NUMBER OF ORIGINAL B（S）L（正本提单的份数）	30. SIGNED FOR THE CARRIER（承运人签章） 中国远洋运输（集团）总公司 CHINA OCEAN SHIPPING （GROUP） CO. ×××			
28. DATE（装船日期）	29. LOADING ON BOARD THE VESSEL BY（船名）				

◇ **第一部分：提单右上角序号之外的栏目**

1. "B/L No."（提单号码）

提单必须编号，且由出单人（承运人或其代理）统一编制。

2. "Letter Head"（出单人名称）

在一般情况下，使用谁作为单据的原始题头（original stationary），就可以认定此份单据的"出单人"是谁。但运输单据有时候会例外，在经过承运人允许的前提下，承运人的代理可以使用承运人原始题头的运输单据代表承运人向托运人签发并且签署。

3. "Title of B/L"（提单的单据名称）

国际商会规定提单的名称可以任意命名（how ever named）（参见 UCP600 第二十条），

提单的命名也可以与相关信用证对提单名称的规定不完全一致（参见 ISBP745 第 E2 段）。

例如，有的提单名称前面的定语"Port-to-Port Combined Transport"，这种写法是"Port-to-Port and Combined Transport"（港至港运输和联运）的缩写。"港至港"是指"货物从装运港运到目的港"，也就是单一的海运；而"Combined Transport"则是指"一批货物从头至尾使用包括海运在内的两种或以上运输方式"。

"联运"具体可分为两种情形：

（1）"Combined Transport"，参见上述内容。

（2）"Through Transport"，指一批货物只使用一种运输方式，但是中途需要转船或转运的情况。例如，海运货物从一条船舶上卸下来，再装到另一条船舶上继续运输；又如，国际铁路货物联运等。

4. "General Terms"（提单的格式性条款）

格式性条款是指出单人针对所有可能与该单据关联的当事人的普遍规定，而不是具体针对某个人或某件事而特别制定的规矩。出单人为了自己的利益，往往会在单据上制定很多格式性条款，以此保护自己、限制他人。

5. "ORIGINAL"（正本提单的声明）

出单人通常会在每一份正本提单上分别注明"ORIGINAL"字样，因为它是"物权单据"，需要用于在目的港提货。此外，提单正本还经常用于转让。因此，很多信用证都明确规定正本提单上都要注明"ORIGINAL"（正本）字样。

◇第二部分：提单上带有序号的栏目

1. "Shipper"（托运人）

此栏又称"Consignor"（发货人），是指"把货物交给承运人运输的人"和"与承运人签订运输契约的人"。

此栏的填写方法如下：

（1）在信用证支付方式下，当信用证没有特别规定时，直接填写"受益人"（卖方）的名称、地址和联络细节；但如果信用证特别规定了此栏的填写内容，就要严格按照信用证的规定填写。

（2）在托收或汇付支付方式下，在买方没有特别规定时，直接填写卖方的名称、地址和联系细节；如果买方有规定，就按照买方的要求填写。

此外，UCP600 第十四条 k 款规定，任何单据中注明的"托运人"或"发货人"无须为信用证的"受益人"。ISBP745 第 D17 段 a 款和第 E13 段 a 款均规定，当多式联运单据（或海运提单）的"收货人"做成"to order"或"to order of the shipper"时，该多式联运单据（或海运提单）应由托运人背书，该背书也可以由托运人之外的具名实体（named entity）做出，只要其表明是"为托运人或代表托运人行事的"（The endorsement is made for or on behalf of the shipper）。在实际工作中，有时候信用证的开证申请人只是一个中间商，这时的信用证会要求在运输单据的"Shipper"一栏里填写开证申请人的名称和地址，同时要求下一栏的"Consignee"填写"to order of the shipper"。上述要求，只要该信用证在背书上没有其他特殊规定，受益人通常是可以接受的,并且在运输单据上直接由受益人背书,同时背书处注明"for or on behalf of the shipper"即可。

2. "Consignee"(收货人)

此栏又称"提单的抬头人",理论上有 3 种填法,如表 6-5 所示。

表 6-5 提单的 3 种"抬头"

序号	称谓	举例	使用
①	记名提单(Straight B/L)	CONSIGNED TO ××× CO., LTD.	慎用
②	不记名提单(Blank/Open B/L)	TO BEARER(货交持票人)	不使用
③	指示提单(Order B/L)	TO ORDER/TO THE ORDER OF ×××	广泛使用

此栏的填写方法是:

(1)在信用证支付方式下,严格按照信用证的规定填写;如果信用证没有特别规定,直接填写"TO ORDER"(凭指定)或"TO THE ORDER OF SHIPPER"(凭托运人指定)。

(2)在托收或汇付支付方式下,在买方没有特别规定时,直接填写"TO ORDER"(凭指定)或"TO THE ORDER OF SHIPPER"(凭托运人指定);如果买方有规定,就按照买方的要求填写。

3. "Notify Party"(被通知人)

此栏经常被简称为"通知人",是指货物运到目的港以后,承运人或者他们的代理需要及时告知有关到货信息的对象。

此栏的填写方法如下:

(1)在信用证支付方式下,当信用证没有特别规定时,直接填写"申请人"(买方)的名称、地址和联络细节;如果信用证特别规定了此栏的填写内容,就要严格按照信用证的规定填写。

(2)在托收或汇付支付方式下,在买方没有特别规定时,就直接填写买方的名称、地址和联络细节;如果买方有规定,就按照买方的要求填写。

需要注意的是,在信用证支付方式下,当申请人的名称、地址和联络细节填写在运输单据的"通知人"一栏,或者填写到记名提单的"收货人"一栏时,一定要与信用证中给定的信息相同(identical),不能有任何改变(参见 UCP600 第十四条 j 款)。

4. "Pre-carriage by"(前段运输)

此栏指"货物在办理出口通关之前国内运输的运输工具名称"。例如,一批货物的"装运港"是上海,而这批货物从武汉运往上海就是"前段运输"。一般情况下,此栏可以不用填写。

5. "Place of Receipt"(收货地点)

此栏是指"签发本单据的人在装运港以外的其他国内地点接收托运人交付托运货物的地方"。例如,前面第 4 栏举例中的"Wuhan"等。此栏在电讯信用证上的栏目号是"44A"。

第 4 栏、第 5 栏通常都是为"多式联运"(multimodal transport)方式预设的,在单一的海运方式下不用填写。如果填写,无论在什么运输方式下,此栏都可以与"装运港"一致,填写相同的港口（或地名）。

6. "Ocean Vessel and Voy. No."（船名和航次）

"Voy. No."是 voyage number（航次）的缩写，船名后面一定要有航次才是有效的船名。"船名"有很多时候写成"S.S.××××V.×××"。"S.S."是 steamer ship（"船名"的旧称）的缩写，"V."是 Voy. No.的缩写。

"已装船"（On Board）提单上必须列明船名和航次。

需要注意的是，提单上的船名必须是从信用证或买卖合同上列明的"装运港"开往国外的载货船舶的名称，并不是货物在办理出口通关手续之前运输的船名。例如，某批货物从武汉运往上海再运往布里斯班（Brisbane），都用船运，此时提单上的"船名"如何去填写就要视情况而定了。

（1）如果信用证或买卖合同上规定的"装运港"是"Wuhan"，货物就需在武汉通关，提单上的"船名"就应该填写从武汉开往上海的船名和航次（武汉到布里斯班没有直达船，货物必须在上海转船）。

（2）如果信用证或买卖合同上规定的"装运港"是"Shanghai"，货物就需在上海通关，提单上的"船名"就应该填写从上海开往布里斯班的船名和航次。

7. "Port of Loading"（装运港）

此栏在电讯信用证上的栏目号是"44E"。一定要严格按照信用证或买卖合同的规定填写此栏，不得改变。但信用证有时只是笼统的规定（如 ANY CHINESE PORT）时，提单上的此栏就不能机械地照抄信用证的内容，而是填写一个在中国内地（不包括港澳台的港口）装船的具体港口名称，如"Tianjin,China"或者"Huangpu,China"等。

8. "Port of Discharge"（卸货港）

此栏在电讯信用证上的栏目号是"44F"。"卸货港"可以理解为：① 在多式联运下，它只是海运的终点，并不是全程运输的目的地（Place of Destination）。例如，货物从大连用船舶运往洛杉矶（Los Angeles），再改用火车最后运往芝加哥（Chicago），洛杉矶就是"卸货港"，芝加哥才是"目的地"。② 在单一的海运方式下，它既是海运的终点又是全程运输的终点（Port of Destination）。

一定要严格按照信用证或买卖合同的规定填写此栏，不得改变。

9. "Place of Delivery"（到货地点）

"到货地点"（也可以翻译成"交付地点"）是指承运人最终把货物交给收货人提走的地点。这一栏目主要是为"多式联运"方式预设的栏目，在单一的海运方式下，只要信用证没有特别规定，此栏就可以不填写；如果填写，可以与"卸货港"一致。

这里之所以不翻译成"交货地点"，是因为"交货"（delivery）在贸易术语中，不仅具有"把货物由一个人交给另一个人"的意思，同时还含有"货运风险同时由卖方转移给买方"之意。而在目的地的"交付"中，在象征性交货方式下，其含义只有前者，没有后者。

上述栏目所指的方位在逻辑上的顺序可表示为："5.Place of Receipt"→"7. Port of Loading"→"8. Port of Discharge"→"9.Place of Delivery"。

10. "Final Destination（of the goods，not the ship）"[（货物，而不是船舶的）最终目的地]

即货物"最终目的地"。如在上述第8栏的举例中，货物的最终目的是芝加哥，而船舶的最终目的地是洛杉矶。

11. "Marks"（唛头）

此栏填写唛头。提单上的唛头必须与其他单据上的唛头相一致。如为散装货，应注明"N/M"或"IN BULK"字样。

12. "No. of Containers or P'kgs"（集装箱数量或外包装件数）

"P'kgs或Pkgs"是packages的缩写。如果货物是装整集装箱（FCL）的，则集装箱的个数和货物运输包装的件数这两项都要在此栏列明。但如果货物是装拼箱（LCL）的，集装箱的个数就不用列明了。

13. "Description of Goods"（货物名称）

此栏主要填写货物名称（允许用统称，与装箱单上的"货名"一样），还可以填写信用证规定的其他特别内容，以及填写提单上其他栏目写不下的其他需要填写的内容。

14. "Gross Weight（KG）"（毛重）

此栏的"毛重"重量应该与商业发票和装箱单中的毛重一致，但这里标明以"公斤"为单位，制单人应按照栏目设置的要求去做。

15. "Measurement"（体积）

此栏一般用"CBM"（立方米）表示，小数保留三位。

16. "Total No. Containers or Packages（in Words）"[（大写）集装箱的总个数或运输包装的总件数]

用大写表示集装箱或其他形式最大外包装的件数，应与第12栏的件数一致。

17. "Freight&Charges"（运杂费用）

此栏目的填写内容主要是明确"运费是由卖方支付还是由买方支付"的问题，此栏为"必填栏目"。它有两种填法：

（1）在FOB、FCA、FAS等贸易术语下，填写"FREIGHT COLLECT"（其含义是"运费由买方支付"，一般翻译为"运费到付"）；

（2）在CFR、CIF、CPT和CIP等贸易术语下，填写"FREIGHT PREPAID"（其含义是"运费由卖方支付"，一般翻译为"运费预付"）。

此栏的填写内容中还有"CY-CY"，即"承运人的运输起止界限是：从装运港的集装箱堆场运到目的港的集装箱堆场"，这是"整箱货物"（FCL）在通常情况下的运输服务范围。"CY"是container yard（集装箱堆场）的缩写。

与"CY-CY"相对应的主要有"CFS-CFS"，即"承运人的运输起止界限是：从装运港的集装箱货运站运到目的港的集装货运站"，这是"拼箱货物"（LCL）在通常情况下的运输服务范围。"CFS"是container freight station（集装箱货运站）的缩写。

一般情况下，"集装箱货运站"具备现场装箱、掏箱（俗称"拆箱"）以及短暂的集装箱外、货运站仓库之内存放货物的功能,而"集装箱堆场"却不具备。

18. "Revenue Tons"(计费吨位)

海运货物的"计费吨位"(Freight Ton)通常有两种:

(1)"重量吨"(Weight Ton),适用于"重货"(Dead-Weight Cargo,1公吨货物的体积小于1立方米),一个计费吨为"1公吨"(M/T);

(2)"尺码吨"(Measurement Ton),适用于"轻泡货"(Measurement Cargo,1立方米货物的重量小于1公吨),一个计费吨为"1立方米"(CBM)。

另外,集装箱俗语中的"重箱"(Loaded Container),是指已经装了货物的集装箱,它跟上面的"重货"并不是同一个概念。与"重箱"对应的是"空箱"(Empty Van/Container)。

19. "Rate"(运费的费率)

运费的费率实际上就是"运费的单价"。例如,在"计费吨"的条件下,按"每一个计费吨收多少钱"来计收运费等。

20. "Per"(费率的计量单位)

费率的计量单位有很多,有的按"公吨"或"立方米",有的按"集装箱的个数",还有的按"货物的价值"(从价)等计收。

21. "Prepaid"(预付运费的金额)

此栏内容的含义有两层:①需要支付的金额数;②此笔金额由卖方支付。但是,在通常情况下,运输单据上并不显示运杂费用的数额。

22. "Collect"(到付运费的金额)

此栏内容的含义有两层:①需要支付的金额数;②此笔金额由买方支付。

23. "Prepaid at"(预付运费的地点)

预付运费的地点一般是在提单签发所在地,即卖方需要把运费支付到承运人或其代理签发提单所在地的指定银行账户里。

24. "Payable at"(到付运费的地点)

到付运费的地点一般是在货物的目的港所在地,即买方需要把运费支付到承运人或其代理在目的港所在地的指定银行账户里。

以上第18至24栏在一般的提单格式中不会预设,即便预设了,在实际工作中也极少填写内容。其主要原因是:① 具体的运费数额通常都是"保密"的,提单的签发人不愿意让局外人知道,卖方有时候也不愿意让买方知道;②"预付"与"到付"的问题在第17栏已有规定,不需要再重复。

25. "Place and Date of Issue"(本提单出具的地点和时间)

此栏为"必填栏目"。国际商会规定,运输单据、保险单据和汇票都必须注明出具的日期(参见ISBP745第A11段a款);在"已装船"(On Board)提单上,如果没有特别注明装船的日期,就可以把提单出具的日期当作"提单装船的日期"(参见UCP600第二十条a款)。

另外,在信用证支付方式下,提单的装船日期一定不能迟于或者早于信用证规定的装运日期，此限定的日期在电讯信用证的第 44C 栏目项下。

26. "Total Prepaid in"（以本币预付的运费金额）

此栏目的全称是"Total Prepaid in Local Currency"，填写运费的本币金额。

27. "No.of Original B（s）/L"（正本提单签发的份数）

"B（s）/L"是 Bill（s）of Lading 的缩写，不能写成"B/L（s）"或者"Bill of Lading（s）"。类似地，"L（s）/C"是 Letter（s）of Credit 的缩写，不能写成"L/C（s）"或者"letter of Credit（s）"

在"国际货物运输"行业中，承运人或其代理签发的提单份数，一般都是每套"三正三副"。

如果提单此栏规定为"3 份正本"，那么，3 份正本合起来才算"完整的一套"，每一份正本都需要分别签署；如果是"指示性抬头"的提单，每一份还要分别由受益人（卖方）背书；每一份都可以用于在目的地（港）提货（如果其中一份已经用于提货了，其余份数的正本提单随即自动失效。无论提单本身有没有这样的规定，行业规范如此）。

如果此栏没有填写"份数"，就可以认定"这份提单只有唯一一份正本"。

28. "Date"（装船日期）

此栏填写货物的具体装船日期。

29. "Loading on Board the Vessel by"（装船名称）

此栏填写货物的具体装船名称、航次。

30. "Signed for the Carrier"（提单的签署）

提单是"物权单据"，必须签署（参见 UCP600 第十九条 a 款和第二十条 a 款）。提单的签署人，在理论上可以分别由以下人员签署：承运人（carrier）、承运人的代理（carrier's named agent）、船长（master）和船长的代理（master's named agent）。但在实际工作中，提单一般只由承运人和承运人的代理签署。签署人在签署时，还要注明其身份（capacity）；如果是代理签署，除了注明自己的身份，还要注明自己是代表哪个承运人（或船长）。

承运人签署的形式如下：

CHINAOCEAN SHIPPING（SHANGHAI）CO.，GROUP（法人印章）
×××（法人代表的签字或盖印）
AS CARRIER（作为承运人）

承运人代理签署的形式如下：

CHINA SHIPPING AGENCY（WUHAN）CO.，LTD（法人印章）
×××（法人代表的签字或盖印）
AS AGENT，FOR AND ON BEHALF OF　THE CARRIER：COSCO.
（作为代理，代表承运人：中国远洋运输集团公司）

另外，ISBP745 第 D3 段和第 E3 段等规定，如果信用证规定"货运代理人"（freight forwarder）

或"运输行"（house）的运输单据可以接受，这些单据就可以由其出单人签署而且不必注明其签署的身份（capacity），也不用注明承运人的名称。

二、海运单

（一）海运单概述

海运单（Sea Waybill，Ocean Waybill，SWB/OWB）是证明海上运输合同和货物由承运人接管或装船，以及承运人保证据以将货物交付给单证所载明的收货人的一种不可流通的单证，因此又称"不可转让海运单"（Non-Negotiable Sea Waybill）。

海运单

海运单与海运提单性质不同，海运提单是货物收据、运输契约证明、物权凭证，而海运单只是货物收据和运输契约的证明，不具有物权凭证的性质，因此不能流通转让。在海运单的使用中，实物交付后卖方仍有权控制货物，这与象征性交货中完全代表物权的海运提单不同。

海运单与海运提单内容基本相同。

（二）海运单的流转程序

与海运提单相比，在非信用证贸易情况下，使用海运单更有优势。因为海运单不再是物权凭证，在业务流转中的手续可以更简便，使用也更灵活。其流转程序一般包括以下环节：

（1）当承运人应托运人的要求使用海运单时，应在订舱记录中加以确认，并注明"签发海运单"，提示单证操作及目的港交接货物的做法与提单不同。

（2）承运人或其装运港代理预先将托运人在订舱时所提供的收货人详细资料（包括名称、地址、电话、传真、主管人姓名、职务等）列成清单传给卸货港代理。

（3）承运人或其装运港代理在接收货物后，凭场站收据签发海运单。正本一份交给托运人，其余的副本交由装运港代理留存及随船交卸货港代理。

（4）签发海运单后，承运人或其装运港代理将该航次使用海运单的情况（包括海运单号、货名、数量、收货人等）通过 E-mail、电传或传真通知卸货港代理。

（5）舱单上注明哪些货物使用海运单。

（6）卸货港代理凭舱单、装货港代理提供的信息，在船舶抵港前，向海运单所记载的收货人发出到货通知。

（7）收货人凭已签收的到货通知及本人有效身份证件要求提货。

（8）卸货港代理验明收货人的身份后，在结清运费及其他费用的情况下签发提货单放货。

（三）海运单的适用范围

海运单因其非物权凭证的性质而具有自身的优势，但它能在多大程度上发挥作用，要取决于立法支持和航运界本身的态度。事实上，海运单的使用可以是很广泛的，至少以下几种情况可以使用。

1. 集装箱班轮运输

集装箱的运输速度快、挂港少、装卸占用时间短，常常出现货物先于提单抵达的情况。此外，典型的适箱货以消费品为主，频繁改换收货人的情况很少见，而且承运人与货主之间的交接比较简单，适合于使用海运单。

2. 大宗、稳定货物的租船包运

在大宗货物运输中，有相当一部分货物是大型企业（如钢铁公司、轮胎橡胶集团等）所需的生产原料，因而货源稳定、极少转手。在这种情况下，完全可以使用海运单，避免货物先于提单到达时凭保函提货的麻烦。

3. 各种转包运输

在转包运输越来越常见的情况下，一票签发多套提单已不鲜见。无论是件杂货、装箱货，还是大宗货，若要在运输期间转让，都可只凭第一套提单背书转让，那么其余几套提单完全可以用海运单来代替，这样可以有效地防止欺诈，避免一票货有多套提单流转在外所带来的不安全因素。

4. 全程运输中的分段运输

分段运输作为全程运输的组成部分，在区段之间应由全程承运人做好衔接工作，货主与区段承运人不产生直接的关系。因此，海运段与陆运段、空运段一样，完全可以签发海运单而无须签发海运提单。全程由海运构成的中转运输也适用这种情况。

（四）提单"电放"与海运单的区别

1. "电放"的概念

为了使收货人可以在某些无法及时取得提单而船公司又不愿意凭保证书交付货物的情况下及时提取货物，实践中就产生了"电放"的做法。人们通常所说的"电放"是狭义上的概念，即托运人（发货人）将货物装船后把承运人（或其代理人）所签发的全套正本提单交回承运人（其代理人），同时指定收货人（在非记名提单的情况下）；承运人授权（通常以电传、电报等通信方式通知）其在卸货港的代理，在收货人不出具正本提单（已收回）的情况下交付货物。

因此，"电放"的法律原理是：在承运人签发提单的情况下，当收回提单时即可交付货物（或签发提货单）。由于承运人收回提单的地点是在交付货物（卸货港）以外的地点（通常是在装货港），视其为特殊情况，所以收回全套正本提单。然而，目前有关的国际公约、各国的法律（如中国的《海商法》）和法规中均无"电放"的定义。

2. 承运人的选择

作为承运人的集装箱班轮公司坚持"客户是上帝"的服务理念，所以当客户提出使用"电放"或使用海运单的要求时，除非该船公司没有自己的海运单，船公司都会满足客户的要求。然而，对于承运人而言，应该选择使用海运单。

（1）选择使用"电放"的依据和风险。众所周知，国际公约、各国的法律等已给提单赋予定义、加以规范，而目前还没有国际公约或各国的法律给"电放"赋予定义和规范。如前所述。"电放"的原理是异地收回提单，然后交付货物。这种做法也是参照了在签发提单时的特殊情况，即"异地签单"的做法。但是，"异地签单"仍然存在问题，并且也有人对其做法提出过质疑，可以说"异地签单"做法的后果存在着不确定性。

严格按照本书给予"电放"的定义操作，可以避免一些不确定因素造成的影响。然而，实践中的一些做法对"电放"以后承运人承担的相应责任构成风险。值得注意的问题包括但不局限于托运人（发货人）申请"电放"时，承运人不再签发提单，此时提单条款对当事人是否具有约束力的问题；提单可以适当背书（Duly Endorsed）后转让，"电放"时如何实施的问题；"电放"情况下的托运人和收货人都是无船承运人，作为实际承运人的船公司将货物交付给真正的货主时，是否应承担交错货物的责任问题；无船承运人错误交付货物时，船公司应承担的责任问题。

（2）选择使用海运单的原因。海运单无论是在国际贸易方面（如国际商会制定的 INCOTERMS）还是在国际航运方面（如国际海事委员会的《海运单统一规则》）都有十多年的惯例、规范可循。"电放"实际上是在使用提单的情况下，基本上按照海运单流程操作的一种方式。因此，必要时选择使用海运单对作为承运人的船公司而言，可以避免因使用"电放"而产生的问题，同时又有惯例、规范可供当事人遵守。所以，在需要时，承运人选择使用海运单是较为妥当的。

3. 货方的选择

此处的货方指的是买卖合同中的卖方和买方，通常他们也是运输合同中的货方，托运人（发货人）和收货人。对于托运人和收货人而言，在某些情况下，同样存在着是使用"电放"还是使用海运单的问题。做出正确的选择，既能使其满足流程上的需要，又能维护自身权益。

首先，货物买卖合同中的卖方、货物运输合同中的托运人（发货人）应该了解"电放"的基本概念。"电放"并非在任何情况下都可以使用。例如，当采取信用证方式作为支付货款的方式并遵守 ICC 的《跟单信用证统一惯例》时，不能使用"电放"，因为 UCP600 规定的海运提单是全套正本，而"电放"却要求托运人（发货人）将全套提单交回承运人。

其次，托运人应了解，在使用"电放"的情况下必须将全套提单交回给承运人，所以在某些情况下，比如主管机关在检查时要求提供全套单据，或者与承运人发生争议时，托运人会因拿不出提单而影响其维护自身的权益。

由于可以使用"电放"的情况都可以使用海运单，而使用海运单比使用"电放"更安全，更能引起托运人对维护自身权益的注意力，所以对于托运人（发货人）而言，应该选择使用海运单。

4. 收货人的选择

在洽谈买卖合同时，买卖合同中的买方通常处于主导地位。而当买方作为运输合同中的收货人时，却经常处于被动地位。因此，在买卖合同中约定使用"电放"还是使用海运单，对收货人来说很重要。在实践中，买卖合同偶然也会约定"电放"，但大多数情况下是卖方提议、买方接受。

买方作为收货人也应了解"电放"的基本概念。由于在"电放"的情况下，承运人将接受托运人（发货人）的指示来确定收货人（记名提单除外），并且在收货人提取货物之前，收货人的名称可能被改变。因此，对于收货人而言，如果是收到货物以后再支付货款，则不存在提货的风险。但是，如果是收货人先支付货款，然后才有权提货，就存在着付款后无权提货的风险。

另外，在"电放"的情况下，收货人同样不能取得提单；当出现纠纷时，收货人也会因拿不出提单而无法维护自身权益。

使用海运单是根据买卖合同、运输合同的约定，而使用"电放"则可能是临时的决定。因此，对于收货人而言，选择使用海运单既可以按照海运单的规则保护自身利益，又可以注意到使用海运单的条件和风险。所以，收货人同样应该选择使用海运单。

"电放"在我国国际班轮运输中已有近十年的历史，并在实践中起到了一定的作用。但是，其存在的问题也是显而易见的。由于许多船公司不拥有自己的海运单，而货方在绝大多数情况下也不存在故意欺诈的行为，所以"电放"在实践中被广泛使用。当承运人、无船承运人以及托运人（发货人）和收货人都了解了"电放"的原理和海运单规则，同时承运人也拥有了自己的海运单后，大家就会逐渐弃用"电放"而采用海运单了。当然，使用电子提单的程序建立后，班轮运输实践中使用的单证状况又会发生变化。

任务实施

1. 查阅资料，对比分析船公司提单和无船承运人提单，完成以下表格。

内容区别	提　　单	
	船公司提单（班轮提单，Liner B/L）	无船承运人提单（货代提单，House B/L）
提单中的托运人		
提单中的收货人		
提单中的承运人		
提单运输责任		
提单运费收取		
提单运输条款		
提单流通途径		
提单转让买卖		
提单当事人		

2. 查阅资料，请从货物收据、物权凭证和运输契约三个方面对比分析海运单据和其他运输单据，并完成以下表格。

比较项目	承运货物收据	物权凭证	运输契约	运输契约的证明
提单				
海运单				

铁路运单				
承运货物收据				
航空运单				
多式联运单据				
邮政收据				

强化训练

请根据深圳 HL 公司的托运单以及信用证要求，完成海运提单的填制。（提单号：CSA1505）

Shipper		B/L No.		
Consignee or Order		\multicolumn{3}{c}{中 国 对 外 贸 易 运 输 总 公 司 深圳　SHENZHEN 联　运　提　单 COMBINED TRANSPORT BILL OF LADING}		
Notify address		RECEIVED the foods in apparent good order and condition as specified below unless otherwise stated herein. THE Carrier, in accordance with the provisions contained in this document,1）undertakes to perform or to procure the performance of the entire transport form the place at which the goods are taken in charge to the place designated for delivery in this document, and 2）assumes liability as prescribed in this document for such transport one of the bills of lading must be surrendered duty indorsed in exchange for the goods or delivery order.		
Pre-carriage by	Place of Receipt			
Ocean Vessel	Port of Loading			
Port of Discharge	Place of Delivery	Freight payable at	Number of original Bs/L	
Marks and Nos.	Number and kind of packages	Description of goods	Gross weight （kgs.）	Measurement （m³）

ABOVE PARTICULARS FURNISHED BY SHIPPER

Freight and charges	IN WITNESS whereof the number of original bills of Lading stated above have been signed, one of which being accomplished, the other (s) to be void.	
	Place and date of issue	
	Signed for or on behalf of the carrier	
	CHINA NATIONAL FOREIGN TRADE TRANSPORTATION CORPORATION AS CARRIER	

学习任务三 航空运单的识读与制作

学习目标

知识目标

1. 理解航空运单的概念与分类。
2. 掌握航空运单的性质与作用。
3. 掌握航空运单各个栏目的填写方法及注意事项。

能力目标

能缮制海运提单。

建议学时

学习任务三建议 3 学时。

相关知识点

目前航空运输方式下,最主要的国际货物运输单据是航空运单。

一、航空运单的定义

航空运单(Air Waybill,AWB),是托运人(或其代理人)和承运人(或其代理人)之间缔结的货物运输合同契约,同时也是承运人运输货物的重要的证明文件。

航空运单不可转让,所有权属于出票航空公司,即运单所属的空运企业(Issue Carrier)在运单的右上端印有"不可转让"(Not Negotiable)字样,任何 IATA 成员公司均不得印制可以转让的航空运单,"不可转让"字样不可被删去或篡改。

二、航空运单的构成

国际航空运单一般由一式十二联组成:三联正本、六联副本和三联额外副本。其中三联正本背面都印有英文的有关运输契约涉及航空货物运输的许多法律问题,如索赔、保险、改变承运人等。其中,第一份交发货人,是承运人或其代理接收货物的依据;第二份由承运人留存,作为记账凭证;第三份随货同行,在货物到达目的地并交付给收货人时作为核收货物的依据。

三、航空运单的性质和作用

航空运单与海运提单有很大的不同,但它与国际铁路运单相似。

(1)航空运单是发货人与航空承运人之间的运输合同证明。与海运提单不同,航空运单不仅证明航空运输合同的存在，而且本身就是发货人与航空运输承运人之间缔结的货物运输合同，在双方共同签署后产生效力，并在货物到达目的地交付给运单上所记载的收货人后失效。

（2）航空运单是承运人签发的已接收货物的货物收据。在发货人将货物发运后，承运人或其代理就会将其中一份交给发货人（即发货人联），作为已经接收货物的证明。除非另外注明，它是承运人收到货物并在良好条件下装运的证明。

（3）航空运单是承运人据以核收运费的账单。航空运单分别记载着属于收货人负担的费用、属于应支付给承运人的费用和应支付给代理人的费用，并详细列明费用的种类。

（4）航空运单是出口时报关单证之一。在货物到达目的地机场进行进口报关时，航空运单通常是海关查验放行的基本单证。

（5）航空运单同时可作为保险证书。如果承运人承办保险或发货人要求承运人代办保险，则航空运单可作为保险证书。

（6）航空运单是承运人内部业务的依据。航空运单随货同行，证明了货物的身份。航空运单上载有该票货物发送、转运、交付的事项，承运人会据此对货物的运输做出相应安排。

四、航空运单分类

1. 航空主运单（Master Air Waybill，MAWB）

凡由航空运输公司签发的航空运单称为航空主运单，它是航空运输公司据以办理货物运输和交付的依据，是航空公司和托运人订立的运输合同。每一批航空运输的货物都有相应的航空主运单。

2. 航空分运单（House Air Waybill，HAWB）

集中托运人在办理集中托运业务时签发的航空运单称为航空分运单。

在集中托运的情况下，除了航空运输公司签发主运单外，集中托运人还要签发航空分运单。

航空分运单作为集中托运人与托运人之间的货物运输合同，合同双方分别为货主 A 和集中托运人、货主 B 和集中托运人；而航空主运单作为航空运输公司与集中托运人之间的货物合同，当事人为集中托运人和航空运输公司。货主与航空运输公司没有直接的契约关系。

不仅如此，在起运地，货物由集中托运人交付航空运输公司；在目的地，货物由集中运人或其代理从航空运输公司处提取，再转交给收货人，因而货主与航空运输公司没有直接的货物交接关系。

五、航空运单的主要内容及填制方法

航空运单要求用英文打字机或计算机，用英文大写字母打印，各栏内容必须准确、清楚、齐全，不得随意涂改。航空运单已填内容在运输过程中需要修改时，必须在修改项目的近处盖章并注明修改航空运单的空运企业名称、地址和日期。修改航空运单时，应将所有剩余的各联一同修改。航空运单示例如表 6-6 所示。

表 6-6 航空运单

999				999-	
Shipper's Name and Address		Shipper's Account Number	Not Negotiable AIR WAYBILL ISSUED BY		
			Copies 1, 2 and 3 of this Air Waybill are originals and have the same validity.		
Consignee's Name and Address		Consignee's Account Number	It is agreed that the goods described herein are accepted for carriage in apparent good order 　And condition (except as noted) and SUBJECT TO THE CONDITIONS OF CONTRACT ON 　THE REVERSE HEREOF. ALL GOODS MAY BE CARRIED BY AND OTHER MEANS 　INCLUDING ROAD OR ANY OTHER CARRIER UNLESS SPECIFIC CONTRARY 　INSTRUCTIONS ARE GIVEN HEREON BY THE SHIPPER. THE SHIPPER'S ATTENTION 　IS DRAWN TO THE NOTICE CONCERNING CARRIER'S LIMITATION OF LIABILITY. 　Shipper may increase such limitation of liability by declaring a higher value for carriage and paying a supplemental charge if required.		
Issuing Carrier's Agent Name and City					
Agent's IATA Code		Account No.	Accounting Information		
Airport of Departure (Addr. of First Carrier) and Requested Routing					
To	By First Carrier Routing and Destination	to	by	to	by	Currency	CHGS Code	WT/VAL PPD	WT/VAL COLL	Other PPD	Other COLL	Declared Value for Carriage	Declared Value for Customs
Airport of Destination	Flight/Date For carrier Use Only Flight/Date		Amount of Insurance	INSURANCE - If Carrier offers insurance, and such insurance is requested in accordance with the conditions thereof, indicate amount to be insured in figures in box marked "Amount of Insurance."	
Handing Information					
(For USA only) These commodities licensed by U. S. for ultimate destination ………………………. Diversion contrary to U. S. law is prohibited					
No. of Pieces RCP	Gross Weight	Kg lb	Rate Class	Chargeable Weight	Rate Charge	Total	Nature and Quantity of Goods (incl. Dimensions or Volume)
			Commodity Item No.				

Prepaid Weight Charge Collect	Other Charges
Valuation Charge	
Tax	
Total other Charges Due Agent	Shipper certifies that the particulars on the face hereof are correct and that insofar as any part of the consignment contains dangerous goods, such part is properly described by name and is in proper condition for carriage by air according to the applicable Dangerous Goods Regulations.
Total other Charges Due Carrier	
	…………………………………………………………………………… Signature of Shipper or his Agent
Total Prepaid	Total Collect	
Currency Conversion Rates	CC Charges in Dest. Currency	
		………………………………………………………………………… . . Executed on（date）at(place）Signature of Issuing Carrier or its Agent
For Carrier's Use only at Destination	Charges at Destination	Total Collect Charges	999-	

1. 左上角票证注册代号

印制或者电脑打制承运人的票证注册代号。

依次填写始发站机场的 IATA 三字代码，由承运人填写。如果没有机场的 IATA 三字代码，可以填写机场所在城市的 IATA 三字代码。例如，"781"是中国东方航空公司的代码，"999"是中国国际航空公司的代码。

航空公司 IATA 代码

2. 右上、下角货运单号码

货运单号码由 8 位数字组成，前 7 位为顺序号，第 8 位为检查号。

3. 托运人姓名和地址（Shipper's Name and Address）

填写托运人的全名，地址填写国家名称、城市、街道的名称、门牌号码、邮政编码和电话号码。收货人的姓名要与其有效身份证件相符，地址要详细，邮政编码和电话号码要清楚、准确。

4. 托运人账号（Shipper's Account Number）

根据承运人的需要，填写托运人账号。

5. 收货人姓名及地址（Consignee's Name and Address）

填写收货人的全名，地址填写国家名称、城市、街道的名称、门牌号码、邮政编码和电话号码。收货人的姓名要与其有效身份证件相符，地址要详细，邮政编码和电话号码要清楚、准确。因货运单不能转让，此栏内不可填写"TO ORDER"字样。

6. 收货人账号（Consignee's Account Number）

根据承运人的需要，填写收货人账号。

7. 代理人名称和城市（Issuing Carrier's Agent Name and City）

填写制单代理人的名称及其所在的城市，应清楚、详细。

8. 代理人的IATA代号（Agent's IATA Code）

在NON-CASS（Cargo Accounts Settlement System，货物财务结算系统）系统区，必须填写IATA17位数字的代号；在CASS系统区，必须填写IATA7位数字的代号，后面是3位数字的地址代码及检查号。一些航空公司为便于内部系统管理，要求其代理人在此处填制相应的代码。

9. 代理人账号（Account No.）

根据承运人的需要，填写代理人账号。

10. 始发站机场和指定航线（Airport of Departure and Requested Routing）

填写货物始发站机场的名称和所要求的运输路线。始发站机场应填写英文全称，不得简写或使用代码。

11. 结算注意事项（Accounting Information）

填写与结算有关的注意事项：

（1）以现金或者支票支付货物运费，应予注明。

（2）以旅费支付货物运费，仅限于作为货物运输的行李，填写旅费证的号码及应支付的金额，填写"客票及行李票"号码、航班、日期等。

（3）以政府提单支付货物运费，填写政府提单的号码。

（4）因无法交付而退回始发站的货物，在新的货运单的此栏内填写原货单号码。

12. 至（To）

填写目的站或者第一中转站机场的IATA三字代码。

13. 第一承运人（By First Carrier）

填写第一承运人的全称或者IATA两字代码。

14. 至（To）

填写目的站或者第二中转站机场的IATA三字代码。

15. 第二承运人（By）

填写第二承运人的全称或者IATA两字代码。

16. 至（To）

填写目的站或者第三中转站机场的 IATA 三字代码。

17. 第三承运人（By）

填写第三承运人的全称或者 IATA 两字代码。

18. 币种（Currency）

填写始发站所在国家的货币的三字代码（由国际标准化组织，即 ISO 规定）。

19. 费用代码（CHGS Code）

填写货物运费的支付方式：

（1）CA，Partial Collect Credit-Partial Prepaid Cash，部分到付信用卡—部分预付现金。

（2）CB，Partial Collect Credit-Partial Prepaid Credit，部分到付信用卡—部分预付信用卡。

（3）CC，All Charges Collect，全部货物运费到付。

（4）CG，All Charges Collect by GBL，全部货物运费到付政府提单。

（5）CP，Destination Collect Cash，目的站到付现金。

（6）CX，Destination Collect Credit，目的站到付信用卡。

（7）NC，No Charge，免费。

（8）PC，Partial Prepaid Cash-Partial Collect Cash，部分预付现金—部分到付现金。

（9）PD，Partial Prepaid Credit-Partial Collect Cash，部分预付信用卡—部分到付现金。

（10）PG，All Charges Prepaid by GBL，全部货物运费预付政府提单。

（11）PP，All Charges Prepaid by Cash，全部货物运费预付现金。

（12）PX，All Charges Prepaid by Credit，全部货物运费预付信用卡。

20. 航空运费/声明价值附加费的付款方式（WT/VAL）

在航空运单的左下方，"航空运费"（Weight Charge）和"声明价值附加费"（Valuation Charge）必须同时全部预付或者到付，并在相应的栏目"PPD"（Prepaid，预付）、"COLL"（Collect，到付）内填写"×"。

21. 其他费用的付款方式（Other）

在航空运单的左下方，"代理人收取的其他费用"（Total Other Charges Due Agent）和"承运人收取的其他费用"（Total Other Charges Due Carrier）必须同时全部预付或者到付，并在相应的栏目"PPD""COLL"内填写"×"。

22. 运输声明价值（Declared Value for Carriage）

填写托运人向承运人办理货物托运时，声明货物价值，一般按发票的总额填写。托运人未声明价值，必须填写"NVD"（No Value Declaration）字样。

23. 海关声明价值（Declared Value for Customs）

填写托运人向海关申报的货物价值。托运人未办理此声明价值，必须填写"NCV"（No Value Declaration）字样。

24. 目的站机场（Airport of Destination）

填写货物目的站机场的名称，应填写英文全称，不得简写或使用代码。如有必要，填写该机场所属国家、州的名称或城市的全称。

25. 航班/日期（仅供承运人使用）（Flight/Date for Carrier's Use Only）

填写托运人已经定妥的航班/日期；填写托运人已经定妥的续程的航班/日期。

26. 保险金额（Amount of Insurance）

如果承运人向托运人提供代办货物保险业务时，此栏打印托运人货物投保的金额。如果承运人不提供此项服务或托运人不要求投保时，此栏内必须打印"×××"符号。如果中国民航不代理国际货物的保险业务，此栏填写"NIL"或者"×××"等字样。

27. 储运事项（Handling Information）

填写货物在仓储和运输过程中需要注意的事项：

（1）对于危险物品，填写"详见随附货运单的危险物品申报单"或者"危险物品-但不需危险物品申报单"或者"仅限货机"等。

（2）对于危险物品中包含有非危险物品，应分别列明，危险物品必须列在第一项，此类货物不要求托运人附危险品申报单，且危险物品不是放射性物质且数量有限。

（3）填写货物标志、号码以及货物包装方式等。

（4）填写除地址栏以外的其他在目的站的被通知人的名称、地址以及联系方式等。

（5）填写随附货运单的文件的名称，如托运人的动物证明书、装箱单、发票等。

（6）填写需要作特殊说明的其他情况。

但必须注意，这些事项应不能超过承运人的仓储、运输能力。

28. 海关信息（SCI）

填写海关信息，仅在欧盟国家之间运输货物时使用。

29. 件数/运价点（No. of Pieces, RCP）

填写货物的总包装件数。RCP（Rate Combination Point）即运价组合点，如果所使用的货物运价种类不同时，应分别填写。如果货物运价系分段相加运价，将运价组合点的 IATA 三字代码填写在件数下面。

在此栏下面，填写各组货物的件数之和。

30. 毛重（Gross Weight）

与件数相对应，填写货物的毛重，如果分别填写时，将总毛重填写在此栏内。在此栏下面，填写各组货物毛重之和。

31. 毛重的计量单位（Kg/Lb）

填写货物毛重的计量单位，"K"或者"L"分别表示"千克"或者"磅"。

32. 运价等级（Rate Class）

填写所采用的货物运价等级代号。

（1）M-minimum charge（最低运费），即货物的启运运价。

（2）N-normal rate under 45 kgs（45千克以下运价），即45千克以下普通货物的运价。

（3）Q-quantity rate over 45 kgs（45千克以上运价），即45千克以上普通货物的运价。45千克被称为重量分界点。

（4）C-specific commodity rate（特种货物运价）。

（5）R-class rate reduction（折扣运价），即对少数货物，可按"N"运价给予一定百分比的折扣。

（6）S-class rate surcharge（加价运价），即对少数货物，可按"N"运价加一定的百分比。

（7）U-unit load device basic charge or rate（集装化设备基础运费或运价）。

（8）E-unit load device additional rate（集装化设备附加运价）。

（9）X-unit load device additional information（集装化设备附加说明）。

（10）Y-unit load device discount（集装化设备折扣）。

33. 商品编号（Commodity Item No.）

应根据下列情况分别填写：

（1）使用指定商品运价时，填写指定商品编号。

（2）使用等级货物运价时，填写所适用的普通货物运价的编号及百分比数。填写"R"，表示附减等级运价，填写"S"，表示附加等级运价。

（3）托运的货物是集装货物时，填写集装货物运价等级。

34. 计费重量（Chargeable Weight）

填写托运货物的计费重量，如属于"M"运价等级和以尺码计费者，则此栏空白。

如果托运货物是集装货物，则

（1）与运价代号"U"对应打印适合集装货物基本运费的运价点重量；

（2）与运价代号"E"对应打印超过使用基本运费的重量；

（3）与运价代号"X"对应打印集装器空重。

35. 运价/运费（Rate/Charge）

填写所适用的货物运价。对折扣运价或加价运价，此栏与运价等级对应填写附加或附减后的运价。

36. 运费总额（Total）

填写根据货物运价和货物计费重量计算出的运费总额。如果是最低运费或集装货物基本运费时，本栏与"运价/运费"填写的金额相同。

37. 货物品名及数量（包括体积或容积）（Nature and Quantity of Goods incl Dimensions or Volume）

（1）填写货物的具体名称及数量。货物品名不得填写表示货物类别的统称，如：不能填写电器、仪器、仪表等；鲜活易腐物品、活体动物等不能作为货物品名。托运人托运危险物品应填写其标准学术名称。作为货物运输的行李应填写其内容和数量，或随附装箱清单。

（2）填写每件货物的外包装体积，单位分别用 cm 和 m³ 表示，货物体积按其外包装的长×

宽×高的顺序填写。

（3）根据承运人的要求，填写有关服务代号。

38. 航空运费（Weight Charge）

填写按重量计算的运费总额，可以预付（Prepaid）或者到付（Collect）。其运费额与上面的"运费总额（Total）"中的金额一致。

39. 声明价值附加费（Valuation Charge）

填写托运人对托运货物的声明价值，可以预付（Prepaid）或者到付（Collect）。若托运人无声明价值，本栏一般空白不填。

40. 税款（Tax）

填写按规定收取的税款额，可以预付（Prepaid）或者到付（Collect）。但是，必须同时全部预付或者同时全部到付。

41. 由代理人收取的其他费用（Total Other Charges Due Agent）

填写由代理人收取的其他费用总额，可以预付（Prepaid）或者到付（Collect）。

42. 由承运人收取的其他费用（Total Other Charges Due Carrier）

填写由承运人收取的其他费用总额，可以预付（Prepaid）或者到付（Collect）

43. 预付费用总额（Total Prepaid）

第38、39、40、41、42栏等有关预付费用之和，也可在相应栏内填"AS ARRANGED"。

44. 到付费用总额（Total Collect）

第38、39、40、41、42栏等有关到付费用之和，也可在相应栏内填"AS ARRANGED"。

45. 其他费用（Other Charges）

填写其他费用的项目名称和金额。在始发站发生的其他费用，应全部预付或者到付；也可以填写在运输过程中或目的站发生的其他费用，应全部预付或者到付；未在此栏内列明的其他费用，可以用下列代号表示。

AC：animal container 动物容器费
AS：assembly service fee 集装服务费
AT：attendant 押运员服务费
AW：air waybill fee 货运单费
BR：bank release 银行放单
DB：disbursement fee 代垫付款手续费
DF：distribution service 分发服务费
FC：charges collect fee 货物运费到付手续费
GT：government tax 政府税
IN：insurance premium 代办保险手续费
LA：live animals 活体动物处理费
MA：miscellaneous due agent 代理人收取的杂项费

MZ：miscellaneous due carrier 承运人收取的杂项费

PK：packaging 货物包装费

PA：dangerous goods surcharge 危险物品处理费

SD：surface charge destination 目的站地面运输费

SO：storage origin 始发站仓储费

SR：storage destination 目的站仓储费

SU：surface charge 地面运输费

TR：transit 过境费

TX：taxes 税款

UH：ULD handling 集装设备处理费

在相应的其他费用代号后，加"C"表示该项费用由承运人收取，加"A"表示该项费用由代理人收取。如无其他费用，本栏空白不填。

46. 托运人或其代理人签字、盖章（Signature of Shipper or his Agent）

由托运人或其代理人签字、盖章。

47. 签发运单日期[Executed on（date）]

填写货运单的签发日期。UCP600 第二十三条 c 款规定，空运单据必须表明出具日期。该日期将被视为发运日期，除非空运单据载有专门批注的实际发运日期，此时批注中的日期将被视为发运日期。空运单据中的与航班号和航班日期有关的其他信息将不被用来确定发运日期。

48. 签发运单地点[at（place）]

填写货运单的签发地点。

49. 制单承运人或其代理人签字、盖章（Signature of Issuing Carrier or its Agent）

由填制货运单的承运人或其代理人签字、盖章。UCP600 第二十三条 a 款规定，空运单据必须从表面上看注明承运人名称并由下列当事人签署。

（1）承运人或承运人的具名代理人或代表。

（2）承运人或代理人的任何签字必须能被识别为承运人或代理人的签字。

（3）代理人的签字必须显示其是否作为承运人的代理人或代表签署。

50. 仅限在目的站由承运人填写（For Carrier's Use only at Destination）

（1）汇率（Currency Conversion Rates）。

填写目的站国家货币代号及兑换比率。

（2）目的站国家货物货币付费（CC Charge in Dest. Currency）。

将"Total Collect"（到付费用总额）按照汇率折算成目的站国家货币的金额。

（3）在目的站的费用（Charges at Destination）。

填写最后承运人在目的站发生的费用总额。

（4）到付费用总额（Total Collect Charge）。

填写到付费用总额，包括"CC Charge in Dest. Currency"（目的站国家货物货币付费）和"Charges at Destination"（在目的站的费用）之和。

任务实施

请根据以下商业发票和装箱单，缮制航空运单。

Proforma Invoice

INV NO. CH346792   DATE：2023-12-9

Shpr：AAA TECHNOLOGY CO., LTD
TIANHE INDUSTRIAL DISTRICT, DAZHU ATTN：MR. ROBERT
TEL：00868186921234 USCI：9151170074001238A
CNEE：DDD MOTORS COPORATION
DDD MOTORS CORP-OKAZAKI PROTOTYPE DEPT.1 NAKASHI, HASHIME-CHO, OKAZAKI, SIZUOKA 444-5555   CIK NO：0001446643

INCO TERMS：EXW   POL：CHONGQING, CN   POD：OSAKA, JP

ITEM	PART NO.	DESCRIPTION	QTY	UNIT PRICE	AMOUNT
			set	USD	USD
1	AAA	hose, breather	88	0.27	23.76
2	BBB	hose, breather	76	0.35	26.6
3	CCC	hose, breather	1047	0.2	209.4
4	DDD	hose, breather	37	0.22	8.14
5	EEE	hose, breather	232	0.41	95.12
6	FFF	hose, breather	131	0.53	69.43
7	GGG	hose, breather	492	0.45	221.4
8	HHH	hose, breather	305	0.26	79.3

733.15 USD

TOTAL AMOUNT：SAY USD DOLLARS SEVEN HUNDRED AND THIRTY THREE AND CENTS FIFTEEN ONLY

Vendor's Bank Information：Bank Name：CCC Bank   SWIFT CODE：1234567890
Beneficiary：ABC TECHNOLOGY CO., LTD   USD Account No：99887766554433

ABC TECHNOLOGY CO., LTD

Packing List

INV NO. CH1906016   DATE：2023-12-9

Shpr：AAA TECHNOLOGY CO., LTD
TIANHE INDUSTRIAL DISTRICT, DAZHU ATTN：MR. ROBERT
TEL：00868186921234 USCI：9151170074001238A
CNEE：DDD MOTORS COPORATION
DDD MOTORS CORP-OKAZAKI PROTOTYPE DEPT.1 NAKASHI, HASHIME-CHO,

OKAZAKI, SIZUOKA 444-5555　CIK NO：0001446643

INCO TERMS：EXW　　POL：CHONGQING, CN　　POD：OSAKA, JP

ITEM	PART NO.	DESCRIPTION	QTY	NET WEIGHT	GROSS WEIGHT	PACKING	SIZE/Package
			set	KG	KG	Carton	cm
1	AAA	hose, breather	88	3.52	6	1	46x35x24
2	BBB	hose, breather	76	1.67	6	1	46x35x24
3	CCC	hose, breather	1047	17.8	24	4	46x35x24
4	DDD	hose, breather	37	0.85	6	1	46x35x24
5	EEE	hose, breather	232	6.26	6	1	46x35x24
6	FFF	hose, breather	131	6.16	6	1	46x35x24
7	GGG	hose, breather	492	15.25	6	1	46x35x24
8	HHH	hose, breather	305	5.49	6	1	46x35x24
TOTAL AMOUNT：			2408	57	66	11	0.42504 CBM

AAA TECHNOLOGY CO., LTD

附加信息：

目的地机场：大阪国际机场

航班信息：中国南方航空公司　　CZ3380

签发运单时间：2022年12月15日

运费：15.8CNY/KGS　运费到付手续费：200CNY

按IATA（国际航空运输协会）的标准

a.以最长、最宽、最高的三边的厘米长度计算体积，小数部分四舍五入。

b.体积重量（kgs）＝货物体积/6000cm^3

6000cm3＝1kg　　　　1m3＝167kg

HAWB No:

Shipper's Name and Address	Shipper's Account Number	
		Issued by

Copies 1, 2 and 3 of this Air Waybill are originals and have the same validity.

Consignee's Name and Address	Consignee's Account Number	

It is agreed that the goods described herein are accepted in apparent good order and condition (except as noted) for carriage SUBJECT TO THE CONDITIONS OF CONTRACT ON THE REVERSE HEREOF. ALL GOODS MAY BE CARRIED BY ANY OTHER MEANS INCLUDING ROAD OR ANY OTHER CARRIER UNLESS SPECIFIC CONTRARY INSTRUCTIONS ARE GIVEN HEREON BY THE SHIPPER, AND SHIPPER AGREES THAT THE SHIPMENT MAY BE CARRIED VIA INTERMEDIATE STOPPING PLACES WHICH THE CARRIER DEEMS APPROPRIATE. THE SHIPPER'S ATTENTION IS DRAWN TO THE NOTICE CONCERNING CARRIER'S LIMITATION OF LIABILITY. Shipper may increase such limitation of liability by declaring a higher value for carriage and paying a supplemental charge if required.

Issuing Carrier's Agent Name and City

Accounting Information

Agent's IATA Code / Account No.

Airport of Departure (Addr. of First Carrier) and Requested Routing / Reference Number / Optional Shipping Information

TERMS:

To / By First Carrier / Routing and Destination / to / by / to / by / Currency / CHGS Code / WT/VAL PPD COLL / Other PPD COLL / Declared Value for Carriage / Declared Value for Customs

Airport of Destination / Requested Flight/Date / Amount of Insurance / INSURANCE - If Carrier offers insurance, and such insurance is requested in accordance with the conditions thereof, indicate amount to be insured in figures in box marked "amount of insurance".

Handling Information

SCI

No. Of Pieces RCP	Gross Weight	kg/lb	Rate Class / Commodity Item No.	Chargeable Weight	Rate / Charge	Total	Nature and Quantity of Goods (incl. Dimensions or Volume)

Prepaid / Weight Charge / Collect / Other Charges

Valuation Charge

Tax

Total Other Charges Due Agent

Shipper certifies that the particulars on the face hereof are correct and that **insofar as any part of the consignment contains dangerous goods, such part is properly described by name and is in proper condition for carriage by air according to the applicable Dangerous Goods Regulations.**

Total Other Charges Due Carrier

Signature of Shipper or his Agent

Total Prepaid / Total Collect

Currency Conversion Rates / CC. Charges in Dest. Currency

Executed on (date) at (place) Signature of Issuing Carrier or its Agent

For Carrier's use only at Destination / Charges at Destination / Total Collect Charges

EMAIL COPY

学习项目七
缮制保险单据

 学习目标

知识目标
1. 熟悉主要的海洋运输保险条款。
2. 掌握办理国际货物运输保险的流程。
3. 掌握保险单据的概念、主要内容及填制方法。

能力目标
1. 能缮制投保单。
2. 能缮制保险单。

素养目标
具备社会实践能力,能根据货物特性及运输条件,操作国际贸易货物投保与索赔事宜。

建议学时
学习项目七建议6学时。

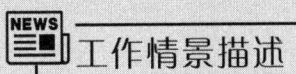 工作情景描述

深圳 HL 公司与美国 Fashion 公司的合同号为 22USA-007 的交易为 CIF 条件,按照要求,应由深圳 HL 公司办理保险事宜。李林该如何办理货运保险呢?

学习任务与活动

学习任务一 国际货物运输保险认知
学习任务二 投保单的识读与制作
学习任务三 保险单的识读与制作

学习任务一　国际货物运输保险认知

 学习目标

知识目标

1. 了解国际货物运输保险的性质、作用与当事人。
2. 掌握国际货运运输保险条款。
3. 掌握保险单证的种类。

能力目标

能根据实际情况与贸易合同，结合国际运输货物特征，选择合适的保险险别。

建议学时

学习任务一建议 1 学时。

 相关知识点

一、国际货物运输保险的性质与作用

保险是一种经济补偿制度。从法律角度看，保险是一种补偿性契约行为，即被保险人向保险人提供一定的对价（保险费），保险人则对被保险人可能遭受的承保范围内的损失负赔偿责任。保险的种类很多。按保险性质，可分为商业保险、社会保险和政策保险；按保险述标的，可分为人身保险、财产保险、责任保险、信用与保证保险。国际货物运输保险属于财产保险的范畴，其性质为商业保险。

按照货物运输方式，国际货物运输保险分为海运货物保险、陆运货物保险、航空货运财产保险和邮包运输保险。其中，海运货物保险起源最早、应用最多，其他货物运输保险是以此为基础发展起来的。

保险在国际贸易中起着重要的作用。办理国际货物运输保险是同自然灾害和意外事故作斗争的一种经济措施。这是因为国际货物一般都需要通过国际的长途运输，在运输过程中可能遇到各种自然灾害和意外事故而使货物中途遭受损失，货主为了转嫁运输途中的风险损失，便通过办理货物运输保险将在途货物可能发生的损失变为固定的费用，一旦在途货物遭受到承保范围内的损失，即可从保险公司及时得到经济上的补偿。这不仅有利于进出口企业加强经济核算，也有利于进出口企业保持正常营业，从而有效地促进国际贸易的发展。

二、国际货物运输保险的当事人

1. 保险人（Insurer）

保险人又称保险公司，是指从事货物保险行业的公司。保险人负责提供保险合同承诺在事故发生时，依约负担赔偿。保险人在保险合同成立时有权收取保险费。

2. 投保人（Applicant）

投保人是指对保险标的物具有保险利益，向保险人申请订立保险合同的人。投保人在保险合同成立时有支付保险费的义务，区别于信用证中的 Applicant，在 CIF 或 CIP 条件下投保人为出口商；在 FOB 或 FCA 条件下，投保人则为进口商，在实务中进口商往往会委托出口商代为投保。

3. 被保险人（The Insured）

被保险人是指在保险事故发生时，对所遭受的损害，享有赔偿请求权的人。被保险人与投保人可以是同一人。

4. 受益人（Beneficiary/The Insured）

受益人是指投保人或被保险人约定的享有赔偿请求权的人，亦即保险金的领受人，区别于信用证中的 Beneficiary。被保险人和投保人均可为受益人。

三、国际货运运输保险条款

（一）中国保险条款

中国保险条款（China Insurance Clause，CIC），是各种涉外保险条款的总称，由中国人民保险公司参照国际通常做法，结合中国实际情况拟定。

1. CIC 基本险和专门险条款

海洋运输货物保险条款（Ocean Marine Cargo Clauses），包括平安险（Free from Particular Average，FPA）、水渍险（With Particular Average，WA/WPA）和一切险（All Risks，AR）。

海洋运输冷藏货物保险条款[Ocean Marine Insurance Clauses（Frozen Products）]。

海洋运输散装桐油保险条款[Ocean Marine Insurance Clauses（Wood oil Bulk）]。

陆上运输物保险条款[Overland Transportation Cargo Insurance Clauses（Train、Truck）]，包括陆运险（Overland Transportation Risks）和陆运一切险（Overland Transportation All Risks）。

陆上运输冷藏货物保险条款 [Overland Transportation Cargo Insurance Clauses（Frozen Products）]。

航空运输货物保险款（Air Transportation Cargo Insurance Clauses），包括航空运输险（Air Transportation Risks）、航空运输一切险（Air Transportation All Risks）。

邮包条款（Parcel Post Insurance Clauses），包括邮包险（Parcel Post Risks）和邮包一切险（Parcel Post All Risks）。

活牲畜、家禽的海上、陆上、航空运输保险条款[Livestock &Poultry Insurance Clauses（By Sea,Land or Air）]。

2. 一般附加险条款

一般附加险条款包括：偷窃，提货不着险（Theft,Pilferage and Nondelivery，T.P.N.D）；淡水雨淋险（Fresh Water and/or Rain Damage）；短量险（Risk of Shortage in Weight）；渗漏险（Risk of Leakage）；混杂、沾污险（Risk of Intermixture and Contamination）；碰损、破碎险（Clash and Breakage）；串味险（Risk of Odour）；受潮受热险（Sweating and Heating Risk）；钩损险（Hook Damage Risk）；包装破裂险（Breakage of Packing Risk）；锈损险（Risk of Rust）。

3. 特殊附加险条款

特殊附加险条款主要包括：战争险条款（War Risk），战争险的附加费用（Additional Expenses War Risks）；罢工险条款（Strikes Risk）；进口关税条款（Import Duty Clause）；舱面货物条款（On Deck Clause）；拒收险条款（Refection Clause）；黄曲霉素险条款（Aflatoxin Clause）；易腐货物条款（Perishable Goods Clause）；交货不到条款（Failure to Deliver Clause）；出口货物到香港（包括九龙在内）或澳门存仓火险责任扩展条款[Fire Risk Extension Clause（Or Storage of Cargo at Destination HONG KONG Including Kowloon or Macao）]；海关检验条款（Survey in Customs Clause）；码头检验条款（Survey at Jetty Clause）。

（二）协会货物条款

协会货物条款（Institute Cargo Clauses，ICC）由英国保险协会制定，主要包括：协会货物保险条款[Institute Cargo Clause（A）、（B）、（C）（1/1/1982），简写为 ICC（A）、ICC（B）、ICC（C）]；协会货物战争险条款[Institute War Clauses（Cargo）]；协会货物罢工险条款[Institute Strike Clauses（Cargo）]；恶意损害险条款（Malicious Damage Clauses），以及适用于航空和邮包运输的保险条款。

四、保险单证

保险单据是保险人与被保险人之间权利、义务的契约，是被保险人或受让人索赔和保险人理赔的依据，也是进出口贸易结算的主要单据之一。在国际货物贸易中，保险单据可以背书转让。我国常用的保险单证主要有保险单、保险凭证、预约保单等。

1. 保险单（Insurance Policy）

保险单俗称"大保单"，是保险人根据被保险人的要求，表示已经接受承保责任而出具的一种正式文件，具有完整独立的承保形式。保险单正面包括保险当事人的名称和地址，保险金额、保险险别和保险期限，保险标的物名称、数量（或重量）和唛头，运输工具，出立保险单的日期和地点，保险人签章，保险人与被保险人约定的其他事项等内容。保险单背面包括保险合同条款、保险人和被保险人的权利义务等方面的保险条款。目前，我国保险公司大都出具大保单。

2. 保险凭证（Insurance Certificate）

保险凭证俗称小保单，是一种简化的保险合同（背面不载明保险人与被保险人之间的权利义务），在法律上与保险单具有同等法律效力。

保险凭证俗称"小保单",是保险人根据被保险人的要求,表示已经接受承保责任而出具的一种单据,虽然其效力与保险单相同,但它不具有完整独立的承保形式。保险凭证的正面内容与保险单相同,即保险当事人的名称和地址、保险金额和保险险别、保险标的物名称等;但是保险凭证的背面没有列入保险条款,而是规定与同类正式保险单所载明的条款相同,具有同等的法律效力。实际上,保险凭证是简化形式的正式保险单,投保手续简便。按照《跟单信用证统一惯例》规定,除非信用证另有规定,银行应接受保险凭证信用证要求提交保险凭证时,可以以保险单代之;但是当信用证要求提交正式保险单时,不得以保险凭证代之。

3. 预约保险单(Open Cover)

预约保险单又称开口保险单,是一种长期性的保险单,它是由保险公司与投保人双方在没有确定船名航次的条件下预先签订的不规定保险总金额,但规定了其他保险条件的保险合同。在此范围内的保险标的物一经起运,保险公司即自动承保,投保人每次发运货物后根据具体数据申报,并换取保险人签发的保险凭证,凭此交货或向银行提交。我国目前的进口货物大都使用预约保险单,当货物出运后,被保险人将国外客户的装运通知书送交保险公司即可。这种保险单对于经常进口的单位来说极为方便,这样一方面可以防止漏保造成损失,另一方面可以大大简化保险手续。

《跟单信用证统一惯例》中规定:"除非信用证另有规定,银行将接受保险人或其代理人预签的预约保险单下的保险证明书或投保声明书。如果信用证明确要求预约保险单下的保证明书或投保声明书,银行可接受保险单作为替代。"投保人办理投保时,尚无法确定船舶的名称、航次的,就是船名未定保险单。

4. 联合凭证(Combined Insurance Certificate)

联合凭证又称"联合发票"或"承保证明",是一种将发票和保险单相结合、比保险凭证还要简单的保险单据。联合凭证的具体做法是让保险公司在出口商签发的商业发票上,以加盖印章的方式注明保险人和理赔代理人的名称地址、保险险别、保险金额、保险期限、保险编号、保险运输工具、理赔地点等事项,其他未注明事项均表明认可商业发票上所列内容,从而使保险公司无须另行出具保险单。联合凭证具有与保险单相同的效力,但是不可转让,使用上受到一定限制。目前,我国内地对港澳地区出口时,时常会使用这种将发票与保险单相结合的"联合发票",即联合凭证。

5. 保险批单

保险单出立后,投保人如需要补充或变更其内容时,可根据保险公司的规定,向保险公司提出申请,经同意后即开出一种凭证,注明更改或补充的内容,这种凭证即批单。保险单据的转让无须取得保险人的同意,也无须通知保险人。即使在保险标的物发生损失后,保险单据仍可有效转让。保险单据的出单日期不得迟于运输单据所列货物装船、发运或承运人接受监管的日期。因此,办理投保手续的日期也不得迟于货物装运日期。

任务实施

1. 请归纳以下不同运输方式下的基本险别及其责任范围。

海运	陆运	空运	邮包运输	责任范围
FPA	—	—	—	
WPA				
AR				

2. 试总结：在实际业务中，选择投保险别需要考虑哪些因素？

强化训练

作为货物运输保险的办理方，先理顺流程，应该如何办理保险？并画出流程图（包括投保方、承保方和索赔方）。

学习任务二　投保单的识读与制作

学习目标

知识目标

1. 掌握国际货物运输保险的投保流程与投保手续。
2. 掌握投保单的主要内容及填制方法。

能力目标

能缮制投保单。

建议学时

学习任务二建议 3 学时。

相关知识点

一、国际货物运输保险投保流程

一般来讲，国际货物运输保险投保流程包括五个环节：选择投保险别，确定保险金额，填写国际货物运输保险投保单，计算并支付保险费、取得保险单，以及保险索赔。

1. 选择投保险别

保险公司承担的保险责任是以投保的险别为依据的。险别不同，保险公司承担的责任范围不同，保险费率也不同。在确定投保险别时，应考虑下列因素：

（1）风险与损失的关系。

应考虑被保险货物同运输中可能遭致的风险与损失之间的关系。因为不同种类的货物在运输途中遭遇意外事故，其损失情况和程度是不同的，所以在选择投保险别之前，应分析各种风险对于货物致损的影响程度，以确定适当的险别。

（2）航行路线和停靠港口。

某些航线途经热带地区，如载货船舶通风不良的，会增大货损；在海盗经常出没的海域内航行，则货物受意外损失的可能性更大一些。

2. 确定保险金额

保险金额是被保险人对保险标的的实际投保金额，是保险人承担责任的标准和计算保险费的基础。在保险货物发生保险责任范围内的损失时，保险金额就是保险人赔偿的最高限额。投保人在投保货物运输保险时，应向保险人申报保险金额。保险金额是根据保险价值确定的。保险价值是保险责任开始时货物在起运地的发票价格或者非贸易商品在起运地实际价格以及运费和保险费的总和，即相当于 CIF 价格，不包括预期利润。国际上一般 CIF 或 CIP 价为计算保险金额的基础。这表明不仅是货物本身，而且连运费和保险费也作为保险标的一起加成投保。

保险金额的计算公式为

$$\text{保险金额} = \text{CIF} \times (1+\text{投保加成率})$$

3. 填写国际货物运输保险投保单

投保单是投保人向承保人提出投保的书面申请。

4. 计算并支付保险费、取得保险单

保险费是保险公司经营业务的基本收入，也是被保险人获得损失赔偿权的对价。投保人交付保险费，是保险合同生效的前提条件。在被保险人交付保险费之前，保险人可以拒绝签发保险单据。保险费率是按照不同货物、不同目的地、不同运输工具和保险险别由保险公司根据货物损失率和赔付率确定的，分为"一般货物费率"和"指明货物加费费率"两种。前者是一般商品的费率，后者系指特别列明的货物（如某些易碎、易损商品）在一般费率的基础上另行加收的费率。交付保险费后，投保人即可取得保险单。保险单实际上已构成保险人与被保险人之间的保险契约，是保险人对被保险人的承保证明。在发生保险范围内的损失或灭失时，投保人可凭保险单要求赔偿。

保险费的计算公式为

$$\text{保险费} = \text{保险金额} \times \text{保险费率}$$

5. 保险索赔

进出口货物在保险责任有效期内发生属于保险责任范围内的损失，被保险人按照保险单的有关规定向保险公司提出赔偿要求，即保险索赔。

二、投保手续

投保人或被保险人向保险公司投保时，通常以书面形式提出，经保险公司确认后，双方就明确了合同关系。在实际业务中，投保形式有以下三种。

1. 逐笔投保

投保人按照合同或信用证要求以书面的形式提出申请——投保单（Application for Insurance），即投保人通过填写投保单进行投保。

2. 预约保险

预约保险（Open Policy）是被保险人与保险人预先订立的在特定期限内有效的货物运输保险合同。合同中规定了承保货物的范围、保险险别、费率、责任和赔款处理等项目，凡属合同中规定的运输货物，在合同有效期内由被保险人在每批货物装运前发出"保险声明书"或"装运通知"即可自动承保。

预约保险合同的好处是可以减少逐批投保、逐笔签订保险单的手续，并可防止因漏保或迟保而造成无法弥补的损失。若货物在未投保前业已出险，再向保险公司投保，是不能被接受的。此外，国外保险公司对预约保险合同往往给予优惠费率。因此，其业务量比较固定，正常的进出口商与保险公司之间通常都订立有预约保险合同。

特别是进口 CFR 和 FOB 条件下，订立预约保险合同的进口商在开立进口货物信用证中一般明确规定预约保险投保号码、保险公司名称，寄送的预约保单应注明货物名称及数量、发票金额、船名、起止港口、开航日期等，以便保险公司掌握进口货物的情况和结算保险费。同时，预约投保书[又称"保险通知书"或"保险声明书"（Insurance Declaration）]的抄件或复印件往往被列为提交银行议付的单据之一。因此，必须在货物装运前备妥，而且要注意信用证对此类通知书的要求。如果信用证条款要求提供的是"Acknowledgement of Insurance Declaration"，应理解为国外保险公司对我方"保险声明书的确认书"，而确认书只有在我国出口商发出保险声明书后，才能由国外确认并寄回，势必要经过一段时间，而且出口商对这段时间难以掌握，如果作为议付的单据之一，就有可能影响我方按时交单结汇。因此，对此类条款一般不能接受，而要求改为提供"保险声明书的副本"（Copy of Insurance Declaration）。

在 CIF 条件下，出口商也需要在货物装运前向保险公司发出保险通知书或保险声明书。近年来，为了简化手续，出口公司征得银行的同意，一般以商业发票加打信用证上规定的保险条款或买方要求出具保险单的内容或者加注"Insurance Declaration"来代替上述格式。

3. 保险统保

随着对外运输保险业务的发展，特别是非信用证支付方式的使用不断增加，保险公司为支持出口企业的出口，承保所有以非信用证为支付方式出口的收汇风险，这就是统保保险（Blanket Insurances）。它补偿出口企业按合同规定出口货物后，因政治风险或商业风险发生而导致的出口收汇应收账款经济损失。

承保的条件包括：保险标的通常是从中国出口或转口的货物、技术或服务；结算方为付款交单（D/P）、承兑交单（D/A）或赊账（OA）；付款期限在 180 天以内，但可扩展到 360 天；签订了明确规范的出口贸易合同。如果符合上述条件，一旦因进口国或进口商的政治风险或商业风险导致出口商按合同规定出口后无法收汇，则由保险人予以补偿。

出口企业将非信用证出口业务全部投保，风险相对分散，保险费率较低；保险费率的厘定主要取决于进口国国家风险类别、支付方式和信用期限等。一般来说，进口国风险越低、支付方式的风险程度越低、信用期限越短，保险费率就越低；反之，保险费率则越高。出口企业按约定方式向保险公司申报符合保险单承保范围的全部出口；保险公司每月或按约定时间根据出口企业申报的发票金额和《保险单明细表》列明的具体费率计收保险费。

三、投保单

（一）投保单概述

投保单（Application）又称"投保书"，是指投保人向保险人申请订立保险合同的书面要约。投保单是由保险人事先准备、具有统一格式的单据。投保人必须依其所列项目——如实填写，以供保险人决定是否承保或以何种条件、何种费率承保。

投保单本身并非正式合同文本，但一经保险人接受后，即成为保险合同的一部分，在保险实务中，投保人提出保险要约时，均需填具投保单。如果投保单填写的内容不实或故意隐瞒、欺诈，都将影响保险合同的效力。如果投保单上有记载，保险单上即使遗漏，其效力与记载在保险单上一样；如果投保人在投保单中告知不实，在保险单上又不更正，保险人可因投保人违背合同的诚信原则而解除合同。

（二）投保单的主要内容及填制方法

各保险公司设计的投保单格式大同小异，以 PICC（中国人民财产保险股份有限公司）的投保单为例，投保单的主要内容及填制方法（见图 7-1）如下：

PICC 中国人民财产保险股份有限公司 上海市分公司
PICC Property and Casualty Company Limited, Shanghai Branch

地址：中国上海市中山南路700号　　电话（TEL）：(021)63 773000
ADD: No.700 Zhongshan Road (S) Shanghai China
邮编（Post Code）：200010　　传真（FAX）：(021)63 764678

货物运输保险投保单
APPLICATION FORM FOR CARGO TRANSPORTATION INSURANCE

被保险人：
INSURED: ______________________________

发票号（INVOICE NO.）
合同号（CONTRACT NO.）
信用证号（L/C NO.）
发票金额（INVOICE AMOUNT）__________　投保加成（PLUS）__________%

兹有下列物品向中国人民财产保险股份有限公司 上海分公司投保：
（INSURANCE IS REQUIRED ON THE FOLLOWING COMMODITIES:）

标　记 MARKS & NOS.	包装及数量 QUANTITY	保险货物项目 DESCRIPTION OF GOODS	保险金额 AMOUNT INSURED

启运日期：
DATE OF COMMENCEMENT __________　装载运输工具：
PER CONVEYANCE __________

自
FROM __________　经
VIA __________　至
TO __________

提单号：
B/L NO. __________　赔款偿付地点：
CLAIM PAYMENT AT __________

投保险别：（PLEASE INDICATE THE CONDITIONS &/OR SPECIAL COVERAGES）

____

特殊要求：

____

请如实告知下列情况：（如"是"在[ ]中打"X"）IF ANY, PLEASE MARK "X":

1、货物种类 GOODS　普通[ ] ORDINARY　散装[ ] BULK　冷藏[ ] REEFER　液体[ ] LIQUID　活动物[ ] LIVE ANIMAL　机器/汽车[ ] MACHINE/AUTO　危险品等级[ ] DANGEROUSE CLASS

2、集装箱种类 CONTAINE　普通[ ] ORDINARY　开顶[ ] OPEN　框架[ ] FRAME　平板[ ] FLAY　冷藏[ ] REFRIGERATOR

3、转运工具 BY TRANST　海轮[ ] SHIP　飞机[ ] PLANE　驳船[ ] BARGE　火车[ ] TRAIN　汽车[ ] TRUCK

4、船舶资料 PARTICULAR OF SHIP　船籍 REGISTRY __________　船龄 AGE __________

备注：被保险人确认本保险合同条款和内容已经完全了解
THE ASSURED CONFIRMS HEREWITH THE TERMS AND CONDITIONS OF THESE INSURANCE CONTRACT FULLY UNDERSTOOD.

投保人（签名盖章）APPLICANT'S SIGNATURE

____

投保日期：（DATE）__________

电话：（TEL）
地址：（ADD）

本公司自用（FOR OFFICE USE ONLY）

费率
RATE __________　保费
PREMIUM __________　备注：注明信用证编号和开证行名称

经办人
BY __________　核保人 __________　负责人 __________

NO.: PICC

图 7-1　投保单示例

1. 保险公司名称（Name of Insurance Company）

在投保单顶端已印就好保险公司名称，如中国人民财产保险股份有限公司（PICC Property and Casualty Company Limited）、中国太平洋财产保险股份有限公司（China Pacific Property Insurance Co.,Ltd.）。

2. 投保单名称（Application Form）

在保险公司名称下方一般已印就好投保单名称，表明本单据的性质。

3. 被保险人（The Insured）

此栏填写被保险人的名称。采用托收方式付款时，填写出口商的名称。采用信用证付款时，如无特别规定，一般填写信用证的受益人名称；如有特别规定，则按信用证的规定填写。若L/C规定"Insurance Policy made out to the order of ×××Bank"，则此栏应填写"To the order of ×××Bank"，否则就会构成单证不符。

4. 发票号（Invoice No.）/合同号（Contract No.）/信用证号（L/C No.）

填写该批货物的商业发票号码/合同号码/信用证号码。

5. 发票金额（Invoice Amount）

填写商业发票上注明的货物价值。这是计算保险金额的基础。

6. 投保加成（Plus）

填写投保加成率。如果信用证或合同有规定，按规定填写；如果没有规定，则一般加成10%。

7. 标记（Marks &Nos.）

填写装运唛头，与发票、提单上的相同栏目内容一致，也可填写"As per Invoice No.×××"。若无唛头，则填写"N/M"。

8. 包装及数量（Quantity）

填写外包装单位的总件数。如果以包装件数计价，填写最大包装的总件数；如果以毛重或净重计价，可填写件数及毛重或净重；如果是裸装货物，要注明本身件数；如果是散装货物，则填写其重量，并在其后注明"In Bulk"字样。

9. 保险货物项目（Description of Goods）

填写商品的名称，保险货物项目的填写允许使用统称，但不同类别的多种货物，应注明不同类别货物各自的总称。

10. 保险金额（Amount Insured）

一般按发票金额加上投保加成后的金额填写，由币别和数字组成。投保的货币名称需与信用证、发票所使用的货币名称一致，数字的填法采取"进一取整"。例如，若保险金额经计算为USD330408.25，则在投保单上应填USD330409.00。

11. 启运日期（Date of Commencement）

可按照运输单据日期填写，也可按照以下方式填写：

海洋运输可只填"As Per B/L",也可根据提单签发日期具体填写,如为备运提单应填装船日。

铁路运输填写"As Per Cargo Receipt"。

航空运输填写"As Per Airway Bill"。

邮包运输填写"As Per Post Receipt"。

12. 装载运输工具（Per Conveyance）

填写运输工具的名称,并与运输单据列出的运输工具相一致。

海运方式下填写船名,最好再加上航次。例如,FENGNING V.9103。若整个运输由两次运输完成,应分别填写一程船名及二程船名,中间用"/"隔开。例如,提单中一程船名为"Mayer",二程为"Sinyai",则填写"Mayer/Sinyai"。

铁路运输填写"By Railway"或"By Train",最好再加上车次。

航空运输填写"By Air"或"By Airplane"。

邮包运输填写"By Parcel Post"。

13. 起讫地点（From…To…）

按照提单的装运港（启运地）和目的港（目的地）填写。如发生转运,则应加上转运港名称,即 From（装运港）To（目的港）W/T（With Transshipment）at 或 via.（转运港）。例如,From Shanghai to Toronto at/via. Hong Kong。

14. 提单号（B/L No.）

填写实际的提单号码。

15. 赔付地点（Claim Payable at）

应按合同或信用证规定填写,一般以目的港（地）作为赔付地点。另外,还需注明赔付的货币,如信用证中对赔付货币未作特别说明,则应与信用证所使用的货币名称一致,如"At New York in USD"。

16. 投保险别（Conditions）

此栏是保险单的核心内容,应根据信用证或合同规定的保险条款填写,并注明保险所依据的保险条款名称,例如"Covering All Risks and War Risks as per Ocean Marine Cargo Clause of PICC"。

17. 特殊要求（Special Conditions）

填写信用证或合同对保险单据的特别要求,若没有,则此栏留空。

18. 如实告知条款

根据投保货物如实填写。在投保单中如告知不实,保险人可因投保人违背合同的诚信原则而解除合同。

19. 投保人签章（Applicant's Signature）

填写投保人全称、地址和电话,由经办人签名,并加盖投保人的公章。

20. 投保日期（Date）

填写投保的日期。注意，由于保险公司提供仓至仓服务，所以保险手续可在货物离开出口方仓库前办理，或至少早于提单签发日的日期。

21. 本公司自用（For Office Use Only）

由保险公司填写，投保人无须填写。

目前，一些保险公司和出口企业不再使用投保单，而改用发票投保，即在商业发票上抄写合同或信用证中规定的保险条款，然后传真给保险公司，保险公司根据发票内容出具保险单。

任务实施

1. 以小组为单位，请翻译下面的保险条款（中英文互译）。

①Except in cases where the insurance is covered by the Buyers as arranged, insurance is to be covered by the Sellers with a Chinese insurance company. If insurance for additional amount and /or for other insurance terms is required by the Buyers, prior notice to this effect must reach the Sellers before shipment and is subject to the Sellers' agreement, and the extra insurance premium shall be for the Buyers' account.

②Marine insurance policies or certificates in negotiable form, for 110% full CIF invoice covering the risks of War & W.A. as per the People's Insurance Company of China dated 1/1/1976. with extended cover up to Kuala Lumpur with claims payable in （at）Kuala Lumpur in the currency of draft （irrespective of percentage）.

③In triplicate covering all risks and war risks including W.A. and breakage in excess of five per cent on the whole consignment and including W/W up to buyer's godown in Penang.

④Insurance policy or certificate covering W.A. （or F.P.A.）and war risks as per ocean marine cargo clause and ocean marine cargo war risk clauses of the People's Insurance Company of China dated 1/1/1981.

⑤保险：由卖方根据货物协会条款投保一切险和战争险、罢工险，保险额为商业发票金额的110%。

⑥我们想为这批货物投保破碎险。

⑦保险费将同运费一并计入发票金额。

⑧保险事宜交由你方安排，但希望为该货物投保一切险。

强化训练

在合同执行中，美国 Fashion 公司要求，李林与经理商量，决定追加购买战争险。请根据合同、发票及提单填写投保单，并向中国人民保险公司投保。

海运出口货物投保单

1）保险人：	2）被保险人：		
3）标记	4）包装及数量	5）保险货物项目	6）保险货物金额
7）总保险金额：（大写）			

8）运输工具： （船名） （航次）
9）装运港： 10）目的港：
11）投保险别： 12）货物起运日期：
13）投保日期： 14）投保人签字：

学习任务三　保险单的识读与制作

  学习目标

知识目标

1. 理解保险单的含义。
2. 掌握保险单的主要内容和填制方法。

能力目标

能缮制保险单。

建议学时

学习任务三建议 2 学时。

相关知识点

一、保险单概述

保险单（Insurance Policy）又称保单，是保险人与被保险人之间订立保险合同的证明文件，反映保险人与被保险人之间的权利和义务关系，也是保险人的承保证明。当发生保险责任范围内的损失时，它是保险索赔与理赔的主要依据。

二、保险单的主要内容及填制方法

保险单是依据投保人填写的投保单的内容，由保险公司填制、签署并交付投保人的单据。其内容与投保单基本相同。也有保险公司的保险单是由投保人直接在保险单上填制相关项目，再由保险公司确认签字后即时生效。

保险单

不同保险公司的保险单的格式不尽相同，但其内容基本一致。下面就投保单中未涉及的内容或保险单的重点内容及填制方法介绍如下：

1. The Insured（被保险人）

"被保险人"的英文词汇还有"Beneficiary""Policyholder"等。这里的"Beneficiary"和信用证中的"Beneficiary"同字，中文都可翻译成"受益人"，但它们的含义却完全不同。保险单据上的"受益人"是指"当保险标的遭受了保险公司承保责任范围内的风险损失时，有权利凭保险单据向保险公司索赔，并且获得保险赔偿的人"；而信用证中的"受益人"是指"凭借该信用证项下的'相符交单'，有权获得信用证所承诺的款项的人"。此栏又称"保险单据的抬头人"，即"投保人"（Applicant）或"被保险人"。保险公司有一条重要原则，叫"保险利益原则"（The Principle of Insured Benefit）。"保险利益"又称"可保利益"，是指投保人或被保险人对保险标的（Object of Insurance）所拥有的法律认可的经济利益。例如，某批出口货物，在 CIF 条件下，它在装运港装上载货船舶之前，只有卖方对其具有"保险利益"，买方没有；而在装上船舶之后，又只有买方对其具有"保险利益"，卖方没有。"保险利益原则"的含义主要有两点：①在投保时，投保人必须对保险标的具有保险利益；②当保险标的遭受承保风险损失时，被保险人必须对保险标的具有保险利益。否则保险合同无效，保险公司有权拒赔。因此，站在保险业务的角度（而不站在国际货物贸易的角度），"投保人"和"被保险人"其实是"同一个人"，其区别只是在投保时与在索赔时的"身份"不同而已。

此栏的填写方法为：在卖方办理货运保险的交易条件（如 CIF、CIP 等）下，在信用证支付方式下，如果信用证有明确规定，就按信用证的规定填写；如果信用证没有规定，就直接填写"受益人"（卖方）的名称。在其他支付方式（如汇付、托收等）下，买卖合同或买方事先具有特殊规定或要求的，就按约定的要求填写；如果都没有，直接填写卖方的名称（也就是"谁投保的就填写谁的名字"）即可。

需要特别注意的是，只要保险单据上面没有声明"Non-Negotiable"（不能转让）之类的措词，而且经过了善意持有人的背书（Endorsement），无论其"抬头"如何填写，都可以转让（Transferable/Negotiable）。保险单据的抬头与提单、汇票等单据的抬头不同，它不存在所谓"记名抬头的单据不能流通转让"的规矩和说法。

知识链接：保险单转让与索赔注意事项

2. 保费（Premium）、费率（Rate）

"保费""费率"一般对外保密。因此，该栏一般已由保险公司印就"As Arranged"（按协商）字样，除非信用证另有规定，每笔保费及费率可以不具体表示。也可按信用证要求缮打"Paid""Prepaid"或具体保费及费率。

3. 保险单份数（Number of Insurance Policy）

保险单有正本和副本之分，正本保险单是索赔的正式文件并可经背书转让。保险单正本份数应符合合同或信用证的规定。在实际业务中，可根据信用证或合同规定使用一份、两份或三份正本保单，每份正本上分别印有"第一正本"（The First Original）、"第二正本"（The Second Original）及"第三正本"（The Third Original）以示区别。根据 UCP600 规定，信用证另有规定，受益人必须向银行提交全部正本保险单据。

4. 勘查理赔代理人（Surveying and Claim Agent）或保险人（Underwriter）

保险勘查理赔代理人是指货物出险时负责勘查、理赔的保险人的代理人。该代理人一般由保险公司选定，一般在目的港/地所在国，保险单上应注明勘查代理人的名字、联系方式、详细地址等，以便收货人在出险后通知其代理人联系有关勘查和索赔事宜。

5. 日期与地点（Date and Place）

日期栏应填写保险单的实际签发日期，该日期为保险公司承担保险责任的正式生效期。根据 UCP600 第二十八条规定，除非保险单据表明保险责任不迟于装运日期生效，则保险单据签发日期不得晚于装运日期。地点栏应填写保险单的实际签发地点即办理投保的地点，通常为装运港的名称。

6. 盖章与签字（Stamp and Signature）

保险单只有经保险公司或其代表签章后才生效。UCP600 第二十八条规定，保险单或预约保险项下的保险证明书或者声明书，必须由保险公司（Insurance Company）、承保人（Underwriter）或其代理人（Agent）或代表（Proxy）出具并签署。代理人或代表的签字必须表明其系代表保险公司或承保人签字。

任务实施

查阅资料，请根据以下资料，为保险公司开具保险单并交给上海市纺织品进出口公司。

深圳某纺织品进出口公司（Shenzhen Taiyang Textiles Import& Export Corporation）与美国 PURE COTTON LTD 洽谈含纯棉的女士针织衫（LADIES' 100% COTTON KNITTED BLOUSE）。签订编号为 21SSG-917 的合同，信用证（L-02-1-034376）支付，约定成交数量为 600 打 120 纸箱的女士针织衫，单价为 USD485 PER DOZ，CTFC3% NEW YORK，投保一切险和战争险（INSURANCE POLICY NO. SH01/0456980）。出口商按时开出商业发票 INVOICE NO. STPO15088。

运输标志为：

PURE COTTON

NEWYORK

L-02-1-034376

CNO.1-120

MADE IN CHINA

该批货物于 2023 年 9 月 20 日在深圳盐田港由 CSCL AUTUMN 025NE 运往美国纽约港。

PICC	中国人民保险公司上海市分公司 The People's Insurance Company of China Shanghai Branch 总公司设于北京 一九四九年创立 Head Office Beijing　Established in 1949		
货物运输保险单 CARGO TRANSPORTATION INSURANCE POLICY			
发票 （INVOICE NO.）		保单号次 （POLICY NO.）	
合同号 （CONTRACT NO.）			
信用证号 （L/C NO.）			
被保险人： INSURED：			
中国人民保险公司（以下简称本公司）根据被保险人的要求，由被保险人向本公司缴付约定的保险费，按照本保险单承保险别和背面所载条款与下列特款承保下述货物运输保险，特立本保险单。			

THIS POLICY OF INSURANCE WITNESSES THAT THE PEOPLE'S INSURANCE COMPANY OF CHINA (HEREINAFTER CALLED "THE COMPANY") AT THE REQUEST OF THE INSURED AND IN CONSIDERATION OF THE AGREED PREMIUM PAID TO THE COMPANY BY THE INSURED, UNDERTAKES TO INSURE THE UNDERMENTIONED GOODS IN TRANSPORTATION SUBJECT TO THE CONDITIONS OF THIS OF THIS POLICY AS PER THE CLAUSES PRINTED OVERLEAF AND OTHER SPECIL CLAUSES ATTACHED HEREON.

标 记 MARKS&NOS.	包装及数量 QUANTITY	保险货物项目 DESCRIPTION OF GOODS	保险金额 AMOUNT INSURED
总保险金额 TOTAL AMOUNT INSURED:			

| 保费：
PERMIUM: | | 启运日期
DATE OF COMMENCEMENT: | | 装载运输工具：
PER CONVEYANCE: | |
| 自
FROM | | 经
VIA | | 至
TO | |

承保险别：
CONDITIONS：

所保货物，如发生保险单项下可能引起索赔的损失或损坏，应立即通知本公司下述代理人查勘。如有索赔，应向本公司提交保单正本（本保险单共有　份正本）及有关文件。如一份正本已用于索赔，其余正本自动失效。

IN THE EVENT OF LOSS OR DAMAGE WITCH MAY RESULT IN A CLAIM UNDER THIS POLICY, IMMEDIATE NOTICE MUST BE GIVEN TO THE COMPANY'S AGENT AS MENTIONED HEREUNDER. CLAIMS, IF ANY, ONE OF

| THE ORIGINAL POLICY WHICH HAS BEEN ISSUED IN | | ORIGINAL(S)TOGETHER WITH THE | |

RELEVENT DOCUMENTS SHALL BE SURRENDERED TO THE COMPANY. IF ONE OF THE ORIGINAL POLICY HAS BEEN ACCOMPLISHED. THE OTHERS TO BE VOID

赔款偿付地点 CLAIM PAYABLE AT		中国人民保险公司上海市分公司 The People's Insurance Company of China Shanghai Branch	
出单日期 ISSUING DATE			
地址（ADD）： 中国上海黄河路112号 电话(TEL):(021) 86521049		Authorized Signature	
邮编（POST CODE）：116631		传真（FAX）：（021）84404593	

强化训练

请根据李林的投保单，为深圳 HL 公司开具保险单。

中 国 人 民 保 险 公 司

THE PEOPLE'S INSURANCE COMPANY OF CHINA

总公司设于北京　　　　　　　　　一九四九年创立
Head Office: BEIJING　　　　　　Established in 1949

保　险　单　　　　　号次

INSURANCE POLICY　　No. SZ10/012345

中国人民保险公司（以下简称本公司）根据_____（以下简称被保险人）的要求，由被保险人向本公司缴付约定的保险费，按照本保险单承保险别和背面所载条款与下列条款承保下述货物运输保险，特立本保险单。

This Policy of Insurance witnesses that The People's Insurance Company of China (hereinafter called "the Company"), at the request of _____ (hereinafter called "the Insured") and in consideration of the agreed premium paid to the Company by the Insured, undertakes to insure the undermentioned goods in transportation subject to the conditions of this Policy as per the Clause printed overleaf and other special clauses attached hereon.

标记 Marks & Nos.	包装及数量 Quantity	保险货物项目 Description of Goods	保险金额 Amount Insured

总保险金额：
Total Amount Insured：_____

保　费　　　　　　费率　　　　　　装载运输工具
Premium _____　Rate _____　Per conveyance S.S. _____
开行日期　　　　　　自　　　　　　　至
Slg. on or abt. _____　From _____ to _____
承保险别
Conditions

_____

所保货物，如遇出险，本公司凭本保险单及其他有关证件给付赔款。
Claims, if any, payable on surrender of this Policy together with other relevant documents.
所保货物，如发生本保险单项下负责赔偿的损失或事故，
In the event of accident whereby loss or damage may result in a claim under this Policy immediate notice applying

应立即通知本公司下述代理人查勘。

For survey must be given to the Company's Agent as mentioned hereunder:

赔款偿付地点

Claim payable at ....

日期

Date..........................

地址：中国深圳深南东路 23 号

Address: 23 Shennan Dong Road, Shenzhen, China

Cables: 42002 Shenzhen

Fax: 33128 PICCS CN

中国人民保险公司深圳分公司

THE PEOPLE'S INSURANCE CO., OF CHINA

SHENZHEN BRANCH

General Manager

学习项目八
缮制原产地证书

学习目标

知识目标
1. 了解原产地证书的概念、作用、种类及特点。
2. 掌握一般原产地证书、普惠制产地证明书、区域性产地证书的填制方法和使用。

能力目标
1. 能缮制一般原产地证书和普惠制产地证明书。
2. 能缮制中国-东盟自由贸易区优惠原产地证书。

素养目标
具备资源整合能力和管理能力,充分利用原产地证书之"经济国籍"与"护照"作用,帮助出口商品在国外享受优惠关税,从而促进出口。

建议学时
学习项目八建议 9 学时。

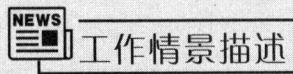工作情景描述

深圳 HL 公司向美国 Fashion 公司出口女士手提包的业务是否需要申请原产地证书?如果需要,需要申请几份?李林需要到哪个部门,如何申领产地证?如何办理,才能顺利出口?

学习任务与活动

学习任务一　原产地证明书认知
学习任务二　一般原产地证书的识读与制作
学习任务三　普惠制产地证书的识读与制作
学习任务四　区域性优惠原产地证书的识读与制作

学习任务一　原产地证书认知

学习目标

知识目标

1. 了解原产地证书的概念和作用。
2. 理解原产地证书的种类、特点。
3. 掌握原产地证书的申领材料、手续及签证。
4. 理解原产地异地调查与国外查询。

能力目标

能准确运用原产地规则,办理原产地证书相关的单证业务。

建议学时

学习任务一建议 2 学时。

相关知识点

在国际贸易中,各国根据各自对外贸易政策普遍对进口商品实施差别关税和数量限制,并由海关执行统计,进口国要求出口国出具货物原产地证明书已成为国际惯例,因此在出口贸易涉及的各种认证中,使用最为广泛的认证是出口货物的原产地认证。

一、原产地证书的概述及作用

原产地证书(Certificate of Origin,CO)是出口商应进口商要求提供的、由公证机构或政府或出口商出具的证明货物原产地或制造地的一种证明文件。

中华人民共和国原产地证书(Certificate of Origin of The People's Republic of China)是证明有关出口货物在中国关境内获得或经过加工制造,并发生了实质性改变的证明文件。

原产地证书是商品进入国际贸易领域的"护照",用来证明商品的经济国籍。它是在国际贸易中交接货物、结算货款、索赔理赔、进口国通关验收、征收关税的有效凭证,它还是出口国享受配额待遇、进口国对不同出口国实行不同贸易政策的凭证。在有些国家之间的贸易中,还用原产地证书代替领事签证发票。

二、原产地证书的种类

根据原产地规则的不同,原产地证书分为优惠原产地证书和非优惠原产地证书两大类;根据用途不同,原产地证书分为普遍优惠制原产地证书、区域性优惠原产地证书、一般原产地证书和专用原产地证书等。

（一）优惠原产地证书

优惠原产地证书包括非互惠和互惠原产地证书。

目前我国审签的普惠制原产地证书是非互惠原产地证书。

《亚太贸易协定》优惠原产地证书、《区域全面经济伙伴关系协定》优惠原产地证明（RCEP原产地证明）、中国-东盟自由贸易区优惠原产地证书、中国-巴基斯坦自由贸易区优惠原产地证书、中国-智利自由贸易区优惠原产地证书、中国-新加坡自由贸易区优惠原产地证书、中国-新西兰自由贸易区优惠原产地书、中国-秘鲁自由贸易区优惠原产地证书、中国-哥斯达黎加自由贸易区优惠原产地证书、海峡两岸经济合作框架协议原产地证书等都是区域经济集团互惠原产地证书。

（二）非优惠原产地证书

1. 一般原产地证书（Certificate of Origin，CO）

一般原产地证书是出口产品在进口国/地区通关所需，是进口国进行贸易统计等的依据。它适用于征收关税、贸易统计、保障措施、歧视性数量限制、反倾销和反补贴、原地标记、政府采购等方面。对所有独立关税区的国家（地区）都可签发 CO 证书。

2. 加工装配证书（Certificate of Processing）

加工装配证书是指对全部或部分使用了进口原料或零部件而在中国进行了加工、装配的出口货物，当其不符合中国出口货物原产地标准、未能取得原产地证书时，由签证机关根据申请单位的申请所签发的证明中国为出口货物加工、装配地的一种证明文件。

3. 转口证书（Certificate of Re-export）

转口证书是指经中国转口的外国货物，由于不能取得中国的原产地证，而由中国签证机构出具的证明货物系他国原产、经中国转口的一种证明文件。

4. 专用原产地证书

（1）金伯利进程证书，是指在实施金伯利进程证书制度成员国之间使用的，用于证明进出口毛坯钻石合法来源地的证明书。

（2）输欧盟农产品原产地证书（Certificate of Origin for Imports of Agricultural Products into the European Economic Community），是欧盟委员会为进口农产品而专门设计的原产地证书，例如蘑菇罐头证书。

（3）纺织品产地证书（Certificate of Origin Textile Product），简称 EEC 纺织品产地证书，专门用于需要配额的纺织类产品，是欧盟各国海关控制配额的主要依据，与 EEC 纺织品出口许可证的内容完全一致，由出口国签发，如欧盟纺织品专用产地证。

（4）对美国出口的原产地声明书（Declaration of Country），简称 DOC 产地证，又称美国产地证。凡属对美国出口的配额商品，如纺织品等，应由出口商填写 DOC 产场，共有三种格式：格式 A，单一国家声明书（Single Country Declaration），声明商品产地只有一个国家；格式 B，多国家产地声明书（Multiple Country Declaration），声明商品的原材料是由两个或两个以上国家生产的；格式 C，非多种纤维纺织品声明书，也称否定声明书（Negative Declaration），凡纺织品的主要价值或主要重量属于麻或丝的原料或含羊毛量不超过 17%，则可填用此格式，以说明该类商品为非配额产品。

（5）其他专用产地证书。如手工制品原产地证，证明货物的加工和制造是全人工而非机械生产；濒危动植物原产地证书，证明加工成货物的动物或植物来自饲养而非野生的濒危动植物（或在数量限制以内）等。

主要原产地证书的特点和申领所需材料如表 8-1 所示。

表 8-1　主要原产地证书的特点和申领所需材料

证书类别（简称）	证书特点、申领所需资料
一般原产地证书（CO）	（1）《原产地证明书申请书》1 份。如向 CCIQ 申领，填写《原产地证明书申请书》；如向 CCPIT/CCOIC 申领，填写《原产地证明书／加工装配证明书申请书》。 （2）用英文缮制的《一般原产地证明书》1 套（1 式 4 份）。 （3）正式出口商业发票正本 1 份，如发票内容不全，另附装箱单。发票和装箱单要盖章或手签，不得手写和涂改，注明包装、数量、毛重或另附装箱单或重量单。 （4）含有进口成分的产品，必须提交《产品成本明细单》。 （5）签证机构需要的其他单据，如相关的信用证、合同、提单/航空运单/邮政收据及报关单等。 （6）申请"后发证书"时，还应提交解释迟交申请书原因的函件。
普遍优惠制原产地证书（FORM A）	（1）《原产地证明书申请书》1 份。 （2）英文缮制的 FORM A 1 套（1 正 3 副）。 （3）正式出口商业发票正本 1 份，如发票内容不全，另附装箱单。发票和装箱单要盖章，内容不得涂改。 （4）含有进口成分的产品，必须提交《含进口成分受惠商品成本明细单》（1 式 2 份）。 （5）出口日本的来料加工产品或进料加工产品需提交《从日本进口原料证明书》。 （6）签证机构需要的其他单据。
《亚太贸易协定》优惠原产地证书	一批一证；无证到货，可在装运之后的 90 日内补证。 （1）提交申请书、商业发票（加盖公章及法人章）和 1 正 2 副的亚太证书。 （2）如出口商品含有进口成分，需提供含进口成分商品成本明细单。 （3）如申报日期迟于出运日期，申请后发需提供正本提单复印件和后发理由报告。 （4）如果签发的证书正本遗失或损毁，申请单位可向原签证机构申请重发，先在《国门时报》登报申明作废，同时提供申请单位和丢证方书面说明及原证的复印件，经检验检疫机构审核通过，予以重发。
中国-东盟自由贸易区优惠原产地证书（FORM E）	（1）有效期：4+2 个月（延长以第三方转运为前提）。 （2）原产于东盟国家的进口货物，如果产品的 FOB 价不超过 200 美元，无须要求我国的纳税义务人（进口方）提交产地证，但要提交出口人对有关产品原产于该出口成员方的声明。 （3）一批一证。 （4）原产地核查期间，收保证金放行。 （5）无证到货，可在装运之后的 1 年内补证。

续表

证书类别（简称）	证书特点、申领所需资料
	（1）《原产地证明书申请书》1份。 （2）缮制完毕的中国-东盟自由贸易区优惠原产地证明书（FORM E）一套，由1份正本（米黄色）及3份无碳副本（浅绿色）组成。正本和第2副本由出口人提供给进口人以供其在进口国通关使用；第1副本由出口的缔约方签证机构留底；第3副本由出口人留存。产品通关后，进口的缔约方海关在第2副本第4栏上批注，并在合理的期限内将第2副本返还出口缔约方的签证机构。 （3）正式出口商业发票正本1份。如发票内容不全，另附装箱单。发票和装箱单要盖章，内容不得涂改。 （4）含进口成分的产品，须提交《产品成本明细单》。 （5）需要的其他单据。
中国-智利自由贸易区优惠原产地证书	（1）使用英文，加盖有"正本"（ORIGINAL）字样的印章，有效期1年，一证一单。 （2）可提出原产地核查，收保证金放行。 （3）6个月内对核查予以答复，逾期不享受特别优惠关税。 （4）各缔约方应当对以下情况规定无须提交原产地证书：① 商业进口货物价值不超过600美元（或以缔约方货币折合等价），但可以作出规定，进口发票中应当包括该货物符合原产条件的声明；② 非商业进口货物价值不超过600美元（或以缔约方货币折合等价）；③ 货物进口方作出规定进口货物免于提交原产地证书。如一缔约方决定采用此规定，该方应当通知出口方。
中国-巴基斯坦自由贸易区优惠原产地证书	（1）A4纸印制，所用文字为英语，应在货物出口前或出口时或实际出口后15日内签发，有效期：6+2个月（延长以转运为前提）。 （2）无证到货，可在货物装运之日起1年内补证。如果产地证被盗、遗失或毁坏，在该证签发之日起1年内，可以向原签证机构申请签发经证实的原产地证书真实复制本。 （3）展览期间留购同样适用协定税率。
香港原产地证书、澳门原产地证书	（1）一批一证；用A4纸印制，所用文字为中文，有效期为自签发日起120天。 （2）未再加工出具证明的签发机构是中国检验有限公司（香港）、中国检验有限公司（澳门）。 （3）绿色关锁制度：香港海关查验并施加绿色关锁，进口时海关查验香港海关的查验报告后直接放行。 （4）实行海关联网管理。无法联网核对时，可担保放行，海关90天内核定证书真实性后退还保证金或将保证金转为进口关税。 （5）对证书真实性质疑时，可经总署或深圳、拱北原产地管理办公室向香港海关、澳门海关或经济局提请核查，期间可等税担保放行（按非CEPA下适用的最惠国或暂定税率核定税额）。
加工装配证明书	（1）填写《出口货物原产地证明书/加工装配证明书申请书》1份。 （2）提交出口商业发票1份。 （3）填写《含进口成分产品加工工序成本明细单》。 （4）缮制好的《加工装配证明书》1式4份。

续表

证书类别（简称）	证书特点、申领所需资料
转口证明书	（1）《转口证明书申请书》1份。 （2）进口货物原产国的原产地证明书、进口发票、进口报关单或进口提单复印件。 （3）出口合同、出口报关单、出口商业发票。 （4）缮制好的《转口证明书》1式4份。

三、原产地规则与原产地标准

（一）原产地规则

原产地规则也称"货物原产地规则"，指一国根据国家法令或国际协定确定的原则制定并实施的，以确定生产或制造货物的国家或地区的具体规定。为了实施关税的优惠或差别待遇、数量限制或与贸易有关的其他措施，海关必须根据原产地规则的标准来确定进口货物的原产国，给予相应的海关待遇。

原产地规则的主要内容包括原产地标准、直接运输规则和证明文件等，其中最重要的是原产地标准。原产地标准多由各国自行规定，并不统一。

直运规则证明：优惠原产地证项下所有货物出口必须符合直运规则。符合直运规则一般有以下两种情形：第一，未经过成员国以外国家或地区的运输；第二，运输途中经过了成员国以外的国家或地区（此时须满足如下条件：仅出于地理原因或者运输需要、未做任何增值性处理、未进入途经国消费或者贸易领域等）。经过一个或多个非成员国境内运输的货物，应向进出口成员国海关提交下列单证：在出口成员国签发的联运提单；出口成员国签证机构签发的原产地证书；货物的商业发票副本；符合相关协定直运规则所规定的条件证明。

（二）原产地标准

原产地标准（Origin Criterion）是原产地规则的核心部分之一，是出口货物具备原产地资格所应具备的条件，通常在原产地证书上会有专门的栏目，用专门的字母或符号来表示。

1. GSP原产地标准

其一，完全原产产品标准（完全获得标准）。完全原产产品是指全部使用本国产的原材料或零部件，完全由受惠国生产、制造的产品。其二，实质性改变标准。含有进口成分的原产产品是指全部或部分使用进口（包括原产地不明）原料或零部件生产、制造的产品，这些原料或零部件在受惠国经过充分加工和制作，其性质和特征达到"实质性改造"。对于如何判定进口成分是否达到"实质性改造"，各给惠国采用的标准不同，通常用加工标准和百分比标准来衡量。

2. 其他原产地标准（Origin Criterion）

（1）优惠原产地认定标准。

第一，完全获得标准：
①在该国（地区）领土或领海开采的矿产品；
②在该国（地区）领土或领海收获或采集的植物产品；

③在该国（地区）领土出土和饲养的活动物及从其所得产品；
④在该国（地区）领土或领海狩猎或捕捞所得的产品；
⑤由该国（地区）船只在公海捕捞的水产品和其他海洋产品；
⑥该国（地区）加工船加工的前述第⑤项所列物品所得的产品；
⑦在该国（地区）收集的仅适用于原材料回收的废旧物品；
⑧该国（地区）利用上述①至⑦项所列产品加工所得的产品。

第二，从价百分比标准：在某一国家（地区）对非该国（地区）原材料进展加工、制造后的增值局部超过了所得货物价值的肯定比例。目前我国签署的各优待贸易协定主要的从价百分比标准是：

①《亚太贸易协定》增值局部≤55%，原产于孟加拉国的产品≤65%；
②《中华人民共和国与东南亚国家联盟全面经济合作框架协议》下的《中国-东盟自由贸易区原产地规则》，来自自由贸易区≥40%，即非自由贸易区≤60%；
③CEPA 项下的港澳产品比例应占 30%；
④中国-巴基斯坦自由贸易区，来自巴基斯坦成分或+中国成分占比≥40%；
⑤"特殊优待关税待遇"受惠国的价值≥40%；
⑥《中智自贸协定》，来自中国或智利产品价值≥40%。

第三，直接运输标准：

①《亚太贸易协定》。
A.货物运输未经非受惠国关境；
B.经非受惠国运输，但能证明由于地理缘由或商业运输要求，并且未被使用、交易或消费、未被处理。

②《中华人民共和国与东南亚国家联盟全面经济合作框架协议》。

运输形式有：

从某一东盟国家直接运输至我国境内，东盟—我国；
东盟国家—其他自由贸易区—我国（未经过非自由贸易区）；
东盟国家—非自由贸易区—我国（需满意条件）。

应符合条件：

A.仅是由于地理缘由或者运输需要；
B.产品经过上述国家时未进展贸易或者消费；
C.除装卸或者为保持产品良好状态而进展的加工外，产品在上述国家未经过任何其他加工。

③ CEPA 香港—内地口岸；CEPA 澳门—内地口岸（不能从香港以外地区或国家转运）。
④《中国-巴基斯坦自由贸易协定》。

运输形式有：

受惠国（巴基斯坦自由贸易区）—中国；
受惠国（巴基斯坦自由贸易区）—一个或多个其他国家或地区—中国。

应符合条件：

A.仅出于地理缘由或运输需要；
B.货物未在这些国家或地区进入贸易或消费领域；
C.未经任何加工和转变性质的处理。

⑤"特殊优待关税待遇":与④一样应当直接从受惠国运输至我国,途中为经过中国和该受惠国以外的其他国家(地区)。如经过了其他国家(地区)运输,则必需符合④所列的条件。

⑥《中智自贸协定》:与④一样。所经过的其他国家(地区)停留时间最长不得超过3个月。

(2)RCEP协定原产地标准。WO、PE、PSR、ACU和DML标准。简单地说:第一,完全获得WO。产品没有经过加工处理,能够看得出原材料的原始形态,比如木头、铁矿石等。第二,完全原产PE。产品经过加工处理,不能直接看出产品原材料,比如纸箱,保鲜袋等。第三,当填写的HS编码为特定产品PSR清单编码,原产地标准可以选PSR。当原产地证标准选PSR时,系统新增了原产地子标准项[a.税则归类改变标准(CTC); b.区域价值成分(RVC); c.化学反应(CR)]。第四,累积规则ACU。由原产地标准PE细分出来的,产品经过加工处理,不能直接看出产品原材料,而且原材料只含有成员国进口成分,原材料来源于RCEP协定里的两个或两个以上的国家。第五,微小含量DMT。产品经过加工处理,进口原材料成分低于10%,税则号没有发生改变时选DMT。

(3)非优惠原产地认定标准。其一,完全获得标准。其二,"实质性改变"标准。

为便于对比和使用,主要原产地证书的原产地标准及其填制归纳如表8-2所示。

表8-2 各类原产地证书原产地标准填制一览表

证书种类	证书种类代码	目的国家	原产地标准及其填制
一般原产地证书	C	所有国家	以税则归类改变为基本标准,以从价百分比、制造或者加工工序为补充标准。证书上不体现原产地标准。
普惠制原产地证书	A/G	欧盟、挪威、瑞士、土耳其、日本、列支敦士登	①完全原产:填写"P"; ②非完全原产:满足加工清单要求,未列入的满足品目号改变规则,填写"W"加出口产品HS品目号,例如"W"94.05。
		加拿大	①完全原产:填写"P"; ②非完全原产:进口成分价值不超过包装完毕待运加拿大的产品出厂价的40%,填写"F"; ③非完全原产:经多个最不发达国家加工的产品,进口成分价值不超过包装完毕待运加拿大的产品出厂价的40%,填写"G"。
		白俄罗斯、俄罗斯联邦、哈萨克斯坦、乌克兰	①完全原产:填写"P"; ②非完全原产:进口成分价值不超过产品离岸价格的50%,填写"Y"加非原产成分价值占产品离岸价的百分比,例如"Y"50%; ③非完全原产:进口成分价值不超过产品离岸价格的50%,在一个受惠国生产而在另一个或数个其他受惠国制造或加工的产品,填写"PK"。
		澳大利亚、新西兰	①完全原产:填写"P"; ②非完全原产:本国成分价值不小于产品出厂价的50%,留空。

续表

证书种类	证书种类代码	目的国家	原产地标准及其填制
中国-东盟自由贸易区优惠原产地证书	E	东盟成员国	①完全原产：填写"WO"； ②非完全原产：中国-东盟自由贸易区成分大于等于产品离岸价40%，填写中国-东盟自由贸易区成分占产品离岸价的百分比，例如40%； ③非完全原产：符合特定原产地标准，填写"PSR"。
《亚太贸易协定》原产地证书	B	孟加拉国、印度、韩国、斯里兰卡	①完全原产：填写"A"； ②非完全原产：非原产成分小于等于产品离岸价55%，填写"B"加非原产成分占产品离岸价的百分比，例如55%； ③非完全原产：使用原产地累计的，成员国成分累计不低于产品离岸价的60%，填写"C"加累计原产成分占产品离岸价的百分比，例如60%； ④非完全原产：最不发达成员国在以上②③基础上再享受10个百分点优惠，填写"D"。
中国-巴基斯坦自由贸易区原产地证书	P	巴基斯坦	①完全原产：填写"P"； ②非完全原产：单一国家成分或中国-巴基斯坦自由贸易区累计成分大于等于产品离岸价40%，填写单一国家成分或中巴自由贸易区累计成分占产品离岸价的百分比，例如40%； ③非完全原产：符合特定原产地标准，填写"PSR"。
中国-智利自由贸易区原产地证书	F	智利	①完全原产：填写"P"； ②非完全原产：区域价值成分大于等于产品离岸价40%，填写"RVC"； ③非完全原产：符合特定原产地标准的，填写"PSR"。
中国-新西兰自由贸易区原产地证书	N	新西兰	①完全原产：填写"WO"； ②非完全原产：完全由获得原产资格的材料制成，填写"WP"； ③非完全原产：符合特定原产地标准中税则归类改变、工序要求的，填写"PSR"，符合特定原产地标准中区域价值成分（RVC）要求的，填写"PSR"并加注区域价值成分百分比。
中国-新加坡自由贸易区原产地证书	X	新加坡	①完全原产：填写"P"； ②非完全原产：区域价值成分大于等于产品离岸价40%，填写"RVC"； ③非完全原产：符合特定原产地标准的，填写"PSR"。
中国-秘鲁自由贸易区原产地证书	R	秘鲁	①完全原产：填写"WO"； ②非完全原产：完全由获得原产资格的材料制成，填写"WP"； ③非完全原产：符合特定原产地标准中税则归类改变、工序要求的，填写"PSR"，符合特定原产地标准中区域价值成分（RVC）要求的，填写"PSR"并加注区域价值成分百分比。

四、原产地证书的注册登记和签证

（一）原产地证书的注册登记

依据《中华人民共和国出口货物原产地规则》（1992年）及我国其他相关法律、法规，申请办理原产地证的单位，必须预先在当地检验检疫机构、贸促会或国际商会办理注册登记手续。办理注册登记时，申请单位必须提交相关的文件资料，签证机构通过审核和调查，对符合注册登记条件的予以注册、登记。

注册登记制度是国际通行的合格评定业务和证明业务。原产地证明的申报证明业务涉及法律法规繁多，进口国海关退证查询案例复杂，政策性、技术性、专业性较强，在对签证机构提出更高要求的同时，应对申请办理原产地证明的申请人即证书手签人员提出要求，以保证签证质量。注册登记包括三项内容：企业注册登记、产品注册登记、原产地证书申报员注册登记。

（二）原产地证书的签证

1. 签证机构

一般原产地证书由出入境检验检疫局（CCIQ）或中国贸促会（CCPIT）/中国国际商会（CCOIC）签发。

（1）外商要求由中国的商会组织或贸促会签发的，企业向贸促会申请签发，商检局不予签发。

（2）外商要求由中国官方机构或商检局签发的，企业向商检局申请签发，贸促会不予签发。

（3）外商没有要求的，企业可向贸促会或商检局申请签发。向目前与我国尚无正式外交关系以及尚未直接通商的国家或地区开展出口贸易时，如对方要求提供出口货物原产地证明书，企业应向贸促会申请签发，商检局不予签发。

普惠制原产地证明、区域性优惠原产地证明、专用原产地证明由CCIQ签发。

香港CEPA产地证由香港特别行政区政府工业贸易署及《非政府签发产地来源证保障条例》（香港法例第324章）所指的"认可机构"（香港中华总商会、香港印度商会、香港工业总会、香港总商会和香港中华厂商联合会）签署，两类产地来源证具有相同的法律地位。

澳门CEPA产地证由澳门特别行政区经济局签署。

2. 签证程序

原产地证实行电子签证。

（1）申请：货物出运前，申请企业通过网上申报原产地证书。

（2）审签：签证机构审核资料，符合有关规定的，签发证书；不符合规定的，不予签发证书。

（3）开通自助打印，直接打印签证好的原产地证；无法自助打印的需要现场取证，法人或者签证员，携带公章及相关资料到签证机构现场领取原产地证。

五、后发证书、更改证书、重发证书、异地出证及代办产地证书

1. 后发证书

原产地证书，原则上应在装运前签发。由于非故意的疏忽或其他特殊原因，货物出运前未能及时申请签发产地证书，申请单位也可在货物发出后申请签发"后发证书"（或"补发证书"）。

《中华人民共和国出口货物原产地规则实施办法》（对外经济贸易部令〔92〕第1号）第十九条规定：签证机构通常不接收货物出运后才递交的原产地证申请。但如属特殊情况（例如并非申请单位过失），签证机构可接受迟交的申请书，并酌情办理补证。在此情况下，申请单位递交原产地证和申请书时，必须提交下列证明文件：（一）解释迟交申请书原因的函件；（二）原产地证内所列货物的商业发票副本及提货单/航空提单/邮政收据。

申请人应在申请单上注明"申请后发"，货物出运后申请产地证，证书第11栏和第12栏应为实际申请日期和签发日期。

2. 更改证书

企业需要申请更改证书信息的，应将电子数据更改后发送至签证机构等待重新审核通过后予以申领。如果企业已经领取证书，应同时退回原已签发的证书正本给签证机构注销后，方可申领新的更改证书。如证书已交银行，须提供申请单位证明、解释原因及保证退回证书的具体时间的保证函等文件。申请单位要求更改已签发证书的内容时，具体步骤如下：

（1）填写《补发、重发或更改FORM A/CO证书申请单》1份。

（2）打开原证书，在原证书号后加字母R，第二次更改在原证书号后加字母R2，依此类推。系统内填制更改、重发申请书，再选择更改证重新发送。

（3）重新提交正本出口商业发票和装箱单各1份。

（4）退回原已签发的证书。

（5）重新缴费。

3. 重发证书

如原发证书正本被盗、遗失、损毁而要求重发的。从签发之日起半年内，申请单位应提交法定代表人签字并加盖公章的书面情况说明，经审核无误后签证机构予以签证。签证机构在证书第5栏加注英文："This certificate is in replacement of certificate of origin No. ××× dated ××× which is cancelled." 证书第11栏和第12栏的日期应为重发证书的实际申请日期和签发日期。

如果证书遗失，申请单位申请重新签证的步骤如下：

（1）先在《国门时报》上登遗失声明。

（2）填写《重发或更改FORM A/CO证书申请单》1份。

（3）重新发送一份新证书，新的证书号应在原证书号后加字母D，新证书的签证日期和申请日期应为实际的日期，发送时应选择重发证。

（4）重新提交正本出口的商业发票和装箱单。

（5）提交原证书的复印件或副本。

（6）重新缴费。

4. 异地出证

签证机构受理所辖地区单位的优惠原产地证书的申请,但如遇特殊情况,需异地签证的,应要求企业提供注册地贸促会签证机构的证明文件。

5. 代办产地证书

企业如委托货运代理公司代理申领原产地证,代理公司人员申领产地证时,必须向签证机构提交以下文件:①代理公司的介绍信。②被代理企业的委托书或出口企业与代理公司间的货物进出口委托书。

不具备申请资格的企业参加国外展览,若需申领原产地证,可凭参展批件自行申领或委托有申领资格的企业代理申请。

六、原产地异地调查、原产地证国外查询与原产地标记保护

签证机构可在签证时或签证后对所签产品进行原产地调查。进口成员方可以请求签证机构进行后续抽查,也可以在有理由怀疑有关文件的真实性或有关产品或其某部分真实原产地的准确性时,请求签证机构进行后续核查。

1. 原产地异地调查

如产品在异地生产,凡属敏感商品,均需进行异地调查并签发《原产地异地调查结果单》。对含有非原产成分的产品需提供经产地签证机构核实的《产品成本明细单》,并于《原产地异地调查结果单》加盖骑缝章。在异地由同一单位生产的同一产品,如原料来源及目的国不变,无须多次进行异地调查。申请原产地异地调查结果单,需提供以下资料:①原产地书申请书;②产品成本明细单;③原产地异地调查结果单,注意要打印一式两份,不要用手工填制;④出口货物商业发票副本;⑤产品所用的原料、零部件的购买发票复印件;⑥其他有关资料。

2. 原产地证国外查询

货物进口国主管当局对我国签证机构所签发的原产地证书的真实性、准确性或证书项下产品是否符合原产地规则等问题向我国签证机构进行查询。签证机构在收到进口国主管当局的退证查询时,针对其提出的问题进行实地调查和书面核查。处理查询在签证管理中是一项非常重要的工作,直接影响我国签证部门的信誉和出口商品能否顺利通关并享受优惠待遇的问题,涉及的单位要积极配合。

原产地证国外查询要求企业提供以下资料:①国外海关退证查询调查表,表格中每项内容必须填写清楚,加工工序必须完整、详细,产品原辅料情况等内容多时添加附页,法定代表人签字必须手签;②证书所涉及货物的所有原辅料工厂进料票;③该批货物原出口发票、装箱单、提单;④出口货物报关单;⑤外贸公司与加工工厂的加工或购销合同;⑥进口商或中间商对本批货物的订单或合同;⑦其他有关材料。

企业提供的资料签证机构将到相关单位核查,实地调查内容同注册调查。

3. 原产地标记保护

原产地标记包括原产国标记和地理标志。原产地标记是原产地工作不可分割的组成部分。

原产国标记是指用于指示一项产品或服务来源于某个国家或地区的标记、标签、标志、文字、图案以及与产地有关的各种证书等。地理标志是指一个国家、地区或特定地方的地理名称，用于指示一项产品来源于该地，且该产品的质量特征完全或主要取决于该地的地理环境、自然条件、人文背景等因素。

（1）原产国标记。申请原产国标记注册需提供以下资料：①证明产品所有权文件。②产品的技术标准、检测标准、评定标准。③证明产品符合原产地规则的文件。

（2）地理标志。申请地理标志注册需提供以下资料：①有关政府出具的地理位置范围界定文件；②产品使用的范围说明；③产品的地理位置说明；④产品生产和形成时所用的原材料、生产工艺、工序、主要质量特性等相关资料；⑤注册产品固有的标准；⑥产品质量与地理标志自然环境，以及人文因素、历史渊源等相关的背景资料；⑦法律法规有要求的相关资料，包括营业执照、许可证、商标牌号等；⑧签证机构要求提供的其他相关资料。

任务实施

请翻译以下信用证中有关的原产地证条款。

1.Certificate of origin in two fold indicating that goods are of Chinese origin issued by Chamber of Commerce.

2.Certificate of China origin issued by a relevant authority.

3.Certificate of origin issued by Chamber of Commerce,certifying that goods are of Chinese origin in on original and one copy the original legalized by the AUE representation in China.

4.Certificates of origin FORM A certifying goods of origin in China issued by competent authority.

5.Photocopy of original certificate of Chinese origin or GSP FORM A required and such certificate combined with or referring to other documents not acceptable

6.For imports from the People's Republic of China a separated Certificate of origin is required along with advising therein of name and address of the manufacturers. This certificate must be legalized by chamber of commerce.

学习任务二　一般原产地证书的识读与制作

学习目标

知识目标

1. 了解一般原产地证书的含义与办理方法。
2. 掌握一般原产地证书的内容和制作方法。

能力目标

能缮制一般原产地证书。

建议学时

学习任务二建议 3 学时。

相关知识点

一般原产地证书的使用非常广泛，除了对不发达国家出口使用外，对一些发达国家（如英国等）出口商品时也经常用到。

一、一般原产地证书的含义

一般原产地证书（Certificate o Origin，CO）又称普通原产地证，是产地证的一种。一般产地证书是用以证明有关出口货物和制造地的一种证明文件。一般原产地证书可以分为两种：一种是由中国国际贸易促进委员会签发，另一种是由海关签发。一般原产地证是国际贸易行为中的"原籍"证书，在特定情况下进口国据此对进口货物给予不同的关税待遇。

二、一般原产地证书的申领

根据我国现行规定，出口企业最迟于货物报关出运前 3 天，持签证机构规定的正本文件，向签证机构申请办理一般原产地证书。申领所需的文件有：

（1）《一般原产地证书申请书》一份；
（2）《一般原产地证书（CO）》一套；
（3）正式出口商业发票正本一份，如发票内容不全，另附装箱单（盖章，不得涂改）；
（4）有进口成分的产品，必须提交《含进口成分产品成本明细单》；
（5）签证机构需要的其他单据。

三、一般原产地证书的主要内容及填制方法

一般原产地证书采用全国统一的证书格式,一正三副。一般原产地证书共有 12 项内容,除按签发机构指定的号码填入证书编号(Certificate No.)以外,其他栏目内容和缮制要点介绍如下:

1.Exporter	Certificate No.
2.Consignee	CERTIFICATE OF ORIGIN OF THE PEOPLE'S REPUBLIC OF CHINA
3.Means of transport and route	5.For certifying authority use only
4.Country / region of destination	
6.Marks and numbers　7.Number and kind of packages, description of goods　8.H.S. Code　9.Quantity or weight　10.Number and date of invoices	
11.Declaration by the exporter The undersigned hereby declares that the above details and statements are correct, that all the goods were produced in China and that they comply with the Rules of Origin of the People's Republic of China. -- Place and date, signature and stamp of authorized signatory	12.Certification It is hereby certified that the declaration by the exporter is correct. -- Place and date, signature and stamp of certifying authority

1. Exporter(出口商)

此栏在信用证支付方式下,当信用证没有作特别规定的时候,直接填写受益人的名称、地址和联络细节(按照电讯信用证第 59 栏的内容原文照抄);如果信用证规定了填写内容,而且规定的内容对卖方没有危害,则严格按照信用证规定的内容填写。这种情况主要发生在"开证申请人是中间商"的时候,信用证为了在该单据上不显示受益人的信息,特别要求此栏填写开证申请人的名称、地址和联络细节等。对这种做法,卖方应该是可以接受的。在其他支付方式下,如果买方事先没有提出特别的要求,此栏就直接填写卖方的名称、地址和联络细节。

2. Consignee(收货人)

此栏的填写方法如下:

(1)在信用证支付方式下,信用证没有作特别规定的时候,可以直接填写开证申请人的名称、地址和联络细节(按照电讯信用证第 50 栏的内容原文照抄)。

(2)在其他支付方式下,买方没有特别规定的时候,可以直接填写买方的名称、地址和联系细节。

关于产地证此栏的填写问题,ISBP745 第 L5 段规定,当原产地证明显示收货人信息时,

其不应与运输单据中收货人信息相矛盾。但是，当信用证要求运输单据出具成"to order""to the order of shipper""to order of issuing bank""to order of nominated bank"（或 negotiating bank）或"consigned to issuing bank"（以开证行为收货人）时，原产地证明可以显示收货人为信用证中除受益人以外的任何一个具名实体。当信用证已经转让时，原产地证明可以显示收货人为第一受益人。

3. Means of transport and route（运输方式和运输路线）

此栏的运输方式和运输路线一定要与本笔交易项下的其他单据（如运输单据、保险单据等）一致，而不能互相矛盾。本栏一般还加注预计离开中国的日期。例如，"BY SEA, ON/BEFORE 18 MAR. 2023 FROM DALIAN,CHINA TO MARSEILES,FRANCE"（海运；从中国大连运到法国马赛）；再如"ON/AFTER 18 MAR. 2023 FROM SHANGHAI TO CHICAGO VIA LONGBEACH,BY MULTIMODAL TRANSPOTATION"（从上海运抵芝加哥，经由长滩中转；使用多式联运）。

有关运输方式的英文表达方法主要有以下五种：

（1）海运：by ship/by vessel/by sea transport 等。

（2）陆运：by land transport/by train/by rail 等。

（3）空运：**by airplane/by air/by plane transport** 等。

（4）联运：by through transport（"through"表示"只使用一种运输方式，但中途需要转船或转运的运输方式"）；by sea-land combined transport（"combined"表示"使用两种不同的运输方式，其中有一种是海运"）。

（5）多式联运：by multimodal transport（"multimodal"有时还会写成"intermodal"，它是"International multimodal"的缩写形式）。

4. Country/region of destination（目的地国家或地区）

此栏主要填写货物运抵国家或地区的名称。

5. For certifying authority use only（仅供发证机构填写）

本栏供签证机构根据需要加注说明，如补发、后发证书等事项，一般留空不填。如属"后发"证书，签证当局会在此栏加打"ISSUED RETROSPECTIVELY"；如属签发"复本"（重发证书），签证当局会在此栏注明原发证书的编号和签证日期，并声明原发证书作废。其文字是"THIS CERTIFICATE IS IN REPLACEMENT OF CERTIFICATE OF ORIGIN NO ×××DATED ××× WHICH IS CANCELLED"，并加打"DUPLICATE"。

6. Marks and numbers（唛头）

本栏按信用证中或合同规定的内容进行缮制，且与发票和提单的同项内容一致的图案、文字、数字和包装号，不得简单地填写"As per Invoice No. ×××"或"As per B/L No. ×××"。中国香港、中国澳门和中国台湾不享受普惠制优惠，唛头中不得出现"HONGKONG""MACAO""TAIWAN"产地制造字样；若没有唛头，则填写"N/M"，不得留空不填；如唛头过多，可填在第 7 栏至第 10 栏的空白处。如唛头为图文等较复杂的唛头或内容过多，则可在该栏填上"SEE ATTACHMENT"，并另加附页。附页需一式四份，附页上方填"ATTACHMENT TO THE CERTIFICATE OF ORIGIN NO. ×××"（证书号码），附页下方两边分别列上签证地点、签证日期和申报地点、申报日期，左下方盖上申报单位签证章并由申报单位申报员签名。

7. Number and kind of packages, description of goods（外包装的数量及方式、商品名称）

本栏填写的商品名称应为发票中所描述的货物，但可用于其他单据无矛盾的统称。包装件数和种类须与货运单据一致，即填写外包装的数量及包装种类。如散装货物用"In Bulk"表示。填写本栏时请注意以下几点：

（1）包装件数和种类必须用英文和阿拉伯数字同时表示，如"SIX HUNDRED（600）CTNS OF SHRIMPS"。

（2）商品名称必须明确具体，其详细程度应可以在商品编码 H.S. 编码的 8 位数中准确找到，不能笼统填报"玩具 TOY"，不同材质的玩具商品编码也不相同。

（3）商品的商标、品牌无须显示。

（4）商品名称列完后，应在下一行使用"************"符号表示结束，以防止外商加填伪造内容。

（5）有时国外客商要求产地证书显示信用证号，可加注在此栏结束符号下方。

8. H.S. Code（商品编码）

H.S.是海关合作理事会《商品名称及编码协调制度》的英文缩写。商务部和海关总署根据H.S.分类编制了《中华人民共和国进出口商品的目录对照表》，规定了商品名称和编码。本档按该规定填入，不同商品应分别标明不同的 H.S.编码。填写本栏时应注意：①同一证书包含多种不同商品，应当将相应的商品编码全部填报，此栏不得留空；①填报的商品编号必须与实际货名及报关单所示 H.S.编码保持一致。

9. Quantity or weight（数量及重量）

此栏填写与该产地证所列商品的价格相同计量单位的商品数量。例如，如果商品的价格是"每一件多少钱"，此栏就填写（整批货物一共有）"多少件"（Pieces）；如果商品的价格是"每公吨多少钱"，此栏就填写（整批货物一共有）"多少公吨"（Metric Tons）。另外，此栏的"数量"一定要和与之对应的商业发票中的"数量"保持一致。

填写本栏时应注意以下两点：①若计量单位为重量，应注明毛重或净重，如"GW 40000kg"或"N.W. 38000 kg"；②用规范的计量单位英文或缩写表示，如件（Picce/pc）、箱（Carton/ctn）。

10. Number and date of invoices（发票号码及日期）

本栏按发票实际号码和日期填写，发票日期不得迟于出货日期。

填写本栏时应注意以下两点：①月份一律用英文缩写表示，顺序为月、日、年，如"MAR.3, 2023"。②发票号与日期分行填写，一般第一行为发票号码，第二行为发票日期，此栏不得留空。

11. Declaration by the exporter（出口商声明）

本栏出口商声明已事先印就，内容为"兹出口商声明以上所列内容正确无误，本批出口商品的生产地在中国，完全符合中华人民共和国出口货物原产地标准（The undersigned hereby declares that the above details and statements are correct; that all the goods were produced in China and that they comply with the Rules of Origin of the People's Republic of China）。在本栏仅填入

申报地点和日期，加盖申请单位章（一般为椭圆形、英汉对照），并由经办人（事先经发证机构批准并且备案的专人）签字，签字与图章不能重叠。申报日期不要填法定休息日，日期不得早于发票日期，一般也不要迟于提单日期。

12. Certification（签证机构证明）

本栏签证机构证明事先已印制，内容为"兹证明出口商的声明是正确无误的（It is hereby certified that the declaration by the exporter is correct）"。签证机构在此加盖签证机构印章并由授权人签名，签证机构在此注明签证日期和地点，签发日期不得早于发票日期和申请日期。

由贸促会签发的产地证一般在机构印章中还加注下列声明："China Council for the Promotion of International Trade （CCPIT）is China Chamber of International Commerce."

任务实施

查阅资料，根据以下信息，请为 ABC 贸易公司制作一般原产地证书。

1. L/C

2023MAR22 09:18:11		LOGICAL TERMINAL	E106
MT S700	ISSUE OF A DOCUMENTARY CREDIT	PAGE	00006
		FUN	MSG700
		UMR	06881051

MSGACK DWS765I AUTH OK, KEY B198081689580FC5, BKCHCNBJ RJHISARI RECORO

BASIC HEADER	F 06 BKCHCNBJA940 0588 550628	
	0 700 1057 060620 RJHISARIA××× 7277 977367 060613 1557 N	
APPLICATION HEADER		*ALRAJHI BANKING AND INVESTMENT *CORPORATION *RIYADH *（HEAD OFFICE）
USER HEADER	SERVICE CODE 106: BANK. PRIORITY 113: MSG USER REF. 108: INFO. FROM CI 115:	（银行盖信用证通知专用章）
SEQUENCE OF TOTAL	* 27	1 / 1
FORM OF DOC. CREDIT	* 40A	IRREVOCABLE
DOC. CREDIT NUMBER	* 20	1004LC223344
DATE OF ISSUE	31C	230510
DATE/PLACE EXP.	* 31D	DATE 230620 PLACE CHINA
APPLICANT	* 50	TED GENERAL TRADING CO. P.O. BOX 99552, RIYADH 22766, KSA TEL：00966-1-4659220 FAX：00966-1-4659213

BENEFICIARY	* 59	ABC TRADING CO., LTD. NO.67 QINGHU ROAD, LONGHUA, SHENZHEN, CHINA TEL：0086-755-47165723　FAX：0086-755-47165725
AMOUNT	* 32B	CURRENCY USD AMOUNT 13260,
AVAILABLE WITH/BY	* 41D	ANY BANK IN CHINA, BY NEGOTIATION
DRAFTS AT ...	42C	SIGHT
DRAWEE	42A	RJHISARI *ALRAJHI BANKING AND INVESTMENT *CORPORATION *RIYADH *（HEAD OFFICE）
PARTIAL SHIPMENT	43P	NOT ALLOWED
TRANSSHIPMENT	43T	NOT ALLOWED
LOADING ON BRD	44A	
		CHINA MAIN FORT, CHINA
	44B	
		DAMMAM PORT, SAUDI ARABIA
LATEST SHIPMENT	44C	230530
GOODS DESCRIPT.	45A	
		ABOUT 1700 CARTONS CANNED MUSHROOM PIECES & STEMS 24 TINS X 425 GRAMS NET WEIGHT（D.W. 227 GRAMS）AT USD7.80 PER CARTON. ROSE BRAND.
DOCS REQUIRED	46A	
		DOCUMENTS REQUIRED： + SIGNED COMMERCIAL INVOICE IN TRIPLICATE ORIGINAL AND MUST SHOW BREAK DOWN OF THE AMOUNT AS FOLLOWS：FOB VALUE, FREIGHT CHARGES AND TOTAL AMOUNT C AND F. + FULL SET CLEAN ON BOARD BILL OF LADING MADE OUT TO THE ORDER OF AL RAJHI BANKING AND INVESTMENT CORP, MARKED FREIGHT PREPAID AND NOTIFY APPLICANT, INDICATING THE **FULL NAME**, ADDRESS AND TEL NO. OF THE CARRYING VESSEL'S AGENT AT THE PORT OF DISCHARGE. + PACKING LIST IN ONE ORIGINAL PLUS 5 COPIES, ALL OF WHICH MUST 　BE MANUALLY SIGNED. + INSPECTION（HEALTH）CERTIFICATE FROM C.I.Q.（ENTRY-EXIT INSPECTION AND QUARANTINE OF THE PEOOPLES REP. OF CHINA）STATING GOODS ARE FIT FOR HUMAN BEING.

		+ CERTIFICATE OF ORIGIN DULY CERTIFIED BY C.C.P.I.T. STATING THE NAME OF THE MANUFACTURERS OF PRODUCERS AND THAT GOODS EXPORTED ARE WHOLLY OF CHINESE ORIGIN.
		+ THE PRODUCTION DATE OF THE GOODS NOT TO BE EARLIER THAN HALF MONTH AT TIME OF SHIPMENT. BENEFICIARY MUST CERTIFY THE SAME.
		+ SHIPMENT TO BE EFFECTED BY CONTAINER AND BY REGULARE LINE. SHIPMENT COMPANY'S CERTIFICATE TO THIS EFFECT SHOULD ACCOMPANY THE DOCUMENTS.
		+ INSURANCE POLICY OR CERTIFICATE IN 1 ORIGINAL AND 1 COPY ISSUED OR ENDORSED TO THE ORDER OF AL RAJHI BANKING AND INVESTMENT CORP FOR THE INVOICE PLUS 10 PERCENT COVERING ALL RISKS, INSTITUTE CARGO CLAUSES, INSTITUTE STRIKES.
DD. CONDITIONS	47A	
		ADDITIONAL CONDITION:
		A DISCREPANCY FEE OF USD50.00 WILL BE IMPOSED ON EACH SET OF DOCUMENTS PRESENTED FOR NEGOTIATION UNDER THIS L/C WITH DISCREPANCY. THE FEE WILL BE DEDUCTED FROM THE BILL AMOUNT.
		PAYMENT UNDER THE GOODS WERE APPROVED BY SAUDI GOVERNMENT LAB.
CHARGES	71B	ALL CHARGES AND COMMISSIONS OUTSIDE KSA ON BENEFICIARIES' ACCOUNT INCLUDING REIMBURSING, BANK COMMISSION, DISCREPANCY FEE (IF ANY) AND COURIER CHARGES.
CONFIRMAT INSTR	* 49	WITHOUT
REIMBURS. BANK	53D	/ /
		AL RAJHI BANKING AND INVESTMENT CORP RIYADH (HEAD OFFICE)
INS PAYING BANK	78	
		DOCUMENTS TO BE DESPATCHED IN ONE LOT BY COURIER.
		ALL CORRESPONDENCE TO BE SENT TO ALRAJHI BANKING AND INVESTMENT COPRORATION RIYADH (HEAD OFFICE)
SEND REC INFO	72	REIMBURSEMENT IS SUBJECT TO ICC URR 525
		ORDER IS <MAC: > <PAC: > <ENC: > <CHK: > <TNG: > <PDE: >
TRAILER		MAC: E55927A4 CHK: 7B505952829A HOB:

2. 商业发票

ISSUER ABC TRADING CO., LTD. NO.67 QINGHU ROAD, LONGHUA, SHENZHEN, CHINA TEL: 0086-755-47165723 FAX: 0086-755-47165725	商业发票 COMMERCIAL INVOICE	
TO TED GENERAL TRADING CO. P.O. BOX 99552, RIYADH 22766, KSA TEL: 00966-1-4659220 FAX: 00966-1-4659213	NO. 2023SDT006	DATE Apr.25, 2023
TRANSPORT DETAILS SHIPMENT FROM SHENZHEN PORT TO DAMMAM PORT BY SEA	S/C NO. TED2023066	L/C NO. 0061LC123756
	TERMS OF PAYMENT L/C AT SIGHT	

Marks and Numbers	Number and kind of package Description of goods	Quantity	Unit Price	Amount
				USD
ROSE BRAND 178/2023 RIYADH	CFR DAMMAM PORT, SAUDI ARABIA			
	1700 CARTONS CANNED MUSHROOMS PIECES & STEMS 24 TINS X 425 GRAMS NET WEIGHT (D.W. 227 GRAMS) AT USD7.80 PER CARTON. ROSE BRAND.	1700 CARTONS	USD7.80	USD13260.00
Total:		1700 CARTONS		USD13260.00

SAY TOTAL: USD THIRTEEN THOUSAND TWO HUNDRED AND SIXTY ONLY.

BREAK DOWN OF THE AMOUNT AS FOLLOWS:
    FOB VALUE: USD12260.00
    FREIGHT CHARGES: USD1000.00
TOTAL AMOUNT C AND F: USD13260.00

（出口商签字和盖单据章）

3. 其他信息

（1）DATE OF SHIPMENT：MAY. 15, 2023
（2）H.S. code：2003.1011
（3）供货商工厂：
XUZHOU SHENGTONG FOODSTUFTS CO., LTD.
NO.15 HEPING ROAD, XUZHOU 221009, CHINA
TEL：86-0516-3406323 FAX：86-0516-3406330

ORIGINAL

1.Exporter	Certificate No. CZC1/12002/5649 **CERTIFICATE OF ORIGIN** **OF** **THE PEOPLE'S REPUBLIC OF CHINA**
2.Consignee	
3.Means of transport and route	5.For certifying authority use only
4.Country / region of destination	

6.Marks and numbers	7.Number and kind of packages, description of goods	8.H.S.Code	9.Quantity	10.Number and date of invoices

11.Declaration by the exporter The undersigned hereby declares that the above details and statements are correct, that all the goods were produced in China and that they comply with the Rules of Origin of the People's Republic of China.	12.Certification It is hereby certified that the declaration by the exporter is correct. 中国国际贸易促进委员会 单据证明专用章 CHINA COUNCIL FOR THE PROMOTION OF INTERNATIONAL TRADE
Place and date, signature and stamp of authorized signatory	Place and date, signature and stamp of certifying authority

强化训练

1. 试分析深圳 HL 公司是否需要制作并提供一般原产地证，为什么？如果需要，应该提供什么样的原产地证书？

2. 查阅一般原产地证的填制内容与要求，请深圳 HL 公司制作一般原产地证书。（H.S.Code：42022100）

ORIGINAL

1.Exporter （full name and address）	CERTIFICATE NO：0897898
2.Consignee （full name, address, country）	CERTIFICATE OF ORIGIN OF THE PEOPLE'S REPUBLIC OF CHINA
3.Means of transport and route	5.For certifying authority use only
4.Country / region of destination	

6.Marks and numbers	7. Number and kind of packages description of goods	8.H.S. Code	9.Quantity or weight	10.Number and date of invoices

11.Declaration by the exporter The undersigned hereby declares that the above details and statement are correct; that all the goods were produced in China and that they comply with the Rules of Origin of the People's Republic of China. --- Place and date, signature and stamp of authorized signatory	12.Certification It is hereby certified that the declaration by the exporter is correct. --- Place and date, signature and stamp of certifying authority

学习任务三 普惠制产地证书的识读与制作

学习目标

知识目标

1. 了解普惠制。
2. 理解普惠制产地证书的含义。
3. 掌握普惠制产地证书的内容和制作方法。

能力目标

能缮制普惠制产地证书。

建议学时

学习任务三建议 2 学时。

相关知识点

普惠制是发达国家给予发展中国家的出口半成品或成品的一种关税优惠制度,也是普遍的、非互惠的一种关税优惠制度。

一、普惠制概述

普惠制最早于 1976 年由普利毕什在联合国贸发会上提出。按照普惠制的原则,所有发达国家(普遍的)对于原产于所有发展中国家(非歧视的)的商品,在最惠国待遇的基础上,对进口关税再进行削减或免除。普惠制的给予不要求受惠国对给惠国做出任何减免关税的回报(非互惠的)。

自 1978 年普惠制实施以来,先后有 40 个国家给予我国普惠制关税优惠,其中大多是我国的重要贸易伙伴,如欧盟成员国及英国、俄罗斯、加拿大、日本等。我国也积极利用普惠制扩大向发达国家的出口,在外贸增长和产业发展等方面发挥了重要作用。

给予过我国普惠制关税优惠的 40 个国家分别为:欧盟 27 国(法国、德国、意大利、荷兰、卢森堡、比利时、丹麦、爱尔兰、希腊、葡萄牙、西班牙、瑞典、芬兰、奥地利、波兰、捷克、斯洛伐克、匈牙利、马耳他、斯洛文尼亚、立陶宛、拉脱维亚、爱沙尼亚、塞浦路斯、保加利亚、罗马尼亚、克罗地亚)、英国、欧亚经济联盟 3 国(俄罗斯、白俄罗斯、哈萨克斯坦)、土耳其、乌克兰、加拿大、瑞士、列支敦士登、日本、挪威、新西兰、澳大利亚。

随着我国经济的飞速发展和人民生活水平的不断提高,根据世界银行标准我国不再属于低收入或中等偏低收入经济体。为此,欧盟等多个普惠制给惠国在近几年陆续宣布取消给予我国普惠制待遇。截至目前,仍然保留给予我国普惠制待遇的国家仅剩挪威、新西兰、澳大利亚 3

国，对出口至这3个国家的货物，企业仍可以申领普惠制证书。

二、普惠制产地证书的概念

普惠制产地证（Generalized System of Preferences Certificate of Origin，GSP）是发展中国家（Developing Country）向发达国家（Advanced Country）出口，按照联合国贸发会议规定的统一格式填制的一种证明商品原产地的文件，又是进口国-给惠国（Preferential Giving Countries）给予出口国-受惠国（Beneficiary Countries）优惠关税的待遇或者免税的凭证。

普惠制产地证主要有三种格式：普惠制产地证格式A（GSP FORM A）、普惠制格式59A（GSP FORM 59A）和普惠制产地证格式APR（GSP FORM APR），其中GSP FORM A使用范围最广。澳大利亚则不需要任何规定格式，只需要在商业发票上加注指定声明文句即可。

在我国普惠制产地证书由中国出入境检验检疫局签发。

三、普惠制产地证的填写方法和注意事项

"GSP FORM A"单证预设的格式和栏目与"一般原产地证"类似，有很多名称和填写方法都相同，为了避免重复，在此仅对"一般原产地证"中没有的栏目做重点介绍。

1. Goods consigned from (Exporter's business name, address, country)	Reference No.	
	GENERALIZED SYSTEM OF PREFERENCES CERTIFICATE OF ORIGIN (Combined declaration and certificate)	
2. Goods consigned to (Consignee's name, address, country)	FORM A	
	Issued in	THE PEOPLE'S REPUBLIC OF CHINA
		(country)
		See Notes overleaf
3. Means of transport and route (as far as known)	4. For official use	

5. Item number	6. Marks and numbers of packages	7. Number and kind of packages, description of goods	8. Origin criterion (see Notes overleaf)	9. Gross weight or other quantity	10. Number and date of invoices

11. Certification 　　It is hereby certified, on the basis of control carried out, that the declaration by the exporter is correct. -- Place and date, signature and stamp of certifying authority	12. Declaration by the exporter The undersigned hereby declares that the above details and statements are correct, that all the goods were
	produced in	CHINA
		（country）
	and that they comply with the origin requirements specified for those goods in the Generalized System of Preferences for goods exported to -- Place and date, signature and stamp of authorized signatory

第5栏：Item number（商品顺序号）。

如同批出口货物有不同品种，则按不同品种分列 1、2、3…，以此类推。单项商品，此栏填"1"。

第8栏：Origin criterion （see Notes overleaf）[原产地标准（参见本证书背面的说明）]。

此栏的填写方法按普惠制产地证 A 格式的正本背面所附的相关填写方法的说明。

（1）完全自产于出口国的产品，输往挪威时，填写"P"；输往澳大利亚和新西兰，则不必填写。

（2）经过出口充分制作或加工的产品，输往挪威时，填"W"，其后填明出口产品在《商品名称和编码协调制度》中的四位税则号，如"'W'96.18"；输往澳大利亚和新西兰时，则不必填写，仅在第 12 栏做出适当的申报即可。

第9栏：Gross weight or other quantity（毛重或其他数量）。

此栏应填写商品的正常计量单位，如"只""件""双""台""打"等，例如 1000SETS。货物以重量计的则填毛重，只有净重的，则需加注 N.W.（NET WEIGHT），例如 N.W.625KGS。

任务实施

深圳强达机械制造公司欲销往澳大利亚墨尔本一批由本厂生产的轴承，总价 566687 美元，重 800KGS，纸箱（20箱）包装，由宁波始发，交货条件为 CIF Melbourne, Australia。请制作普惠制产地证。

以下为有关货物的 L/C 信息：
SOME MSG FROM L/C
L/C NO. SHZOO00E
EXPIRY：20231227 CHINA
AMOUNT：USD566687
APPLICANT：JOSEPHINE MECHANICAL COMPANY
MAIA I-SEC LOTE 29-GUARDA, MELBOURNE AUSTRALIA
BENEFICIARY：SHENZHEN QIANGDA MACHINE ENTERPRISE
　　　　　　28, JIANSHE ROAD, LUOHU DISTRIC, SHENZHEN,CHINA
PORT OF SHIPMENT：SHENZHEN, CHINA
PORT OF DISCHARGE：MELBOURNE. AUSTRALIA
SHIPMENT DATE：LATEST BY DEC. 1, 2023
COVERING：
ROLAMENTOS （BEARINGS）800KGS
ASPER S/C NO. BB3887 NOV01.2000
SHIPPING MARK：
JOSEPHINE
MELBOURNE
AUSTRALIA
REQUIRED DOCUMENTS
+ORIGINAL CERTIFICATE CONFIRMING THE COVERING GOODS PRODUCED IN CHINA IN TRIPLICATE

补充资料如下：

invoice number：INV8866, date：Nov. 15,2023

1. Goods consigned from （Exporter's business name，address，country）	Reference No.		
	GENERALIZED SYSTEM OF PREFERENCES CERTIFICATE OF ORIGIN （Combined declaration and certificate）		
2. Goods consigned to （Consigne's name，address，country）	FORM A		
	Issued in	THE PEOPLE'S REPUBLIC OF CHINA	
		（country）	
	See notes overleaf		

3. Means of transport and route (as far as known)	4. For official use

5. Item number	6. Marks and numbers of packages	7. Number and kind of packages; description of goods	8. Origin criterion (See Notes overleaf)	9. Gross weight or other quantity	10. Number and date of invoices

11. Certification	12. Declaration by the exporter
It is hereby certified, on the basis of control carried out, that the declaration by the exporter is correct.	The undersigned hereby declares that the above details and statements are correct, that all the goods were
	produced in CHINA (country)
	and that they comply with the origin requirements specified for those goods in the Generalized System of Preferences for goods exported to
-- Place and date, signature and stamp of certifying authority	-- Place and date, signature and stamp of authorized signatory

学习任务四　区域性优惠原产地证书的识读与制作

 学习目标

知识目标

1. 了解区域性产地证书的类别。
2. 掌握中国-东盟自由贸易区优惠原产地证书（FORM E）的内容与缮制方法。
3. 掌握区域全面经济伙伴关系协定（RCEP）优惠原产地证书的内容与缮制方法。

能力目标

能缮制中国-东盟自由贸易区优惠原产地证书。

建议学时

学习任务四建议 2 学时。

相关知识点

区域性优惠原产地证书是具有法律效力的，在协定成员国之间就特定产品享受互惠减免关税待遇的官方凭证。由于区域性贸易协定的关税优惠是对等互惠的，它将逐渐代替普惠制，成为我国出口产品的主要优惠政策，各种区域性优惠原产地证书也将逐步代替普惠制产地证书。

一、中国-东盟自由贸易区优惠原产地证书（FORM E）的内容与缮制方法

中国-东盟自由贸易区成员包括中国、文莱、柬埔寨、印度尼西亚、老挝、马来西亚、缅甸、菲律宾、新加坡、泰国、越南等。中国企业和东盟成员国交易产品符合《货物贸易协定》项下关税优惠待遇的，可凭借中国-东盟自由贸易区优惠原产地证书（FORM E）享受关税优惠。

中国-东盟自由贸易区优惠原产地证书

中国-东盟自由贸易区优惠原产地证书（FORM E）一式三份，包含一份正本及两份副本。正本米黄色，交由进口商供其报关缴税用；第二、第三副本均为浅绿色，分别由签证机构和出口商留存。

中国-东盟自由贸易区优惠原产地证书（FORM E）共有 13 栏，要求出口企业用英文规范打印，该证书右上角的证书编码填入签证机构所规定的证书号码（Reference No.），第 1、第 2、第 5、第 6、第 10 栏的内容及填制要求和普惠制产地证（FORM A）相应各栏一致。其他各栏目内容和缮制要点逐项介绍如下。

1. 第 3 栏：Means of transport and route（运输工具及路线）

本栏除了注明运输方式以外，还要在栏内对应的英文后依次填上离港日期、运输工具名称、

号次以及卸货港口。

2. 第4栏：For official use（供官方使用）

本栏是供进口国海关标注本证书项下货物享受关税优惠待遇情况。

□根据中国-东盟自由贸易区优惠关税协议给予优惠待遇

□不给予优惠待遇（请注明原因）

不论是否给予优惠待遇，进口成员国海关必须在第4栏作出相应的标注。因此，申请单位应将此栏留空。

3. 第7栏：Number and kind of packages, description of goods（including quantity where appropriate and H.S. number of the Importing Party）[包装件数及种类、货品名称（包括相应数量及H.S.编码）]

本栏填写的货物品名必须详细，以便验货的海关工作人员可以识别。H.S.编码一律写前6位，其余内容的填写和普惠制原产地证书（FORM A）的第7栏相同。货物描述后，应在后面添加"***********"。

4. 第8栏：Origin criterion（原产地标准）

此栏用字最少，却是国外海关审证的核心项目。对含有进口成分的商品，因情况复杂，国外要求严格，极易弄错造成退证，应认真审核。现将一般情况说明如下。

（1）完全获得的，填写"WO"。

（2）在一方境内由取得原产资格的材料生产的，填写"PE"。

（3）由非原产材料生产：

①符合区域价值成分标准的，即单一国家成分或中国-东盟自由贸易区累计成分大于等于产品离岸价40%的，应填写增值的百分比，例如"40%"（同时第9栏需加注货物FOB值）；

②符合税则归类改变标准的，填CTH。

（4）符合特定产品规则的：

①列入特定原产地规则清单，但采用完全获得原产地规则的，填写"WO"；

②列入特定原产地规则清单，但采用区域价值成分原产地规则的，填写"PSR"（同时第9栏需加注货物FOB值）；

③列入特定原产地规则清单,但采用除以上两种原产地规则的,填写"PSR"（Product Specific Rule,, 产品特定原产地标准）。

5. 第9栏：Gross weight or other quantity and value（FOB）[毛重或其他数量及价格（FOB）]

本栏按商品正常计量单位填写，如"只""打""套"等。以重量计算的则填毛重；只有净重的，填写净重也可以，但要标上"N.W."（NET WEIGHT）。同时要加注出口商品FOB值，以美元计算；也可填写第三方发票金额。

6. 第11栏：Declaration by the exporter（出口方声明）

本栏生产国的横线上应填写"CHINA"。进口国横线上的国名一定要填写正确，进口国必须是中国-东盟自由贸易区的成员国，一般与最终收货人或目的港的国别一致。

申请单位的申报员应在此栏签字，加盖已注册的中英文合璧签证章，填上申报地点、时间，印章清晰，如"XIAMEN,CHINA,OCT 15，2022"。申报日期不要填法定休息日，日期不得早于发票日期，一般在货物出口前、出口时或出口后 3 天内，如迟于提单日期 3 天，则要申请后发。

7. 第 12 栏：Certification（签证当局证明）

本栏填写签证地点和日期，一般情况下与出口证书申报日期、地址一致，签证机构授权签证人员在此栏手签，并加盖签证当局印章。如系后发证书，此栏需加打"ISSUED RETROACTIVELY"。如系重发证书，此栏需加打"CERTIFIED TRUE COPY"。

8. 第 13 栏：此栏为后发、展览、流动证书和第三方发票的选择项目
- ☐ Issued Retroactively（后发证书）：申报日期迟于出运日期 3 天，在方格中打"√"。
- ☐ Exhibition（展览证书）：当产品由出口方运至另一方展览并在展览期间或展览后销售给一方时，在方格中打"√"，展览的名称及地址应在第二栏中注明。
- ☐ Movement Certificate（流动证书）：作为流动证书时，在方格中打"√"。
- ☐ Third Party Invoicing（第三方发票）：当发票是第三方开具时，在方格中打"√"。该发票号码应在第 10 栏中注明。开具发票的公司名称及所在国家等信息应在第 7 栏中注明。

二、区域全面经济伙伴关系协定（RCEP）优惠原产地证书的内容与缮制方法

《区域全面经济伙伴关系协定》（*Regional Comprehensive Economic Partnership*，RCEP）是 2012 年由东盟发起，由包括中国、日本、韩国、澳大利亚、新西兰、东盟十国共 15 方成员制定的协定。RCEP 是世界上参与人口最多、经贸规模最大、成员结构最多元、发展潜力最大的自由贸易协定。

RCEP 的目标是消除内部贸易壁垒、创造和完善自由的投资环境、扩大服务贸易，还将涉及知识产权保护、竞争政策等多领域，自由化程度将高于东盟与这 5 个国家已经达成的自贸协议。通过削减关税及非关税壁垒，建立 15 国统一市场的自由贸易协定。经批准生效后，"各成员之间关税减让以立即降至零关税、10 年内降至零关税的承诺为主"。

RCEP 原产地证（FORM RCEP）与中国-东盟自由贸易区优惠原产地证书（FORM E）栏目大概一致。下面就第 10 栏"原产地标准"进行说明。

RCEP 原产地证

RCEP 原产地标准主要有五大类：WO、PE、PSR、ACU 和 DMI，它和 FORM E 原产地标准（WO、PE、PSR、CTH 和百分比）有部分类似，货物的原产地标准是根据原材料来划分和选择，首先我们在选择何种原产地标准时先看货物是否含有进口成分，没有进口成分的是 WO 和 PE。

1. 原产地标准 WO

完全获得选 WO。产品没有经过加工处理，能够看得出原材料的原始形态，比如木头、铁矿石等。

2. 原产地标准 PE

完全原产选 PE。产品经过加工处理，不能直接看出产品原材料，比如纸箱、保鲜袋等。

3. 原产地标准 PSR

当填写的 HS 编码为特定产品 PSR 清单编码，原产地标准可以选 PSR；当原产地标准选 PSR 时，系统新增了原产地子标准项：①税则归类改变标准（CTC）；②区域价值成分（RVC）；③化学反应（CR）。

4. 原产地标准 ACU

累积规则 ACU 其实是由原产地标准 PE 细分出来的，产品经过加工处理，不能直接看出产品原材料，而且原材料只含有成员国进口成分，原材料来源于 RCEP 中的两个或两个以上的国家。

5. 原产地标准 DMI

微小含量 DMI 是指产品经过加工处理，进口原材料成分低于 10%且税则号没有发生改变时选 DMI。

RCEP 原产地标准的选择直接影响着 RCEP 原产地证书正本是否显示金额：

①原产地标准为 WO、PE、ACU 和 DMI 时，第 12 栏不显示 FOB 值；

②原产地标准填写 PSR 时，子标准选择区域价值成分（RVC）标准，则第 12 栏显示 FOB 值，其他子标准不显示 FOB 值。

任务实施

根据以下资料，请为 SHENZHEN TIANLE TEXTILE GARMENT 公司缮制产地证书。

1. L/C

2023 JAN 31 15：23：46			LOGICAL TERMINAL E106
MT S700	ISSUE OF A DOCUMENTARY CREDIT		PAGE 00006
			FUNC MSG700
			UMR 06607642
MSGACK DWS765I AUTH OK, KEY B110606173BAOC53B, BKCHCNBJ BNPA**** RECORO			
BASIC HEADER		F 06 BKCHCNBJA940 0542 725524	
APPLICATION HEADER		0 700 1122 060629 BNPACAMMAXXX 4968 839712 060630 0068 N *BNP PARIBAS（INDONESIA） *JAKARTA	
USER HEADER		SERVICE CODE 106： BANK. PRIORITY 113： MSG USER REF. 108： INFO. FROM CI 115：	（银行盖信用证通知专用章）
SEQUENCE OF TOTAL	* 27：	1 / 1	
FORM OF DOC. CREDIT	* 40A：	IRREVOCABLE	
DOC. CREDIT NUMBER	* 20：	63211060069	
DATE OF ISSUE	31C：	230601	

EXPIRY	* 31D:	DATE 230710 PLACE IN BENEFICIARY'S COUNTRY
APPLICANT	* 50:	FASHION FORCE CO., LTD P.O.BOX 8935 NEW TERMINAL, ALTA, VISTA JAKARTA, INDONESIA
BENEFICIARY	* 59:	SHENZHEN TIANLE TEXTILE GARMENT CO., LTD. NO.1008 HONGMIAN ROAD, SHENZHEN, CHINA
AMOUNT	* 32B:	CURRENCY USD AMOUNT 32640,
AVAILABLE WITH/BY	* 41D:	ANY BANK BY NEGOTIATION
DRAFTS AT...	42C:	SIGHT
DRAWEE	42A:	BNPACAMMXXX *BNP PARIBAS (INDONESIA) *AKARTA
PARTIAL SHIPMTS	43P:	NOT ALLOWED
TRANSSHIPMENT	43T:	ALLOWED
LOADING ON CHARGE	44A:	CHINA
FOR TRANSPORT TO...	44B:	AKARTA
LATEST DATE OF SHIP.	44C:	230625
DESCRIPT OF GOODS	45A:	SALES CONDITIONS: CIF JAKARTA/INDONESIA SALES CONTRACT NO. F06LCB05127 LADIES COTTON BLAZER (100% COTTON, 40SX20/140X60) STYLE NO. PO NO. QTY/PCS USD/PC 46-306A 10637 2550 12.80
DOCUMENTS REQUIRED	46A:	+COMMERCIAL INVOICES IN 3 COPIES SIGNED BY BENEFICIARY'S REPRESENTATIVE. + FULL SET OF ORIGINAL MARINE BILLS OF LADING CLEAN ON BOARD PLUS 2 NON NEGOTIABLE COPIES MADE OUT OR ENDORSED TO ORDER OF BNP PARIBAS (INDONESIA) MARKED FREIGHT PREPAID AND NOTIFY APPLICANT'S FULL NAME AND ADDRESS. + DETAILED PACKING LISTS IN 3 COPIES. + COPY OF CERTIFICATE OF ORIGIN FORM E. + COPY OF EXPORT LICENCE. + BENEFICIARY'S LETTER STATING THAT ORIGINAL CERTIFICATE OF ORIGIN FORM A, ORIGINAL EXPORT LICENCE, COPY OF COMMERCIAL INVOICE, DETAILED PACKING LISTS AND A COPY OF BILL OF LADING WERE SENT

DIRECT TO APPLICANT BY COURIER WITHIN 5 DAYS AFTER SHIPMENT.
THE RELEATIVE COURIER RECEIPT IS ALSO REQUIRED FOR PRESENTATION.

+COPY OF APPLICANT'S FAX APPROVING PRODUCTION SAMPLES BEFORE SHIPMENT.

+ LETTER FROM SHIPPER ON THEIR LETTERHEAD INDICATING THEIR NAME OF COMPANY AND ADDRESS, BILL OF LADING NUMBER, CONTAINER NUMBER AND THAT THIS SHIPMENT, INCLUDING ITS CONTAINER, DOES NOT CONTAIN ANY NON-MANUFACTURED WOODEN MATERIAL, DUNNAGE, BRACING MATERIAL, PALLETS, CRATING OR OTHER NON-MANUFACTURED WOODEN PACKING MATERIAL.

+ INSPECTION CERTIFICATE ORIGINAL SINGED AND ISSUED BY FASHION FORCE CO., LTD
STATING THE SAMPLES OF FOUR STYLE GARMENTS HAS BEEN APPROVED, WHICH SEND
THROUGH DHL BEFORE 15DAYS OF SHIPMENT.

+ INSURANCE POLICY OR CERTIFICATE IN 1 ORIGINAL AND
1 COPY ISSUED OR ENDORSED TO THE ORDER OF BNP PARIBAS (INDONESIA)
FOR THE CIF INVOICE PLUS 10 PERCENT COVERING
ALL RISKS, INSTITUTE CARGO CLAUSES, INSTITUTE STRIKES,
INSTITUTE WAR CLAUSES AND CIVIL COMMOTIONS CLAUSES.

ADDITIONAL COND.   47A:

+ IF DOCUMENTS PRESENTED ARE FOUND BY US NOT TO BE UN FULL COMPLIANCE WITH CREDIT TERMS. WE WILL ASSESS A CHARGE OF USD 55.00 PER SET OF DOCUMENTS.

+ ALL CHARGES IF ANY RELATED TO SETTLEMENTS ARE FOR ACCOUNT OF BENEFICIARY.

+ 3 PCT MORE OR LESS IN AMOUNT AND QUANTITY IS ALLOWED.

+ ALL CERTIFICATES/LETTERS/STATEMENTS MUST BE SIGNED AND DATED

+ FOR INFORMATION ONLY, PLEASE NOTE AS OF JANUARY 4, 2023THAT ALL SHIPMENTS FROM CHINA THAT ARE PACKED WITH UNTREATED WOOD WILL BE BANNED FROM CANADA DUE TO THE THREAT POSED BY THE ASIAN LONGNORNED BEETLE.

+ THE INDONESIA GOVERNMENT NOW INSIST THAT EVERY SHIPMENT ENTERING
CANADA MUST HAVE THE ABOVE DOCUMENTATION WITH THE SHIPMENT.

+ BILL OF LADING AND COMMERCIAL INVOICE MUST CERTIFY THE FOLLOWING:
THIS SHIPMENT, INCLUDING ITS CONTAINER DOES NOT CONTAIN ANY NON-MANUFACTURED WOODEN MATERIAL, DUNNAGE, BRACING MATERIAL PALLETS, CRATING OR OTHER NON MANUFACTURED WOODEN PACKING MATERIAL.

+ BENEFICIARY'S BANK ACCOUNT NO. 07773108206140621

CHARGES   71B: OUTSIDE COUNTRY BANK CHARGES
TO BE BORNE BY THE BENEFICIARY
OPENING BANK CHARGES
TO BE BORNE BY THE APPLICANT

CONFIRMATION   *49:   WITHOUT
INSTRUCTIONS   78:

SEND. TO REC. INFO.	72:	+ WE SHALL COVER THE NEGOTIATING BANK AS PER THEIR INSTRUCTIONS + FORWARD DOCUMENTS IN ONE LOT BY SPECIAL COURIER PREPAID TO BNP PARIBAS（INDONESIA）1981 MCGILL COLLECE AVE.MONTREAL QC H3A 2W8 INDONESIA THIS CREDIT IS SUBJECT TO UCP FOR DOCUMENTARY CREDIT 1993 REVISION ICC PUBLICATION 500 AND IS THE OPERATIVE INSTRUMENT
TRAILER		ORDER IS <MAC：> <PAC：> <ENC：> <CHK：> <TNG：> <PDE：> MAC：F344CA36 CHK：AA6206FFDFC2

2. 商业发票

ISSUER SHENZHEN TIANLE TEXTILE GARMENT CO., LTD. NO.1008 HONGMIAN ROAD, SHENZHEN, CHINA	商业发票 COMMERCIAL INVOICE		
TO FASHION FORCE CO., LTD P.O.BOX 8935 NEW TERMINAL, ALTA, VISTA JAKARTA , INDONESIA	NO. NT06FF006	DATE Mar.9, 2023	
TRANSPORT DETAILS SHIPMENT FROM SHENZHN TO JAKARTA BY VESSEL	S/C NO. F06LCB05127	L/C NO. 63211060069	
	TERMS OF PAYMENT L/C AT SIGHT		
Marks and Numbers	Number and kind of package Description of goods	Quantity	Unit Price	Amount
FASHION FORCE F06LCB05127 CTN NO. JAKARTA MADE IN CHINA			CIF MONTREAL, CANADA	
	LADIES COTTON BLAZER（100% COTTON, 40SX20/140X60）	2550PCS	USD12.80/PC	USD32640.00
	Total：2550PCS			USD32640.00

SAY TOTAL：USD THIRTY TWO THOUSAND SIX HUNDRED AND FORTY ONLY
 PACKING IN 51 CTNS（50PCS/CTN）
SALES CONDITIONS：CIF MONTREAL/CANADA
SALES CONTRACT NO. F06LCB05127
LADIES COTTON BLAZER（100% COTTON, 40SX20/140X60）
STYLE NO.   PO NO.   QTY/PCS   USD/PC
46-306[a]   10637   2550   12.80

（出口商签字和盖单据章）

补充资料如下：

装船日期：2023 年 5 月 15 日

装载轮船：MSC SANTA MARIA UX213A

HS 编码：6204330090

该货物的 FOB 价值：USD31500

Original （Duplicate/Triplicate）

	Reference No.
1. Products consigned from （Exporte''s business name, address, country）	ASEAN-CHINA FREE TRADE AREA PREFERENTIAL TARIFF CERTIFICATE OF ORIGIN （Combined Declaration and Certificate）
2. Products consigned to （Consigne''s name, address, country）	FORM E Issued in _____ （Country） See Overleaf Notes
3. Means of transport and route （as far as known） Departure date Vessel's name/Aircraft etc. Port of Discharge	4. For Official Use ☐ Preferential Treatment Given ☐ Preferential Treatment Not Given （Please state reason/s） .... Signature of Authorised Signatory of the Importing Party

5. Item number	6. Marks and numbers on packages	7. Number and type of packages, description of products (including quantity where appropriate and HS number of the importing Party)	8. Origin criteria (see Overleaf Notes)	9. Gross weight or other quantity and value (FOB)	10. Number and date of invoices

11. Declaration by the exporter	12. Certification
The undersigned hereby declares that the above details and statement are correct; that all the products were produced in ………………………………………… (Country) and that they comply with the origin requirements specified for these products in the Rules of Origin for the ACFTA for the products exported to ………………………………………… (Importing Country) ………………………………………… Place and date, signature of authorised signatory	It is hereby certified, on the basis of control carried out, that the declaration by the exporter is correct. ………………………………………………………… Place and date, signature and stamp of certifying authority
13. ☐ Issued Retroactively ☐ Exhibition ☐ Movement Certificate ☐ Third Party Invoicing	

学习项目九
缮制结算票据

知识目标
1. 理解汇票含义、当事人及种类。
2. 掌握汇票的主要内容及填制方法。

能力目标
1. 能对比汇票、本票与支票。
2. 能缮制汇票。

素养目标
具备资源整理能力和管理能力,正确使用资金票据,在国际贸易合同中顺利收付款。

建议学时
学习项目九建议 6 学时。

深圳 HL 公司向美国 Fashion 公司出口女士手提包的业务采用即期信用证结算,按照要求,深圳 HL 公司李林应怎么结算货款?需要制作什么结算票据?

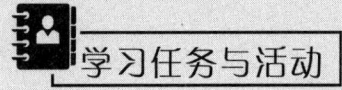 学习任务与活动

学习任务一　结算票据认知
学习任务二　汇票的识读与制作

学习任务一　结算票据认知

学习目标

知识目标

1. 理解汇票含义与基本当事人。
2. 掌握汇票的种类。

能力目标

1. 能操作汇票的出票、背书和承兑等业务环节。
2. 能对比汇票、本票与支票。

建议学时

学习任务一建议 2 学时。

相关知识点

国际贸易货款结算很少使用现金，大多使用非现金即金融票据来结算国际债权债务。金融票据是国际上通行的结算和信贷工具，是可以流通转让的债权凭证。国际贸易中使用的金融票据主要有汇票、本票和支票。

汇票是国际贸易结算中使用最为广泛的一种信用工具和支付工具。在票汇、托收或信用证的结算方式中，通常需要提交使用汇票。

一、汇票的含义

汇票是由出票人（Drawer）以书面形式签发的，要求付款人（Payer）在见票（提示）时或在将来的指定时间支付确定金额给持票人或收款人（Payee）的无条件支付命令。《中华人民共和国票据法》（下文简称《票据法》）第十九条将汇票的定义确定为："汇票是出票人签发的，委托付款人在见票时或者在指定日期无条件支付确定的金额给收款人或者持票人的票据。"

汇票

二、汇票的当事人

（一）基本当事人

1. 出票人（Drawer）

出票人即汇票的签发人。在汇票被承兑之前，出票人是主债务人；在汇票被承兑后，出票人变为次债务人，承兑人成为主债务人。

2. 付款人（Payer）

付款人又称受票人（Drawee），即接受支付命令付款的人。

3. 收款人（Payee）

收款人即受领汇票所规定金额的人。

（二）其他当事人

在汇票的日常使用中，还有以下当事人出现：

1. 背书人（Endorser）

背书人指在汇票背面签字，并将汇票交付给另一个人的当事人。接受该汇票的人就被称为被背书人（Endorsee）。

2. 承兑人（Acceptor）

承兑人即付款人同意接受出票人命令并在汇票正面签字时，其就成为承兑人。

3. 持票人（Holder）

持票人指持有汇票的当事人。

4. 正当持票人（Holder In Due Course）

正当持票人也称善意持票人（Bona Fide Holder），是善意地付出了对价，取得一张表面完整、合格、未过期且未曾被拒付，其转让人在权利方面也无任何缺陷的汇票的人。

三、汇票的种类

根据不同标准，汇票通常可分为以下几种。

1. 按出票人不同，分为银行汇票（Banker's Bill）、商业汇票（Commercial Draft）

由银行开立的汇票即银行汇票，银行汇票的出票人和付款人都是银行。国际贸易中，它一般是银行应汇款人的要求，开立以汇入行为付款人的汇票。这种汇票一般由汇款人直接寄交收款人，凭票向汇入行取款。

商业汇票则是指出票人是工商企业或个人的汇票，付款人可以是企业、个人或者银行。在国际贸易中，凡由出口商签发，向进口商或银行收取货款或其他款项的汇票都属于商业汇票。

2. 按有无附属单据，分为光票汇票（Clean Bill）、跟单汇票（Documentary Bill）

光票汇票本身不附带以海运提单为代表的货运单据，银行汇票多为光票。这种汇票无法从事实上约束付款人付款，其能否顺利流通、发挥功能取决于出票人、付款人或出让人的信用，因此在国际贸易中除了少量用于货款结算外，一般仅用于从属费用、货款尾数、佣金等的托收或支付。

跟单汇票又称信用汇票、押汇汇票，是需要附带提单、仓单、保险单、装箱单、商业发票等单据，才能进行付款的汇票。商业汇票多为跟单汇票，在国际贸易中经常使用。跟单汇票的付款人即进口人要取得货运单据提取货物，必须接受汇票并按其要求付清货款或进行承兑，这就遵循了钱款与单据对流的原则，对进出口双方都有利。

3. 按付款时间不同，分为即期汇票（Sight Draft）、远期汇票（Usance Draft）

即期汇票（Sight Bill, Demand Bill）指持票人向付款人提示后对方立即付款，又称见票即付汇票。其付款日期的填写方法多采用 Pay … at sight。

远期汇票（Time Bill）是在出票一定期限后或特定日期付款。在远期汇票中，记载一定的日期为到期日，于到期日付款的，为定期汇票，表示为 Pay at Fixed Date；记载于出票日后一定期间付款的，为计期汇票，表示为 At … days after date；记载于见票后一定期间付款的，为注期汇票，表示为 At … days after sight；将票面金额划为几份，并分别指定到期日的，为分期付款汇票。也可写为提单签发后若干天付款，表示方法为 At … days after date of Bill of Lading。

4. 按承兑人不同，分为商业承兑汇票（Commercial Acceptance Bill）、银行承兑汇票（Banker's Acceptance Bill）

这两种汇票需经过承兑环节再付款，因而都属于远期汇票。

商业承兑汇票是以银行以外的任何工商企业或个人为承兑人的远期汇票。其付款人能否按期付款是建立在商业信用基础上的。

承兑人是银行的远期汇票即银行承兑汇票。它通常由出口人签发，银行对汇票承兑后即成为该汇票的主债务人。由于银行信用一般高于商业信用，银行承兑汇票在票据市场上有比商业承兑汇票更强的流通性。

注意，以上汇票的定义分类依据有所不同，因此存在相互交叉的范围，一份汇票可能同时具备几种特性，例如一份商业汇票同时又可以是即期跟单汇票，一份远期商业跟单汇票同时又是银行承兑汇票等。

四、汇票的票据行为

一般而言汇票使用过程中要经历一些共同环节，但不同种类汇票所经历的环节不尽相同，例如，即期汇票仅有出票、提示、付款三个简单环节，而远期汇票则还需要经过承兑。此外，根据情况不同，汇票还可能出现背书、拒付、追索等环节。

1. 出票（Issue）

出票是指出票人签发票据并将其交付给收款人或持票人。该环节是汇票效力产生的初始，包括两项内容：出票人写成汇票并签字；出票人将汇票交给收款人或其指定的持票人。

出票人签发汇票后便需要承担保证该汇票必然会被承兑和/或付款的责任，否则，被拒付的收款人有权要求出票人清偿汇票金额、自汇票到期日或提示付款日至清偿日的利息，以及取得拒绝证书等的费用。

2. 提示（Presentation or Sight）

提示（Presentation）是收款人或持票人将票据提交付款人要求付款或承兑的行为。付款人见到汇票即见票（Sight）。提示分为以下六种：

（1）提示付款（即期汇票、远期汇票承兑后）；

（2）即期汇票、见票后定期付款须在出票日一个月内向付款人提示付款；

（3）已承兑的远期汇票，自到期日起10日内须向承兑人提示付款；

（4）提示承兑（远期汇票）；

（5）定日付款/出票后定期付款：汇票到期日前须提示承兑；

（6）见票后定期付款：自出票日起一个月内须提示承兑。

汇票未按照规定期限提示承兑的，持票人丧失对其前手的追索权。

3. 承兑（Acceptance）

承兑是指持票人或收款人向远期汇票付款人提示后，付款人接受出票人的付款委托，表明同意承担支付汇票金额给持票人或者收款人的行为表示（见票后3日内）。它的做法通常是付款人在远期注票上表明"承兑（Accepted）"，签名、署上日期并交还持票人，若付款人签字而未写"承兑"字样，则一般也构成承兑。须注意远期汇票承兑之前，出票是第一债务人，承兑之后，承兑人是第一债务人。

4. 付款（Payment）

即期汇票见票时立即付款，已承兑远期汇票在到期时付款。收款人或持票人获得后，在汇票上签字并交给付款人，作为付款人的付款收据。汇票一经付款，则汇票上的权债务关系即告终止。

5. 背书（Endorsement）

背书是指如果需要，持票人可在汇票背面签名，将其转让给其他受让人的行为，但不是所有的汇票都可以背书转让。背书可分为以下三种情况：

（1）限制性背书（Restrictive Endorsement）：只能由指定的个人或企业作为汇票的收款人，不得背书转让，无法流通。该种情况对应的"汇票的收款人"一栏为限制性抬头，即收款人为特定的企业或个人。例如，汇票上收款人注明"Pay to BE company only, not transferable"。

（2）记名背书（Special Endorsement）：背书人先在汇票上记载被背书人（即汇票的受让人）再签字，表明将汇票的权利义务转让给被背书人。记名背书不仅要求背书人签名盖章，还要求记载被背书人的姓名。"汇票的收款人"一栏则对应指示性抬头。例如，"汇票的收款人"一栏填写"Pay to BE company or order"，用以表明款项可付给BE公司或其指定的汇票转让人。

《票据法》第三十一条规定，以背书转让的汇票，背书应当连续。持票人以背书的连续，证明其汇票权利；非经背书转让，而以其他合法方式取得汇票的，须依法举证，证明其汇票权利。前款所称背书连续，是指在票据转让中，转让汇票的背书人与受让汇票的被背书人在汇票上的签章依次前后衔接。汇票经过背书转让之后，"前手"对"后手"均有保证汇票会被承兑或付款的担保责任，当出现付款人拒绝承兑或拒付的时候，后手可以找任一前手以及出票人行使追索权。

（3）空白背书（Blank Endorsement）：背书人转让汇票时，仅需背书人在汇票背面签字而不记载被背书人的名称即可完成背书转让过程。经过空白背书后，受让人可以不经背书，仅凭交付再继续转让汇票。《票据法》不承认空白背书汇票的效力。

此外，关于背书，《票据法》还规定背书不得附有条件。背书时附有条件的，所附条件不具有汇票上的效力。将汇票金额的一部分转让的背书或者将汇票金额分别转让给两人以上的背书无效。背书人在汇票上记载"不得转让"字样，其后手再背书转让的，原背书人对后手的被背书人不承担保证责任。

6. 拒付（Dishonor）

以下情况均可称为汇票遭到拒付：

（1）持票人提示汇票要求承兑时遭到付款人拒绝；

（2）提示汇票要求付款人付款时遭到拒绝；

（3）付款人拒不见票；

（4）付款人死亡或宣告破产。

汇票发生拒付时，持票人可以凭拒绝证书（付款地的公证机构制作）向汇票的任一前手或出票人追索（期限为6个月），当然也可向承兑人或付款人要求偿付。此外，《票据法》第三十六条规定，汇票被拒绝承兑、被拒绝付款或者超过付款提示期限的，不得背书转让；背书转让的，背书人应当承担汇票责任。

有时候汇票出票人或某个背书人为了避免承担汇票遭到拒付后被后手追索的责任，会在出票时或背书时加注"不受追索（Without Recourse）"字样，这种汇票在市场上较难流通。

7. 贴现（Discount）

贴现是指远期汇票承兑后尚未到期，由银行或者贴现公司从票面金额按照一定贴现率计算利息后，将余额付给持票人并获得汇票。贴现的一般要求是银行承兑汇票。

贴现银行取得汇票后，可以向中央银行办理再贴现，也可以等票据到期后要求付款人付款。

任务实施

1. 查阅资料，比较汇票、本票与支票。（从性质、当事人和付款时间上进行比较）

票据名称	性质	当事人	付款时间
汇票			
本票			
支票			

2. 请计算以下票据的具体付款日期。

①At 60 days after sight （承兑日为 15th, April）

②At 4 months after date （出票日为 5th, April）

③On 25th, June

学习任务二 汇票的识读与制作

学习目标

知识目标

1. 掌握汇票基本内容。
2. 掌握汇票填制方法。

能力目标

能缮制汇票。

建议学时

学习任务二建议 4 学时。

相关知识点

一、汇票的基本内容

1. 表明"汇票"的字样

汇票上必须明确标明"汇票"这一字样。这样做是为了便利应用者识别,同时也防止捏造汇票。

2. 无条件支付的委托

汇票的付款必须是无条件的,通常在票面上以"凭票支付""于到期日无条件支付"等文字来体现。

3. 确定的金额

在国际贸易中,汇票的金额原则上应在合同或信用证金额的范围内,如无特殊规定,其具体金额和货币一般必须与发票金额和货币一致,否则受票人有权拒付。

4. 付款人名称

国际贸易中,付款人通常是进口商或其指定银行。

5. 收款人名称

国际贸易中,收款人通常是出口商或其指定银行。"汇票的收款人"栏有以下三种写法:

（1）限制性抬头:写明收款人具体名称,不能背书转让,英文为 Pay A only。
（2）来人式抬头:写明收款人是来人,不需要背书就可转让,英文为 Pay bearer。
（3）指示性抬头:写明收款人具体名称,但通过其背书就可转让,英文为 Pay A or order,

Pay to the order of A。

6. 出票日期

出票日期即出票人开出汇票的确切日期，它影响汇票提示、追索等操作的有效时限。

7. 出票人签章

出票人签字是汇票的法律效力凭证，表明出票人同意并确认汇票的所有条款和条件。签章可以是签名、盖章或者是签名加盖章。

二、汇票的填制方法

汇票没有统一格式，由出口商或者银行自行缮制。其主要内容和缮制方法（见表 9-1）如下：

表 9-1 汇票主要内容和缮制方法示例

```
                        BILL OF EXCHANGE

  凭                           不可撤销信用证
  Drawn                        Irrevocable   L/C   No.
  under

  日期        支取 Payable    @       %      按     息      付款
  Date        with interest

  号码        汇票金额                南京
  No.         Exchange for            Nanjing

              见                      日后（本汇票之副本未付）付交
              票                      sight of this FIRST of Exchange (Second of
              at                                    Exchange

  Being unpaid) Pay to
  the order of

  金额
  the
  sum of

  此致
  To
```

1. Drawn under（出票依据）

出票依据表明汇票的起源交易。

信用证下，出票依据一般填写三项内容，即开证行名称（Drawn under）、信用证号码（L/C No.）、开证日期（dated）。

在托收方式下，以上三项中的"L/C No."和"dated"两项不需要填写。在"Drawn under"后面，一般可以填写合同号码、商品的成交数量和支付方式，如"Draw under S/C No.WZX06 against shipment of 8000pcs Telecontrol racing car for collection"，也可以在Draw under后面只填写"for collection"。

2. Payable with interest @（利息条款）

本栏由银行填写，留空不填。

3. No.（汇票号码）

本栏由出票人自行编号填入，一般使用发票号作汇票的编号。

4. Exchange for（汇票金额）

此处要用数字小写（amount in figures）表明。填写小写金额，一般要求汇票金额使用货币缩写、阿拉伯数字表示金额小写数字，如"USD2500.00"。填写本栏时注意事项：第一，除非信用证另有规定外，汇票金额与发票金额一致；第二，如信用证规定汇票金额为发票金额的百分之几，如 95%，则发票金额为 100%，汇票金额为 95%，其差额 5%一般为应付佣金，这种做法通常用于中间商代开信用证的情况下；第三，如信用证规定，部分信用证付款，部分托收，则做两套汇票，即信用证项下的汇票按信用证允许的金额填制，其余部分为托收项下汇票的金额，两者之和等于发票金额。

5. Place and dated of issuance（出票日期和地点）

出票地点涉及汇票适用法律。在信用证下出票地点一般为议付地，托收项下出票地点一般为办理托收的地点。在我国出口贸易中，汇票地点一般都已印好，无须填写，若未印好，则由银行填写。

信用证下一般以议付日期作为出票日期，托收项下的出票日期按托收行寄单日填写。该日期一般不能早于发票的制单日期或运输单据的签发日期，也不能晚于信用证规定的交单期。需要特别注意的是，出票日期需要用英文填写，不能全部使用阿拉伯数字。结汇业务中，出票日期一栏多留空白，由银行代为填写。

6. At_sight（付款期限）

付款期限一般可分为即期付款和远期付款两类。信用证下按规定填写，托收项下应注明是D/P 还是 D/A。若为即期汇票，在汇票固定格式栏内打上"at sight"；若已印有"at sight"，可不填；若已印有"at_sight"，应在横线上打"***" "……"或"---"。

若为远期汇票，在付款期限栏填写远期天数和起算期，如"at 30 days after sight（见票后 3 天付款）" "at 45 days after date（出票后 45 天付款）" "at 60 days after B/L（提单出单后 60 天款）"。定日付，则要填写具体付款日期，如"at 18 Mar.2024 fixed"，并将汇票上的"sight"划去。

采用托收支付方式时，一般在"AT"前注明交单方式，如"D/P AT SIGHT" "D/A AT 30 DAYS SIGHT"。

7. Pay to the order of（收款人）

收款人也称"抬头人"或"抬头"。在信用证方式下，如果信用证没有特别规定，应以议付行为收款人。在托收方式下，一般以托收行为收款人。

8. The sum of（汇票金额）

本栏填写汇票大写金额（amount in words）。填写大写金额，先在货币前写"say（合计）"，再填写金额的大写文字，句尾加"only（整）"，要求顶格填写，不留空隙。

9. To（付款人）

信用证项下，根据 UCP600 规定，信用证方式的汇票以开证行或其指定银行为付款人，不应以申请人为汇票的付款人。如果信用证要求以申请人为汇票的付款人，银行将视该汇票为一份附加的单据；而如果信用证未规定付款人的名称，汇票付款人亦应填写开证行名称。托收方式下，此处内容必须填写完整，除填写进口方全称外，还必须填写其详细地址。

10. Authorized signature（出票人）

本栏为签发汇票的人，要写明全称和详细地址，并由负责人签字，否则无效。信用证项下填写信用证受益人，托收项下填写托收委托人。

任务实施

1. 根据以下资料，缮制汇票。

L/C NO. 03/1234-B/128 DATED JUNE 2,2023
FROM：COMMERCIAL BANK OF KUWAIT
ADVISING BANK：CHINA MERCHANTS BANK,SHENZHEN
APPLICANT：NEAMAGENRAL TRADING & CONTRACTING EST. KUWAIT
AMOUNT：USD 20000.00
BENEFICIARY：SHENZHEN SAFE CHEMICALS IMPORT & EXPORT CORPORATION
WE OPEN THIS IRREVOCABLE DOCUMENTARY CREDIT FAVOURING YOURSELVES FOR 97% OF THE INVOICE VALUE AVAILABLE AGAINST YOUR DRAFT AT SIGHT BY NEGOTIATION WITH ADVISING BANK ON US
QUANTITY OF GOODS：1000KGS NET
UNIT PRICE：USD 20.00 PER KGS CIFC3 KUWAIT
INVOICE NO.：12469

BILL OF EXCHANGE

凭 Drawn under			不可撤销信用证 Irrevocable　L/C　No.			
日期 Date	支取 Payable with interest		@	%	按　息	付款
号码 No.	汇票金额 Exchange for		南京 Nanjing			
	见票 at		日　后（本汇票之副本未付）付　交 sight of this FIRST of Exchange （Second of Exchange
Being unpaid）Pay to the order of						
金额 the sum of						
此致 To						

2. 根据以下资料，缮制汇票。

L/C NO. S-11880　DATED NOV.11,2023

ISSUING BANK：ISREAL DISCOUNT BANK OF NEW YORK, NEW YORK BRANCH

APPICANT：THE SHARP GROUP, INC

BENEFICIARY：SHENZHEN TEXITILES IMPORT & EXPORT CORPORATION

AMOUNT：USD 12000.00

COVERING：1000pcs of 100% COTTON CUSHIONS

WE OPEN THIS IRREVOCABLE DOCUMENTARY CREDIT FAVOURING YOURSELVES AVAILABLE AGAINST YOUR DRAFT AT SIGHT BY NEGOTIATION

OTHER TERMS AND CONDITIONS：INVOICE NOT TO SHOW ANY COMMISSION BUT TO SHOW TOTAL CFR NEW YORK USD 12600.00

COMMISSION OF 5% TO SHOW ONLY ON BILL OF EXCHANGE

INVOICE NO.：23879

BILL OF EXCHANGE

凭 Drawn Under　　　不可撤销信用证 Irrevocable　L/C　No.

日期 Date　　　支取 Payable With interest　@　%　按　息　付款

号码 No.　　　汇票金额 Exchange for　　　南京 Nanjing

见票 at　　　日后（本汇票之副本未付）付交 sight of this FIRST of Exchange （Second of Exchange

Being unpaid）Pay to the order of

金额 the sum of

此致 To

 强化训练

请为深圳 HL 公司出具汇票。

BILL OF EXCHANGE

凭   信用证
Drawn under _____   L/C NO. _____
日期
Dated_____ 支取   Payable with interest @..... %..... 按.... .息.... 付款
号码   汇票金额   深圳
NO. _____ Exchange for _____   Shenzhen ....
见票............日后（本汇票之正本未付）付交
At _____ sight of this First of Exchange (Second of Exchange order of   )
being unpaid) Pay to the order of _____
金额
the sum of _____
此致
  To

（SIGNATURE）

学习项目十
缮制其他单据

学习目标

知识目标
1. 理解装运通知、受益人证明和船公司证明的概念和作用。
2. 掌握受益人证明和船公司证明的种类。
3. 掌握装运通知、受益人证明和船公司证明的内容和填制方法。

能力目标
能缮制装运通知、受益人证明和船公司证明。

素养目标
具备专业性，以专业的视角、态度和能力，根据进口商要求，提供相应单据。

建议学时
学习项目十建议6学时。

工作情景描述

深圳HL公司向美国Fashion公司出口女士手提包。该笔业务采用即期信用证结算，按照要求，李林除需要提供商业发票、提单、保险单、检验证书和汇票等单据以外，还需要提供其他单据吗？需要提供什么单据？如何获取这些单据？

学习任务与活动

学习任务一 缮制装运通知
学习任务二 缮制受益人证明
学习任务三 缮制船公司证明

学习任务一 缮制装运通知

学习目标

知识目标

1. 了解装运通知的概念和作用。
2. 掌握装运通知的主要内容和填制方法。

能力目标

能缮制装运通知。

建议学时

学习任务一建议2学时。

 相关知识点

一、装运通知概述

(一)装运通知的概念

装运通知(Shipping Advice)也称装船通知,或装船声明(Shipping Statement/ Declaration),是出口商在货物装运后,通过传真、电子邮件或邮寄等方式发给进口商、进口商指定人或保险公司的包括货物装运情况的通知。其目的是让进口商了解货物已经装船出运,准备办理保险事宜或付款接货。

(二)装运通知的作用

1. 以便进口商办理保险手续

在FOB或CFR条件下,出口商安排运输,进口商负责办理保险,进口商是根据出口商发送的装运通知来办理货物保险。如果出口商不能及时地给予进口商充分的装运通知,则进口商无法及时办理货运保险,甚至有可能漏保货运险。因此,要求出口商一定在货物离开装运港后及时向进口商发出装运通知;否则,出口商应承担货物在运输途中的风险和损失。有时,进口商在货物尚未发运前预先在保险公司办理预约保险,并要求出口商将装运通知直接发给保险公司,以便保险及时生效。

2. 以便进口商做好接货和付款准备

货物装船后,出口商应及时向国外进口商发出装运通知,以便对方准备付款、赎单,办理进口报关和接货手续。

3. 作为议付货款的单据之一

在装运货物后，按照国际贸易的习惯做法，发货人应立即（一般在装船后 3 天内）发送装运通知给买方或其指定的人。

为避免出口商因疏忽未及时发出装运通知，进口商往往在来证中明确规定出口商必须在规定的时间内发出装运通知，并以装运通知作为议付货物的单据之一。

二、装运通知的主要内容及填制方法

装运通知没有统一的格式，主要给予进口商关于货物已按规定装运的充分通知。如果合同或信用证对装运通知有具体规定，必须按合同或信用证的规定办理。装运通知由出口商自行缮制，主要内容和填制方法如下：

1. 出口商的名称和地址

此内容一般由出口商预先印就于单据信头位置，包括出口商的中英文名称、地址及联系方式等内容，信用证结算方式下，应注意要与信用证中的受益人一致。

2. 单据名称

单据名称即"Shipping Advice"或"Advice of Shipment"字样。在信用证方式下，注意装运通知的名称应与信用证的规定一致。

3. 编号和日期（No.&Date）

编号一般填写发票号码，日期指装运通知的签发日期，此日期不能超过合同或信用证约定的时间。常见的有：以小时为准，如"within 24/48 hours"；或以天为准，如"one day before the shipment date"。如果信用证规定"immediately after shipment"，应在提单日期后的 3 天之内。

4. 通知对象（To/To Messrs）

一般按信用证要求填写，具体可以是开证申请人、申请人的指定人或保险公司等。若信用证规定通知开证申请人或保险公司，则填写申请人的名称或保险公司的名称；若信用证没有规定抬头人，则可填写开证申请人名称即可。一般有以下三种情况：

（1）填写保险公司的名称和地址，即与买方签发了预约保险单的保险人名称与地址，便于对方收到本通知后，预约保险单及时生效。

（2）填写开证申请人的名称与地址，便于对方在未办预约保险的情况下及时投保并准备收货。

（3）填写信用证申请人的代理人的名称与地址，便于代理人收到本通知后，及时联系保险公司或收货人办理后续相关业务。

5. 事由（Re）

一般填写商品的名称、件数、合同号、信用证号和预约保险单号。在 FOB 和 CFR 条件下，买方在办理保险手续时，信用证往往要求装运通知填写预约保险单号"Open Policy No."或"Cover Note No."，此时应该按信用证规定填写。

6. 声明或证明文句（Statement）

一般声明或证明文句的含义为"我们特此通知你方，上述信用证项下货物已经装运，运输货物的详情如下所述"，此内容也可省略不写。

7. 通知内容（Details）

通知内容主要包括所发运货物的合同号或信用证号、品名、数量、金额、运输工具名称、开航日期、启运港（地）、目的港（地）、提单号码和运输标记等，并且与其他单据保持一致，如果信用证提出具体要求，则应严格按规定出单。此外，装运通知中还可能要求包装说明、ETD（预计船舶离港时间）、ETA（预计船舶到达时间）等内容。

8. 激励性的文句（Good Wish）

一般填写希望产品质量令对方满意并期盼收到续订单之类的文句，不是装运通知必需的部分，此内容也可省略不写。

9. 签署（Signature）

通常在装运通知的右下角，由出口商签章。

任务实施

1. 试一试，将下列信用证中关于装运通知的条款翻译成中文。

①SHIPMENT ADVICE IN FULL DETAILS INCLUDING SHIPPING MARKS, CARTON NUMBERS, VESSEL NAME, B/L NUMBER, VALUE AND QUANTITY OF GOODS MUST BE SENT ON THE DATE OF SHIPMENT TO THE FOLLOWING PARTIES: 1）CONSIGNEE, 2）APPLICANT, 3）NOTIFY PARTY. COPY OF THIS TELEX REQUIRED FOR NEGOTIATION.

②CERTIFICATE FROM BENEFICIARY STATING THEY HAVE ADVISED APPLICANT BY CABLE DATE OF SHIPMENT, NUMBER OF PACKAGES, NAME OF COMMODITY, TOTAL NET AND GROSS WEIGHT, NAME OF VESSEL AND NUMBER OF VOYAGE WITHIN 5 DAYS AFTER SHIPMENT.

③INSURANCE COVERED BY BUYERS, SHIPPING ADVICE MUST BE SENT TO CREDIT & COMMERCIAL INSURANCE CO., LTD. P.O. BOX NO. 397, ADEN, BY REGISTERED AIRMAIL IMMEDIATELY AFTER SHIPMENT, ADVISING FULL DETAILED SHIPPING PARTICULARS AND COVER NOTE NO. ×××, SUCH COPY OF SHIPPING ADVICE TO ACCOMPANY THE DOCUMENTS FOR NEGOTIATION.

④BENEFICIARY'S CERTIFICATE COPY OF TELEX DISPATCH TO THE ACCOUNTEE WITHIN 3 DAYS AFTER SHIPMENT ADVISING NUMBER AND DATE OF B/L, QUANTITY AND VALUE OF SHIPMENT, NAME OF VESSEL, SAILING DATE AND ESTIMATED TIME OF ARRIVAL.

⑤INSURANCE COVERED BY OPENERS. ALL SHIPMENTS UNDER THIS CREDIT MUST BE ADVISED BY YOU IMMEDIATELY AFTER SHIPMENT DIRECT TO ABC INSURANCE CO. AND TO THE OPENERS REFERRING TO COVER NOTE NO. CA364 GIVING FULL DETAILS OF SHIPMENT. A COPY OF THIS ADVICE TO ACCOMPANY EACH SET OF DOCUMENTS.

⑥BENEFICIARY'S CERTIFIED COPY OF FAX SENT TO APPLICANT WITHIN 48 HOURS AFTER SHIPMENT INDICATING CONTRACT NO., L/C NO., GOODS NAME, QUANTITY, INVOICE VALUE, VESSEL'S NAME, PACKAGE/CONTAINER NO., LOADING PORT, SHIPPING DATE AND ETA.

⑦SHIPMENT ADVICE MUST BE SENT BY TELEX TO ×× × INS. CO. WITH DETAILS OF SHIPMENT INCLUDING VALUE, NAME OF VESSEL AND DATE OF SHIPMENT QUOTING THEIR POLICY NO. 23368. COPY OF THIS TELEX TO BE PRESENTED WITH DOCUMENTS UPON NEGOTIATION.

2. 根据以下资料，请为深圳化工进出口公司制作装船通知。

（1）信用证。

ADVISING BANK: INDUSTRIAL CO.LTD, SHENZHEN BRANCH
IRREVOCABLE DOCUMENTARY CREDIT NO.: 008LC2023089 DATED: 18FEB2023.
DATE AND PLACE OF EXPIRY: 17 APR. 2023 IN BENEFICIARY'S COUNTRY
BENEFICIARY: SHENZHEN CHEMICALS IMP. & EXP. CO. LTD.
　　　　　　NO.800BULONG ROAD, SHENZHEN, CHINA
　　　　　　A/C NO.: 6018090000-185
APPLICANT: HOP TONG HAI（PTE）LTD.
　　　　　　BLK 15, NORTH BRIDGE ROAD
　　　　　　#04-9370 SINGAPORE 100032
　　　　　　FAX: 2953397
AMOUNT: USD37850.00
　　　　UNITED STATES DOLLARS THIRTY SEVEN THOUSAND EIGHT HUNDRED AND FIFTY ONLY.

PARTIAL SHIPMENT: NOT ALLOWED
TRANSHIPMENT: ALLOWED
SHIPMENT FROM CHINA TO SINGAPORE
LATEST SHIPMENT DATE: 7 APR. 2023

THIS CREDIT IS AVAILABLE WITH THE ADVISING BANK BY NEGOTIATION AGAINST PRESENTATION OF THE DOCUMENTS DETAILED HEREIN AND BENEFICIARY'S DRAFT（S）AT SIGHT DRAWN ON ISSUING BANK FOR FULL INVOICE VALUE.

DOCUMENTS REQUIRED（IN THREE-FOLD UNLESS OTHERWISE STIPULATED）:

①SIGNED COMMERCIAL INVOICE;

②SIGNED PACKING LIST;

③CERTIFICATE OF CHINESE ORIGIN;

④INSURANCE POLICY/CERTIFICATE ENDORSED IN BLANK FOR 110% CIF VALUE, COVERING ALL RISKS AND WAR RISK;

⑤FULL SET OF CLEAN "ON BOARD" OCEAN BILLS OF LADING MADE OUT TO ORDER OF BANK OF CHINA, SINGAPORE MARKED FREIGHT PREPAID AND NOTIFY APPLICANT.

⑥SHIPMENT ADVICE SHOWING THE NAME OF THE CARRYING VESSEL, DATE OF SHIPMENT, MARKS, AMOUNT AND THE NUMBER OF THIS DOCUMENTARY CREDIT TO APPLICANT WITHIN 3 DAYS AFTER THE DATE OF BILL OF LADING.

EVIDENCING SHIPMENT OF:

1300 DOZENS 100% COTTON OVERALLS, SHIRTS & SINGLETS AS PER S/C NO. 02EC301302 DATED 26-01-2023 AS DETAILS BELOW:

①600 DOZENS 100% COTTON OVERALLS AT USD45.00 PER DOZEN. CIF SINGAPORE;

②600 DOZENS 100% COTTON SHIRTS AT USD16.50 PER DOZEN. CIF SINGAPORE;

③100 DOZENS 100% COTTON SINGLETS AT USD9.50 PER DOZEN. CIF SINGAPORE.

OTHER TERMS AND CONDITIONS:

①ALL BANKING CHARGES, INCLUDING REIMBURSEMENT CHARGES, OUTSIDE SINGAPORE ARE FOR ACCOUNT OF BENEFICIARY.

②THE NUMBER AND DATE OF THIS CREDIT AND THE NEME OF ISSUING BANK MUST BE QUOTED ON ALL DRAFTS.

③A FEE OF USD50.00(OR ITS EQUIVALENT)TO BE DEDUCTED FROM THE PROCEEDS UPON EACH PRESENTATION OF DISCREPANT DOCUMENTS EVEN IN THE CREDIT INDICATES THAT ALL BANKING CHARGES ARE FOR THE ACCOUNT OF APPLICANT AND ACCEPTANCE OF SUCH DOCUMENTS DOES NOT IN ANY WAY ALTER THE TERMS AND CONDITIONS OF THIS CREDIT.

④ONE ADDITIONAL COPY OF COMMERCIAL INVOICE AND PHOTOCOPY OF TRANSPORT DOCUMENT（S）/DELIVERY ORDER（S）ARE REQUIRED TO BE PRESENTED TOGETHER WITH THE DOCUMENTS FOR THE ISSUING BANK'S RETENTION, OTHERWISE USD5.00 OR EQUIVALENT WILL BE DEDUCTED FROM THE PROCEEDS IF THESE EXTRA DOCUMENTS ARE NOT PRESENTED.

⑤5 PCT MORE OR LESS IN QUANTITY AND AMOUNT ARE ALLOWED.

⑥SHIPMENT MUST BE EFFECTED BY 1×20' FULL CONTAINER LOAD. B/L TO SHOW EVIDENCE OF THIS EFFECT IS REQUIRED.

⑦ONE SET OF NON-NEGOTIABLE SHIPPING DOCUMENTS TO BE FAXED TO APPLICANT AFTER SHIPMENT. BENEFICIARY'S CERTIFICATE TO THIS EFFECT IS REQUIRED.

INSTRUCTIONS TO THE NEGOTIATING BANK:

THE AMOUNT AND DATE OF EACH NEGOTIATION MUST BE ENDORSED ON THE REVERSE OF THE ORIGINAL CREDIT BY THE NEGOTIATING BANK. ALL DOCUMENTS ARE TO BE SENT TO ISSUING BANK IN ONE LOT.

UPON RECEIPT OF DOCUMENTS IN CONFORMITY WITH THE TERMS AND CONDITIONS OF THIS CREDIT, WE SHALL REIMBURSE YOU BY CREDITING OUR HEAD OFFICE'S ACCOUNT WITH US.

THIS CREDIT IS ISSUED SUBJECT TO UNIFORM CUSTOMS AND PRACTICE FOR DOCUMENTARY CREDTIS（1993 REVISION）ICC PUBLICATION NO.500.

BANK OF CHINA, SINGAPORE

++++++
AUTHORISED SIGNATURES

（2）其他信息。

①VESSEL NAME AND VOYAGE NO.：CSCL SPRING 028N

②DATE OF SHIPMENT：MARCH 31, 2023

	SHENZHEN CHEMICALS IMP. & EXP. CO. LTD. NO.800BULONG ROAD, SHENZHEN, CHINA A/C NO.：6018090000-185			
	SHIPPING ADVICE			
TO：		ISSUE DATE：		
		S/C. NO.：		
		L/C NO.：		
		L/C DATE：		
		NAME OF ISSUING BANK		
Dear Sir or Madam：				
We are pleased to advice you that the following mentioned goods has been shipped out, full details were shown as follows：				
Invoice Number：				
Bill of Loading Number：				
Ocean Vessel：				
Port of Loading：				
Date of Shipment：				
Port of Destination：				
Estimated Date of Arrival：				
Containers/Seals Number：				
Description of Goods：				
Shipping Marks：				
Partial Shipment：				
Transhipment：				
Quantity：				
Total Value：				
Thank you for your patronage. We look forward to the pleasure of receiving your valuable repeat orders. Sincerely yours,				

强化训练

深圳 HL 公司按照要求装船完毕，请以李林身份，向美国 Fashion 公司发送装船通知，要求格式清楚，内容完整。

深圳 HL 股份有限公司

SHENZHEN HL CO., LTD.

Longguangjiu Industrial Area, Daling Community, Minzhi Street, Longhua District, Shenzhen City, Guangdong Province, China

TEL: 86-755-28635689   FAX: 86-755-28616689

SHIPPING   ADVICE

Messrs:
Dear Sirs:

Re: Invoice No.:   L/C No.:

We hereby inform you that the goods under the above mentioned credit have been shipped. The details of the shipment are stated below.

Commodity:
Quantity:
Amount:
Ocean Vessel:
Bill of Lading No.:
Shipment Date:
Port of Loading:
Port of Destination:

We hereby certify that the above content is true and correct.

学习任务二 缮制受益人证明

学习目标

知识目标

1. 了解受益人证明的概念和种类。
2. 掌握受益人证明的主要内容及填制方法。

能力目标

能缮制受益人证明。

建议学时

学习任务二建议 2 学时。

相关知识点

一、受益人证明概述

（一）受益人证明的概念

受益人证明（Beneficiary's Certificate）又称出口商证明，是一种由受益人自己出具的证明，以便证明自己履行了信用证规定的任务或证明自己按信用证的要求办事，如证明所交货物的品质、证明运输包装的处理、证明按要求寄单等。受益人证明是信用证付款方式下要求的常见单据之一。

（二）受益人证明的种类

1. 寄单、寄样证明

受益人根据信用证要求，在货物装船前后的一定期限内，向信用证规定的收受人寄送单据、码样、船样等物品，并提供相应的证明。寄单、寄样证明是最常见的受益人证明。

2. 货物补充说明

信用证规定出口商需要提供一些补充说明货物品质、包装情况、货物产地等信息的证明，为受益人已经做的某些行为出具证明。

3. 借记通知

借记通知是受益人（出口商）对来证金额不足或超过信用证金额应由进口商负担的款项，通知对方付款的书面清单。它也是收款方将其应收的款项通知对方的一种书面清单。

4. 贷记通知

贷记通知是出口商告诉被通知人有一笔款项将进其账户，常用于通知佣金商付佣金的情况。

二、受益人证明的主要内容及填制方法

受益人证明的内容视信用证的具体规定而定，没有统一格式，由出口商自行缮制。主要内容和填制方法如下：

1. 受益人名称和地址

此内容一般由出口商预先印就于单据信头位置，包括出口商的中英文名称、地址及联系方式等内容。信用证结算方式下，应注意要与信用证中的受益人一致。

2. 单据名称

单据名称位于单据正上方，应根据信用证要求标注，如受益人证明（Beneficiary's Certificate）、受益人声明（Beneficiary's Statement）、受益人申明（Beneficiary's Declaration）等。

3. 编号和日期（No.&Date）

编号一般填写发票号码，日期指受益人证明的签发日期，此日期不能超过合同或信用证约定的时间。例如，提单日期是8月12日，受益人证明的有关内容是"We hereby certify that one set of nonnegotiable shipping documents have been airmailed to the Applicant within 2 days after the shipment date"，则受益人证明的日期不能早于8月12日，也不能晚于信用证规定的交单日期。

4. 抬头人（To）

除非信用证另有规定，通常可笼统地填写为"To whom it may concern"（致有关方面）。

5. 事由（Re）

一般填写商品的名称、合同号、信用证号。在非信用证方式下，可填写商品的名称和合同号。

6. 声明或证明文句（Statement）

此内容是该单的关键，受益人证明的内容应根据信用证要求的内容缮制，其中的人称、时态和语态有时需要调整，不能照搬信用证原句。例如，信用证条款规定"Beneficiary's certificate certify that all the packages to be lined with waterproof paper and bound with two iron straps outside"，则受益人证明应为"Packages have been lined with waterproof paper and bound with two iron straps outside"。

7. 签署（Signature）

通常在受益人证明的右下角，由出口商签章。注意：作为证明函，无论信用证是否要求受益人签字，都要签署。

8. 正本（Original）

在受益人原始信笺上出具的或经签章的受益人证明，均可被视为正本，也可直接在其名称下方标注"Original"字样。

任务实施

1.试一试，将下列信用证中关于受益人证明的条款翻译成中文。

①BENEFICIARY'S CERTIFICATE CERTIFYING THAT BENEFICIARY HAS FAXED THE SHIPPING DOCS（B/L,INVOICE, PACKING LIST, PHYTOSANITARY CERTIFICATE）WITHIN 2 WORKING DAYS AFTER SHIPMENT DATE TO APPLICANT AND THE RELATE CERTIFIED TRUE COPY OF FAX.

②BENEFICIARY'S CERTIFICATE CERTIFYING THAT EACH EXPORT PACKAGE TO BE MARKED WITH "MADE IN CHINA".

③BENEFICIARY CERTIFICATE IN TRIPLICATE STATING THE SHIPMENT DOES NOT INCLUDE NON-MANUFACTURED WOOD DUNNAGE, PALLETS, CRATING OR OTHER PACKAGING MATERIALS; THE SHIPMENT IS COMPLETELY FREE OF WOOD BARK, VISIBLE PESTS AND SIGNS OF LIVING PESTS.

④COPY OF LETTER FROM BENEFICIARY TO OUR APPLICANT EVIDENCING A NON-NEGOTIABLE BILL OF LADING TOGETHER WITH COPY OF OTHER DOCUMENTS WERE SENT DIRECTLY TO THEM AFTER ONE DAY FROM SHIPMENT DATE.

⑤BENEFICIARY'S CERTIFICATE STATING ORIGINAL B/L OF 1 SET CARRIED BY THE CAPTAIN OF THE VESSEL.

⑥CERTIFICATE TO SHOW GOODS ARE NOT OF ISRAELI ORIGIN AND DO NOT CONTAIN ANY ISRAELI MATERIAL.

⑦BENEFICIARY'S CERTIFICATE CONFIRMING THEIR ACCEPTANCE OF THE AMENDMENT DATED 10/09/2023 MADE UNDER THIS CREDIT QUOTING THE RELEVANT AMENDMENT NUMBER.

2.查阅资料，根据"学习项目十一—学习任务——任务实施"中的题目 2 资料，请为深圳化工进出口公司制作受益人证明。（寄单证明）

SHENZHEN CHEMICALS IMP. & EXP. CO. LTD.
NO.800 BULONG ROAD, SHENZHEN, CHINA
A/C NO.：6018090000-185

BENEFICIARY'S CERTIFICATE

Invoice No.：

To：

Date：

强化训练

深圳 HL 公司按照要求装船完毕，请以李林身份，向美国 Fashion 公司发送受益人证明，要求格式清楚，内容完整。

深圳 HL 股份有限公司

SHENZHEN HL CO，LTD.

Longguangjiu Industrial Area，Daling Community，Minzhi Street，Longhua District，
Shenzhen City，Guangdong Province，China
TEL：86-755-28635689　　FAX：86-755-28616689

BENEFICIARY'S CERTIFICATE

Messrs：

Dear Sirs：

Re：Invoice No. ：　　　　　　　　　　　　　　　L/C No. ：

学习任务三　缮制船公司证明

 学习目标

知识目标

1. 了解船公司证明的概念和作用。
2. 掌握船公司证明的种类和内容。

能力目标

能缮制船公司证明。

建议学时

学习任务三建议 2 学时。

 相关知识点

一、船公司证明概念

船公司证明（Shipping Company's Certificate），指卖方应买方要求由船公司或其代理人出具的，用以证明船龄、船籍、航程、船级、集装箱船和运费等内容的书面文件。

在国际贸易实践中，中东和非洲地区进口商往往要求提供船公司证明。为了满足进口商的要求，在出口人交单议付时，往往还需按信用证要求提供船公司出具的有关证明。

二、船公司证明的种类

（一）船舶本身的证明文件

1. 船龄证明（Certificate of Vessel's Age）

船龄证明是船公司出具的说明载货船舶船龄的文件。一般航行 15 年以上的船舶就属于"高龄危险"船舶，许多保险公司不予承保。有些进口商为保障船只和货物在运输途中的安全，就会在合同或信用证中提出要求船公司出具船龄证明，证明载货船舶的船龄不超过 15 年。

2. 船级证明（Certificate of Classification）

船级证明是船公司出具的说明载货船舶符合一定船级标准的证明。

有时来证要求提供英国劳氏船级社（Lloyd's Register of Shipping，LR）签发的船级证明，标志 100AI。其中 100A 表示该船的船体和机器设备是根据劳氏规范和规定建造的，I 表示船舶的装备如船锚、锚链和绳索等处于良好和有效的状态，对这样的要求我们通常予以满足。

国际上著名的船级社有英国劳氏船级社（LR）、德国船级社（GL）、挪威船级社（DNV）、法国船级社（BV）、日本海事协会（NK）、美国船级社（ABS）等。

3. 船籍证明（Certificate of Ship's Nationality）

船籍证明是船公司出具的说明装载货物船舶国籍的证明。有时买方出于政治原因考虑，对载货船舶的国籍予以限制，要求卖方仅装某些国家的船或不装某些国家的船，并要求卖方提供相应证明。

4. 集装箱船只证明（Certificate of Container Vessel）

集装箱船只证明是用以说明货物已装在集装箱船上的证明。有时来证规定货物必须装集装箱船上，如果提单上能表明货物是集装箱运输，就不需要提供该证明；但如果信用证条款有特别规定要求单据出具此证明，则必须出具集装箱船只证明。

（二）航运组织和公约证明

1. 班轮公会证明（Certificate of Conference Line）

班轮公会证明是用以说明载货船舶属于班轮公会的证明。有时信用证规定须装班轮公会船只时，在提供的单据中，出口方应要求船公司或船代理出具的证明。例如，信用证要求 "A certificate issued by the carrier, shipping Co. or their agents certifying that shipment has been effected by conference line and/or regular line vessel only covered by in stitute classification clause to accompany the documents." 其意思是由承运人、船公司或其代理签发证明，证实货物已经装运在符合伦敦协会船级条款的班轮公会船只或定期船上，该船证随单据提交。

2. 黑名单证明（Black List Certificate）

黑名单证明是船公司出具的说明载货船舶未列入黑名单的证明文件。黑名单是阿拉伯国家将与以色列有业务往来的船舶列出的名单，若船舶被列入黑名单，阿拉伯国家将不再允许与本国发生运输业关系。因此，阿拉伯国家进口业务或开立的信用证通常都要求载货的船公司出具黑名单证明。

3. SMC、DOC 和 SOLAS

这几个缩略语近年来常出现在信用证的要求中，SMC（Safety Management Certificate，船舶安全管理证书）和 DOC（Document of Compliance，安全符合证书，也有人称其为船/港保安符合证书）是按照国际安全管理规则（ISM）的规定，载货船舶应在船上拥有的必要证书。我国海事局按 ISM 的规定发给船公司 DOC，船舶则可获 SMC，如船公司没有相应证书，那么就没有办法按信用证要求来出具此类证明。信用证中的一般要求是："The carrying vessel should comply with the provisions of the (ISM) Code which necessiates that such vessel must have on board, copies of the two (SMC and DOC) valid Certificates and copies of such certificate must be presented with the original documents." 也可体现为 "Certificate issued, signed and stamped by the owner/carrier/ master of the carrying vessel holds valid ISM certificate and ISPS (International

Shipping And Port Security Safety Code)".

SOLAS 指的是《1974 年国际海上人命安全公约》（简称 SOLAS 公约）。"9·11"事件后国际海事组织于 2002 年 12 月召开缔约国大会通过了对 SOLAS 公约的修正案，并于 2004 年 7 月 1 日起开始实施。按上述有关规定，船舶应持有"安全管理证书"正本，其船名与国籍证书一致，所载公司名称与"符合证明"中的公司名称相一致。

（三）运输和航程证明

1. 船长收据（Captain's Receipt）

船长收据是指船长出具的用以说明收到了托运人委托随船转交单据的证明。有些来证要求发货人在货物装运后将一套正本或副本单据委托装船船只的船长代交给收货人，以便收货人在货到目的港后能及时提货或办理其他手续。议付时以船长收据为证，收据上须有船长转递单据的承诺，常见于近洋运输。

2. 航程证明（Certificate of Ship's Itinerary）

航程证明是用以说明载货船舶在航程中停靠的港口的证明。有时买方出于政治原因考虑或为了避免航行途中货船被扣的风险，对载货船舶的航行路线、停靠港口予以限制，要求船只不能经过某些地区，或不在某些港口停靠，并要求卖方提供相应的证明。

红海或波斯湾一带地区常要求船公司或船方出具这样的证明。在国际贸易中，对于去阿拉伯国家的货物，进口商常要求出具"三不证明"（Three-No Certificate），即载货船舶不是以色列籍的船、在航程中不停靠以色列港口、不是阿拉伯国家黑名单上的船只的证明。

3. 转船证明书（Certificate of Transhipment）

出口方出具转船证明书，说明出口货物将在中途转船且已联系妥当，并由托运人负责将有关转船事项通知收货人。

4. 运费收据（Freight Note）

运费收据是船公司出具的用以说明运费支付情况的证明。通常买方请卖方代办运输时，国外买方往往来证要求提供运费收据，以便了解已付运费的实际情况，并作为双方结算运费的依据。

三、船公司证明的主要内容及填制方法

船公司证明的内容视信用证的具体规定而定，没有统一格式，由船公司或其代理人缮制。其主要内容和填制方法如下：

1. 单据名称

单据名称位于单据正上方，应根据信用证要求标注，如 Shipping Company's Certificate。

2. 编号和日期（No.&Date）

编号一般填写发票号码，日期应该与提单日期相同。

3. 抬头人（To）

除非信用证另有规定，通常可笼统地填写为"To whom it may concern"（致有关方面）。

4. 证明的内容（Contents）

按照信用证要求并结合实际情况做出证明。

5. 签署（Signature）

通常在船公司证明的右下角，由船公司或其代理人签字盖章，一般应与提单签单人一致。

任务实施

1. 请翻译以下信用证中对船公司证明的要求条款。

①Shipping company's certificate certify that carrying vessel flying the flag of P.R.of China from any Chinese port to Kuwait calling at following ports ××× during this present voyage according to the schedule, and that carrying vessel is not black listed by Arabian countries.

②Full set of non negotiable shipping documents to be sent to the captain of the carrying vessel and handed over to Messrs.×××and captain's receipt accompanied by the original documents for negotiation.

③Certificate from the shipping company to certify that shipment to be effected by container vessel.

④We hereby certify that the above mentioned vessel built in 2020.10.15, is not over 15 years old.

2. 请根据以下资料，按照信用证要求，请缮制船公司证明。

A certificate from the shipping company or their agent stating that the goods shipped on vessels.

——covered by the institution classification clause.

——that are allowed by the Arab authorities to call at Arabian ports and not scheduled to call at any Israel port during its voyage to the U.A.E.

——under 15 years of age.

补充信息：

船名航次：MARGRETHE MAERSK/416W

Shipped Date：OCT 10,2022   B/L No：SYD0056   L/C No：CDJ35848

强化训练

深圳 HL 公司按照要求装船完毕，请以李林身份，确认是否需要出具船公司证明；如果需要，请按要求提供。

参考文献

[1] 徐丹丹. 外贸单证实务[M]. 北京：电子工业出版社，2021.
[2] 吴樾珊. 外贸单证实务[M]. 2版. 北京：电子工业出版社，2017.
[3] 邵李津　陈忠. 外贸单证实务[M]. 2版. 南京：南京大学出版社，2022.
[4] 缪东玲. 国际贸易单证操作与解析[M]. 2版. 北京：电子工业出版社，2016.
[5] 谢娟娟. 对外贸易单证实务与操作[M]. 北京：中国人民大学出版社，2017.
[6] 成丽. 国际贸易单证实务[M]. 北京：中国人民大学出版社，2017.
[7] 徐薇. 国际贸易单证实务与操作[M]. 北京：人民邮电出版社，2016.
[8] 芮宝娟. 进出口单证实务[M]. 北京：中国人民大学出版社，2017.
[9] 田运银. 国际贸易单证实务[M]. 北京：人民邮电出版社，2017.
[10] 广银芳. 外贸单证实务[M]. 2版. 北京：中国轻工业出版社，2022.
[11] 张东庆. 外贸单证实务[M]. 2版. 北京：人民邮电出版社，2016.
[12] 王艳. 新手学外贸跟单一本通[M]. 北京：中国铁道出版社，2016.